COLLECTION
FOLIO / HISTOIRE

Jean Baechler

Le capitalisme

Tome II : L'économie capitaliste

Gallimard

QUATRIÈME PARTIE

LES CONDITIONS ÉCONOMIQUES DU CAPITALISME

I
LES MARCHÉS

La ligne d'argumentation suivie dans cet essai historique pourrait être traduite dans le langage aristotélicien des « causes ». Dans la Ire partie, nous avons défini la « cause formelle » du capitalisme, en cherchant à repérer sa nature, ce qui lui donne sa forme déterminée et le fait être ce qu'il est. Nous avons réussi, ce faisant, à isoler sa « cause finale », en montrant que la nature la plus intime du capitalisme contemporain est sa pente chrématistique et que cette pente le fait dévier de la fin propre de l'économique, qui est de procurer les ressources de la bonne vie. Au cœur le plus intime du capitalisme sévit une déviation, qui rend problématique sa cause finale et s'exprime en un anticapitalisme perpétuel[1]. Nous nous sommes attaché dans la IIe et la IIIe partie à mettre en lumière la « cause efficiente » du capitalisme, à savoir un régime politique à tendances démocratiques, en tâchant de dégager les principaux fac-

1. Voir ci-dessous, V^e^ partie, chap. VII, pp. 268 *sqq.*

teurs qui permettent d'expliquer pourquoi ces développements politiques sont survenus en Europe et nulle part ailleurs. Dans cette IVe partie, nous nous efforçons de mettre en évidence la « cause matérielle » du capitalisme, ce qui lui donne un contenu concret en tant que régime économique.

La problématique à suivre dans cette nouvelle enquête est simple. Supposons démontré par la théorie et par l'expérimentation historique que la condition fondamentale de possibilité de l'invention du capitalisme soit un régime démocratique. Une objection de bon sens se dresse aussitôt : s'il n'y a pas de capitalisme sans démocratie, il est des cas innombrables de démocratie sans capitalisme. Dans les mondes primitifs des bandes et des tribus, les régimes démocratiques, et même, à l'occasion, très purement démocratiques, sont monnaie courante. Dans le monde traditionnel, il ne manque pas d'exemples de cités, antiques et médiévales entre autres, dont les régimes oligarchiques retiennent les principes centraux du « bon régime », même s'ils les réservent à une minorité de la naissance et de la fortune. On peut plaider que, dans chaque cas, ces régimes politiques favorisent effectivement une sorte d'optimum économique et qu'il existe une congruence profonde entre les régimes convenant, d'une part, à la fin du politique et, d'autre part, à celle de l'économique : la paix et la justice favorisent la prospérité, et réciproquement, proposition que le bon sens admettra sans peine. On peut aussi plaider que les cités oligarchiques, dès la Phénicie, proposent les exemples les plus convaincants d'expériences capitalistes, y compris au sens chrématistique du terme. L'« esprit du capitalisme » est pleinement épanoui dans les cités médiévales, quatre à cinq siècles avant que quiconque songeât à produire une « éthique protestante ». Pourtant, le capitalisme qui se développe à partir du XVIIe siècle et surtout au XIXe siècle est différent en qualité et en quantité, parce qu'il ne prospère pas à la marge, ni dans les interstices du monde traditionnel, mais qu'il conduit à une mutation radicale de la civilisation[1].

Dès lors, le raisonnement doit porter sur les conditions économiques du développement du capitalisme. Que faut-il supposer, dans l'état d'une société, pour que, lorsqu'on lui applique un procès de démocratisation, elle enfante le capitalisme ? Il semble que l'on se donne les moyens de saisir l'essentiel, en ramenant à six ces conditions économiques. Pour naître, se développer, prospérer et se perpétuer, le capitalisme exige des marchés, des capitaux, des techniques, des entrepreneurs, des travailleurs et des consommateurs. On pourrait ajouter d'autres conditions, comme les matières premières et l'énergie, mais l'on ne peut pas tout traiter, et ces facteurs sont, en eux-mêmes, les moins chargés en culture, ce qui auto-

1. Voir ci-dessous, V^e partie.

rise à les considérer comme des données naturelles proposées au capitalisme, où qu'il naisse. Finalement, la démonstration comprendra, à chaque fois, deux étapes :

— pour que le capitalisme moderne fût possible, il fallait que les conditions A, B, C... N fussent remplies ;

— comment et pourquoi cette condition a-t-elle été remplie en Europe à partir du XVIIe siècle ?

À dire vrai, il ne convient pas de parler au passé seulement. De même que, pour le théologien, Dieu n'a pas créé une fois pour toutes à l'origine, mais crée à chaque instant tout ce qui n'existe pas de soi, en lui évitant de retomber dans le néant, de même — si une telle comparaison n'est pas trop outrageuse — le capitalisme est maintenu dans l'existence par la permanence de ses conditions de possibilité et tant qu'elles sont présentes. Supprimez les marchés, les capitaux, les techniques, les entrepreneurs, les travailleurs et les consommateurs, et vous supprimez *ipso facto* le capitalisme.

Que le capitalisme ait partie liée avec des marchés, est une proposition quasi tautologique. On a essayé de démontrer[1] qu'un problème est posé à l'espèce humaine, qui doit hisser ses ressources au niveau de ses besoins et de ses désirs, en tenant compte de la rareté et du principe d'économie, et

1. Voir ci-dessus, Ire partie, chap. III (t. I, pp. 65 *sqq.*).

que la solution du problème est une combinaison d'échanges, de partages et d'explorations. Comme ces opérations s'effectuent par l'entremise d'offres et de demandes et que des offres et des demandes créent des marchés, le marché est la solution du problème économique. Du fait que le capitalisme est un certain régime de l'économique, il repose lui aussi sur des marchés. On sort du quasi-tautologique et du truisme, en précisant ce qu'il faut entendre par un « certain » régime. Un marché capitaliste a, par nature, trois dimensions. En tant que marché, il est réglé, c'est-à-dire soustrait à la violence et à la ruse. En tant que capitaliste, il doit être en expansion continue, puisqu'il définit un « état chrématistique » de l'économique. Il doit donc être à la fois ouvert et étendu à des aires de plus en plus vastes et lointaines. La régulation, l'ouverture et l'expansion des marchés ne sont pas des données naturelles, ce sont des produits d'histoires particulières. D'où la question : comment et pourquoi sont apparus en Europe des marchés réglés, ouverts et expansifs ?

L'examen de la régulation des marchés doit aller au-delà des simples mesures de police qui peuvent garantir le bon déroulement d'un marché. Ces mesures sont des symptômes de quelque chose de plus profond, qu'il s'agit de repérer et d'expliquer. On s'approchera peut-être de ce quelque chose en étudiant à part la violence et la ruse, en les considérant comme des phénomènes généraux affectant les sociétés européennes de l'ouest et du centre dans leur ensemble, et en tenant les marchés économiques pour des points d'application des conclusions atteintes. Acceptons comme prouvé ce que les historiens ont tiré de l'examen de documents variés, notamment des archives de la justice criminelle, à savoir que l'on assiste à une baisse sensible et brutale de la violence physique, et de la criminalité en général, à partir de 1730 environ, en Angleterre, en France, en Allemagne, en Italie du Nord... Les routes deviennent plus sûres, les biens sont mieux à l'abri des vols, les promenades nocturnes en ville sont moins périlleuses et, ce qui est peut-être l'indice le plus éloquent, les relations entre les personnes s'adoucissent, notamment les attitudes des hommes à l'égard des femmes. Au XVIIe siècle, les tribunaux sont occupés par des cas de violence envers les femmes, qui laissent incrédule la sensibilité contemporaine, par exemple des coups de pied délibérés dans le ventre de femmes enceintes ! Ces explosions de violence, qui signalent un contrôle incertain de l'émotivité, tendent à disparaître à partir du XVIIIe siècle. Cette pacification intérieure tendancielle n'a jamais cessé de s'approfondir depuis lors en Europe et en Occident, malgré tous les préjugés et en dépit de poussées locales de la criminalité et de la violence, par exemple dans les grandes villes surpeuplées de la première moitié du XIXe siècle ou dans certaines zones urbaines en état de déréliction aujourd'hui[1].

On peut avancer plusieurs explications de ce phénomène, ou plutôt plusieurs tentatives d'explication, parce que, en ces matières délicates de psychologie historique, les certitudes sont rares. Certaines corrélations, pourtant, sont évidentes et paraissent solides. Ce sont les corrélations politiques. Le facteur le plus massif et le plus déterminant semble devoir être la reconstitution des polities européennes à partir de la dispersion féodale. On peut placer l'aboutissement de cette restauration — qui est, en même temps, une fondation — entre 1648 et 1713, entre les traités de Westphalie et d'Utrecht. La conséquence de ce mouvement est conforme à l'essence même d'une politie, en tant qu'espace de pacification tendancielle vers l'intérieur et de guerre virtuelle vers l'extérieur. Dorénavant, la guerre se fera de moins en moins, puis plus du tout, à l'intérieur des royaumes, pour éclater entre polities intégrées au concert des nations européennes. Ce résultat n'est pas à mettre sur le compte d'un concept philosophique qui se serait réalisé, mais au fait que les monarchies contrôlent de mieux en mieux leurs territoires et que les élites aristocratiques ont été réduites à l'obéissance. En France, sous la minorité de Louis XIV, un prince de Condé n'hésitait pas à prendre les armes contre son roi et à faire

1. Voir J.-Cl. Chesnais, *Histoire de la violence*, Paris, Robert Laffont, 1981 (rééd. Paris, Hachette-Pluriel, 1982).

campagne dans sa propre patrie, attitude devenue impensable et impossible soixante ans plus tard, dans la vieillesse du même Louis XIV.

Un deuxième développement, aussi important et intimement lié au précédent, affecte les armées. La transpolitie européenne devenue oligopolaire impose sa logique à ceux qui participent au jeu et les force à rationaliser leurs armées et, d'une manière générale, tout ce qui touche à la guerre. Pour jouer le jeu de l'équilibre européen, il faut s'en donner les moyens. Les moyens signifient, d'un côté, des revenus suffisants, ce qui influe de manière décisive sur la fiscalité, sur la rationalisation de l'administration et sur la politique économique — ce qui ne contribuera pas peu à l'émergence de l'économie politique —, et, de l'autre, au forgeage des armées en un outil efficace et fiable. C'est l'apparition des armées professionnelles, soumises à un entraînement rigoureux par un corps de sous-officiers à la fois compétents, stricts et mêlés à la troupe, surtout sur le champ de bataille. La discipline devient, au sens propre du terme, la force principale des armées. L'uniforme, la marche au pas, les rangs serrés, les appels, les tours de service réglés, tous ces aspects de la vie militaire qui peuvent paraître anecdotiques et sortis de l'imagination bornée d'adjudants inhumains, sont, en fait, très rationnels et ont effectivement produit des soldats disciplinés, ce qui a permis ce « miracle » que fut la civilisation de la guerre au XIXe siècle, du moins de la guerre entre Européens. Un aspect non négligeable de la rationalisation guerrière a été la mise en place de services d'intendance chargés d'habiller, de nourrir et de loger les armées. Dorénavant, les soldats — qui ont cessé d'être la lie de la société et de se recruter parmi la canaille — n'auront plus à vivre sur le pays pour survivre. C'était le fléau le plus redouté des peuples, non seulement parce que les soldats étaient des barbares pillards et destructeurs, mais encore du fait que, en déséquilibrant des balances alimentaires fragiles, leur passage déclenchait des disettes et, directement et indirectement, des épidémies. La guerre de Trente Ans, entre 1618 et 1648, donne une idée juste de ces horreurs, qui ont à peu près disparu cent ans plus tard.

À l'intérieur, les monarchies ont ressaisi les pouvoirs régaliens et développé des bureaucraties pour les rendre effectifs. La « monarchie administrative » de Louis XIV n'est que l'exemple le plus connu et, dans une large mesure, le modèle d'un phénomène général. C'est à partir du XVIIe siècle que se développe dans les Allemagnes une science administrative qui sera connue sous le nom de « caméralisme ». La bureaucratie prussienne en est un rejet, après que Frédéric II l'aura poussée à son point de perfection. Un aspect de cette rationalisation politique est la mise en place, entre 1650 et 1750 environ, d'appareils policiers et judiciaires plus nombreux et plus efficaces. Le gendarme fait peur et la peur du gendarme dissuade les délinquants et les criminels. Contrairement aux thèses de certaines écoles criminologiques contemporaines, pour lesquelles les acteurs sociaux sont des marionnettes agitées par des forces sociales et les criminels des ectoplasmes produits par des courants criminogènes, la plupart des délinquants et des criminels savent calculer et sont capables de prendre en compte le coût des sanctions, multiplié par la probabilité d'être pris. Quand une société sort d'une période d'anarchie, dans laquelle les coûts peuvent être élevés mais où les prises demeurent rares — d'où des peines démesurées et atroces, dans l'espoir de faire des exemples dissuasifs, ce qui s'avère toujours vain —, une police efficace et une justice prompte peuvent faire merveille en une ou deux générations à peine.

L'adoucissement des mœurs ne saurait être expliqué par ces seules considérations. Des facteurs plus subtils et plus délicats à peser ont dû jouer. De nouveau, l'un de ces facteurs est politique. Norbert Elias a attiré l'attention des sociologues sur le rôle des cours royales dans la cérébralisation des comportements[1]. L'argument central est celui-ci : la cour est un espace social, où non seulement la violence est inefficace, mais où elle doit encore être tenue pour directement contre-productive. Tous ceux qui s'y trouvent inclus doivent développer des stratégies et des

1. Voir N. Elias, *La Société de cour*, Paris, Calmann-Lévy, 1974 (1re éd. all. 1969).

tactiques de dissimulation et de ruse, pour perdre les concurrents et gagner la faveur du prince. Un violent se trahirait et serait mis au ban de cette société particulière. D'où le développement de mœurs douces et polies et la mise au point de plans raffinés et à long terme. En France, le contraste est on ne peut plus marqué, de ce point de vue, entre la cour de Henri IV et celle de son petit-fils. Il a suffi de deux générations, pour qu'émergeât à Versailles la perfection du système de la cour. Or, dans les monarchies issues de la féodalité, la cour a une fonction politique très précise : contrôler l'aristocratie, tout en la maintenant dans le service public. Comme les monarques ont effectivement réussi, dans la seconde moitié du XVIIe siècle, à se donner le monopole des affaires publiques, ils sont devenus aussi, par le fait même, les dispensateurs exclusifs des bonnes places. Sauf à choisir la mort sociale et la ruine à terme, tous les aristocrates sont contraints de s'intégrer au système de cour et tous sont soumis à ses vertus adoucissantes et cérébralisantes.

Ce facteur ne peut pas être pesé ; du moins est-il possible de le saisir dans son principe et dans son efficience putative. Un autre n'a même pas cet avantage. Le XVIIe siècle, après les convulsions de la Réforme et de la Contre-Réforme, est un siècle de haute ferveur religieuse en Europe, qu'il s'agisse du catholicisme, du protestantisme, de l'orthodoxie ou du judaïsme. Ces hautes eaux religieuses se sont exprimées en particulier dans l'amélioration marquée de la formation et de la qualité des clergés. Cette amélioration provient aussi d'une politique délibérée et d'une variante de la rationalisation des organisations et des institutions. Le XVIIIe siècle tire bénéfice de ces investissements consentis par les autorités religieuses dans la formation de leurs membres. Ce succès a été masqué, en France et en terres catholiques surtout, par l'anticléricalisme de la secte des philosophes et par les exemples, pas toujours désolants du point de vue de la vie religieuse et des devoirs d'État qu'elle implique, des abbés de cour et de salon. Mais toutes les enquêtes historiques confirment la fermeté de doctrine et la dignité de mœurs du haut et du bas clergé dans leur majorité. La meilleure preuve de ces qualités sera donnée, lors de la Révolution française, par le comportement de la plupart des clercs pris dans la tourmente et la persécution. Par un biais ou un autre, une doctrine plus sûre, un encadrement plus étroit et une formation plus suivie ont bien dû se traduire aussi par des mœurs plus vertueuses, ou moins vicieuses.

Or, c'est le point le plus important, les élites sociales et les élites religieuses sont en contact permanent avec le peuple des villes et celui des campagnes. Les aristocrates ont leurs racines locales, leurs châteaux des champs, leurs régisseurs et leurs tenanciers. Le réseau serré des paroisses urbaines et rurales place un prêtre ou un pasteur au milieu de chaque communauté. Ces personnages sont tous des notables à des titres divers. Par le fait même, ce sont des guides d'opinion et des modèles à imiter. Par d'innombrables canaux, qui n'ont pas laissé de traces documentées, mais dont on peut constater les résultats à partir de 1730-1750, les mœurs élaborées à la cour, dans les salons, dans les séminaires se diffusent dans tout le corps social.

On avancera un dernier facteur d'adoucissement des mœurs, indubitable mais encore plus difficile à apprécier. Une modification climatique s'opère en Europe à partir de 1730 environ. Un climat plus doux et moins pluvieux succède à ce petit âge glaciaire que fut le XVIIe siècle. Or, les techniques agraires et la céréaliculture à l'européenne étaient encore très sensibles aux aléas climatiques, et plus particulièrement aux hivers glacés et aux étés « pourris ». Comme la productivité était faible, les réserves l'étaient aussi, et les soudures souvent chanceuses. L'amélioration du climat a pour conséquences immédiates un recul des disettes, des épidémies et de la mortalité infantile. Il en résulte une ambiance nouvelle, dans laquelle cet optimisme si caractéristique du XVIIIe siècle plonge ses racines et dont il se nourrit. Les gens ont non seulement le sentiment que tout va mieux, ce qui est vrai, mais encore que tout ira de mieux en mieux, à l'infini, ce qui est stupide, et dangereux par ses conséquences idéologiques. L'ambiance est d'autant plus marquée et prenante que le XVIIIe siècle vient après un XVIe siècle assombri par les guerres civiles dites de religion et succède à un XVIIe siècle caractérisé par les crises politiques, militaires, économiques, démographiques les plus aiguës.

Le contrôle tendanciel de la violence dans la société et sur les marchés est une fonction de facteurs variés et difficiles à peser. Le contrôle tendanciel de la ruse est une fonction simple et directe de l'imposition du respect des règles de droit. Ce respect est lui-même fonction de la construction de l'État par les monarchies. Celles-ci produisent des législations uniformes, en respectant des procédures légales et contrôlables, et dotent leurs royaumes d'appareils de justice capables de faire respecter la loi et le droit. Le point essentiel, pour l'économique et le capitalisme, est la capacité où sont mis les agents de faire respecter les contrats qu'ils ont souscrits et de trouver des recours efficaces auprès des cours de justice en cas de violation des termes. En fait, ces progrès du droit à partir du XVIIe siècle ne sont pas des créations à partir de rien. Il s'agit, comme presque toujours en Europe, de la mise en forme systématique et de l'homogénéisation de règles de droit énoncées dès le Moyen Âge, en particulier dans la mouvance des cités urbaines et marchandes[1]. N'oublions pas que les universités médiévales offraient deux débouchés principaux à

1. Voir H.J. Berman, *Law and Revolution. The Formation of the Western Legal Tradition*, Cambridge (Mass.), Harvard University Press, 1983.

leurs étudiants : l'Église et le droit, les carrières ecclésiastiques et de légistes, au service des aristocrates, des bourgeois et des principautés en voie de reconstitution.

Au total, on peut estimer que l'Europe occidentale et centrale bénéficie, dès la moitié du XVIIIe siècle, de marchés assez réglés pour que le capitalisme naissant puisse se sentir à l'abri de la violence et de la ruse, ou ait, plus précisément et plus prudemment, à inclure dans ses calculs des doses supportables de l'une et de l'autre.

On peut avancer que la situation normale et naturelle est la fermeture des marchés et non pas leur ouverture. En effet, les agents économiques, du moins les producteurs, répugnent presque toujours à affronter la concurrence, qu'elle soit intérieure ou extérieure, parce qu'elle menace toutes les positions acquises. Ils font tout pour se défendre, en se coalisant et en assaillant les pouvoirs publics, pour obtenir des protections. Pour arrêter et renverser cette pente naturelle, il faut des raisons très puissantes, soit des contraintes, soit des espérances de gain qui dépassent les risques de la concurrence.

On peut vérifier ces affirmations en observant l'exemple des anciens régimes européens. Vers l'extérieur, les principautés et les monarchies ont constamment prétendu contrôler les entrées et les sorties de métal précieux et de marchandises. Une raison de fond permanente de cette prétention est fiscale, une fois encore. Les droits perçus sur les importations et les exportations représentent des rentrées fiscales non négligeables. Il faut toujours tenir compte de cet argument, dans l'étude des mondes traditionnels et des hiérocraties. Une seconde raison est plus circonstancielle, du moins dans sa formulation intellectuelle. Le mercantilisme est une doctrine économique, qui repose sur le postulat que la richesse d'une politie peut être estimée par son stock de monnaie-or et que ce stock résulte de la balance entre ce qu'elle vend et achète à l'extérieur. Pour être plus riche et, en conséquence, plus puissant que ses voisins, il faut vendre le plus possible et acheter le moins possible. En termes plus actuels, le mercantilisme considère que les échanges transpolitiques sont un jeu à somme nulle. Une telle croyance peut paraître stupide, après deux siècles de théorie économique et de développement inouï et des richesses et des échanges extérieurs. Au XVIIe siècle et dans des économies stagnantes, le mercantilisme apparaît moins insensé.

Une contrainte puissante et inévitable a empêché les monarchies de suivre leur pente jusqu'au bout et de supprimer le commerce extérieur. C'est, ici aussi, la transpolitie oligopolaire qui s'avère décisive. Du seul fait que l'espace européen est partagé entre plusieurs polities, il résulte des conséquences imparables. La contrebande et la piraterie sont des formes sauvages et « noires » de marché, qui deviennent incontrôlables, puisqu'il n'existe aucun pouvoir politique suprême à même de les éliminer. Ces activités sauvages reçoivent donc un appui officiel plus ou moins déclaré, car la politie qui se refuserait à des pratiques de toute façon inévitables se condamnerait à manquer des occasions d'enrichissement. Quand tout le monde triche, celui qui ne triche pas perd. Une forme caricaturale de cette logique est l'octroi par le roi de « lettres de course », qui transforment des pirates honnis en corsaires glorieux ! D'une manière générale, chaque politie cherche par tous les moyens à tourner les mesures prises par les autres pour limiter leurs importations. Comme chacune fait le même calcul, des exportations se font malgré tout. Au demeurant, aucune politie européenne n'est autosuffisante. Même la plus étendue et la plus richement dotée par la nature, la France, a besoin des grains de la Baltique en temps de disette, de tissus précieux et d'épices. Chaque politie a besoin d'échanger un minimum avec l'extérieur, ce qui fait que le commerce international n'a jamais cessé en Europe. Pour mieux apprécier l'originalité de la situation, il convient de la comparer à la fermeture hermétique sur l'extérieur de la Chine du XVIe siècle à 1840 et du Japon du XVIIe siècle à 1854.

Les marchés intérieurs n'étaient pas mieux traités. Des octrois, des tonlieux, des douanes intérieures, des péages, des monopoles multipliaient les obstacles aux échanges. Ils étaient des héritages des siècles antérieurs, que des intérêts avaient réussi à perpétuer. Les corporations — c'est-à-dire des groupes d'intérêts d'offreurs — avaient réussi, dès le Moyen Âge et la résurrection urbaine, à interdire l'entrée de nouveaux concurrents sur le marché. Les consommateurs avaient réussi dans leurs efforts pour se prémunir contre les disettes et les pénuries, en faisant interdire la circulation des grains hors de leurs zones de production. Les pouvoirs politiques avaient réussi à multiplier les occasions de ponctions fiscales.

Ici, l'on peut plaider que les idées et les gains qu'elles promettaient ont joué un rôle décisif. Dans la seconde moitié du XVIIe siècle apparaissent les premiers balbutiements du libéralisme économique, dont l'idée centrale est que l'économie est un jeu à somme positive. Plus on est à vouloir s'enrichir, plus on a de chances de s'enrichir, à condition de coopérer en échangeant. Plus l'espace intérieur est économiquement unifié, plus les échanges se multiplient et, avec eux, les richesses, dont même les plus pauvres finiront par profiter. Ces idées commencent à se répandre dans la première moitié du XVIIIe siècle. Elles ont bénéficié de trois avantages. Le premier est d'avoir pénétré par le haut dans les élites sociales, c'est-à-dire auprès de gens en position d'agir efficacement. Il est probable que ce phénomène est à mettre en relation avec une innovation, l'émergence d'une opinion publique, autrement dit d'un réseau où l'information circule entre des émetteurs et des récepteurs, entre des guides d'opinion et leurs publics. Il en résulte que des spéculations d'économistes finissent par parvenir, dans des formulations intelligibles, aux marquises et à leurs amants. Le deuxième avantage est le succès économique de deux exemples voisins, l'Angleterre et la Hollande, où le développement du commerce, intérieur et extérieur, a manifestement enrichi ces pays.

Un troisième avantage est plus subtil et a valeur plus générale. Avant les percées technologiques contemporaines, le coût des transports était l'obstacle majeur au développement économique. Par terre, il était prohibitif sauf pour des produits de luxe. Les pondéreux et les produits de masse ne pouvaient emprunter que la voie d'eau, la mer, les fleuves et les canaux. Or, la géographie physique de l'Europe occidentale, son hydrographie et son hydrologie en font la zone du monde la plus favorable aux transports par eau. Plaider, vers 1760, en faveur de la libération du commerce des grains en France, n'était pas seulement un exercice d'école : les grains pouvaient effectivement circuler sur les fleuves, les rivières et les canaux. Ce rôle discriminatoire du coût des transports se reflète, partout en Europe, dans un partage entre les zones en contact avec l'eau et celles isolées dans les terres. C'est dans les premières que les idées nouvelles sur les échanges ont rencontré le plus de succès, en Angleterre, en Hollande, dans les estuaires français... En exagérant quelque peu, certains historiens sont allés jusqu'à distinguer deux France, celle de l'eau et celle de la terre[1]. Il y a un grand fond de vérité dans cette exagération.

L'étude de l'extension des marchés européens, si elle devait être conduite avec suite, reviendrait à examiner l'expansion européenne sur la planète tout entière. C'est l'Europe qui a fait communiquer toutes les aires culturelles et qui a conduit directement à l'unification présente des histoires humaines en une histoire unique. Cet aboutissement a exigé trois grandes phases de sortie des Européens hors d'Europe. La première se déroule aux XIIe et XIIIe siècles, sous le signe des Croisades. Elle marque le retour de l'Europe en Méditerranée, après une coupure qui a duré plusieurs siècles, qu'elle fût due à un affaissement endogène du système des échanges ou à une rupture imposée par la conquête musulmane[2]. Par ce retour, l'Europe nouvelle, sortie de sa phase de réinvention entre la fin du Ve siècle et l'an mille, prend contact avec l'Asie occidentale et, à travers elle, avec l'Asie, mais de manière anecdotique. La deuxième phase de sortie hors d'Europe est connue sous l'expression « grandes découvertes ». On peut la faire courir de la moitié du XVe à la moitié du XVIe siècle. Les Amériques sont intro-

1. Voir E.W. Fox, *History in Geographic Perspective. The Other France*, New York, W.W. Norton and Co, 1971.

2. Voir H. Pirenne, *Mahomet et Charlemagne*, Paris, Presses universitaires de France, 1970 (1re éd. 1937), ainsi que M. Lombard, *L'Islam dans sa première grandeur (VIIIe-XIe siècle)*, Paris, Flammarion, 1971, et *Espaces et réseaux du haut Moyen Âge*, Paris, Mouton, 1972.

duites dans l'histoire universelle et les contacts avec l'Asie méridionale et extrême-orientale deviennent directs et suivis. La troisième phase se place au XIXe siècle. Elle s'exprime dans la colonisation, directe ou indirecte, par les Européens et par leurs émules américains et russes, de l'Afrique par les Anglais et les Français, de l'Asie centrale et de la Sibérie par les Russes, de l'Amérique centrale et des Caraïbes par les Américains, de l'Asie par à peu près tout le monde.

Pourquoi cette expansion planétaire ? Une réponse circonstanciée exigerait un autre livre. Elle s'attacherait à rendre complémentaires un dynamisme propre aux sociétés européennes et des accès de faiblesse passagers ou des infériorités structurelles dans les zones atteintes. Le dynamisme, pour sa part, est un phénomène complexe d'énergie collective, produite par des sociétés restées guerrières du fait de la féodalité puis de l'oligopolarité ; par une composition sociale aristocratique, où la tradition de l'équipée et du raid remonte à un passé tribal lointain et où le droit d'aînesse pose un problème de placement des cadets ; par une démographie en expansion continue, en partie parce que le recul de l'âge au mariage et la forte proportion des célibataires permettent de lisser les fluctuations dues aux famines et surtout aux épidémies ; par la concurrence des ambitions et des vanités collectives, encouragée par le système transpolitique ; par la spécialisation maritime de certains aventuriers, pour des raisons de disposition géographique ; et par d'autres facteurs, aussi faciles à isoler et difficiles à peser. L'explication ne devrait pas omettre la contribution du christianisme, dont un message explicite est missionnaire, ce qui permet de légitimer toutes les entreprises lointaines et de donner bonne conscience à ceux qui les assument ou les encouragent à partir de motifs très profanes. Quant aux handicaps soufferts par les aires touchées, il suffira de faire allusion aux crises du Moyen-Orient musulman dans la phase de déclin des Abbassides, à la guerre civile qui secoue l'Empire inca, à la fragilité d'un Empire aztèque en voie d'émergence et dépourvu de toute cavalerie, à la décadence des Moghols en Inde et des Qing en Chine, à l'arriération politique de l'Afrique, à l'infériorité technique et donc militaire de tous, à partir du moment où la mutation industrielle induite par le capitalisme prend son essor au XIXe siècle. Au total, l'ouverture du monde aux Européens a été très peu coûteuse.

II

LES CAPITAUX

Le dictionnaire *Le Robert* définit ainsi le *capital* : « Toute richesse qui ne sert pas à la consommation immédiate mais qui est destinée à la production d'un revenu ou de nouveaux biens. » Qu'est-ce qu'une richesse ? C'est, d'un côté, tout ce qui peut satisfaire un besoin ou un désir et, de l'autre, tout ce qui a un prix, pour avoir été échangé ou partagé sur un marché. Une richesse ainsi définie et qui, par ailleurs, n'est pas consumée dans une consommation, peut désigner seulement toutes les richesses avec lesquelles on produit des richesses. Comme on produit avec des facteurs de production, les capitaux sont identiques aux facteurs. C'est une acception manifestement trop large. On peut tourner la difficulté et éviter le cercle vicieux en posant qu'un capital est une richesse qui permet d'acquérir sur des marchés des facteurs de production. Comme, au-delà d'un seuil bas d'activité économique et surtout d'échange, une « richesse qui permet d'acquérir sur des marchés » s'appelle une « monnaie », on peut retenir, comme définition ramassée du capital, qu'il est de l'argent utilisé productivement. La matière de cette forme monétaire importe peu, qu'il s'agisse de coquillages, de métaux précieux, de papier-monnaie, de chèques, de signaux électroniques...

Si l'on retient l'hypothèse de bon sens selon laquelle il ne saurait y avoir de capitalisme sans capitaux, il est permis de poser la question : d'où sont venus les capitaux utilisés par les capitalistes pour inventer le capitalisme en Europe ? La question soulève, en fait, deux problèmes distincts : comment et par qui les capitaux ont-ils été produits ? Comment les capitaux produits ont-ils été mis à la disposition des capitalistes ? Ces deux problèmes reçoivent des solutions simples et peu susceptibles de susciter des controverses, n'était une tradition marxienne et marxiste, qui a tout brouillé et embrouillé. Marx a succombé, comme il arrive parfois aux meilleurs esprits, à une illusion du sens commun, dont il faut toujours se méfier, pour se confier exclusivement au bon sens. Le bon sens suggère que les capitaux sont produits par le capitalisme au fur et à mesure de son développement, par le seul fait que les agents économiques ne consomment pas tout ce qu'ils perçoivent et que, en un mot, ils épargnent. Le sens commun indique de son côté que, pour qu'il y ait capitalisme et capitalistes, des capitaux doivent être donnés *avant* eux, « avant » en un sens chronologique. D'où une rubrique inévitable, il y a une dizaine d'années encore, et qui s'intitulait « L'accumulation primitive du capital ». Comme un « idéologème » ne peut jamais être tenu pour définitivement mort et qu'il peut toujours renaître sous une apparence plus au goût du jour, il ne sera pas vain et inutile de régler son sort à l'« accumulation primitive ».

Marx en traite dans la 8e section du livre I du *Capital*, le seul publié de son vivant et par lui, en 1867. Comme l'ensemble des théories marxiennes, la théorie de l'accumulation primitive a rencontré peu d'écho chez les hommes de science, tout bonnement parce qu'elle est fausse et n'est susceptible d'aucun développement fécond. C'est la révolution bolchevique, se réclamant de Marx et survenant dans une puissance de dimension planétaire, qui a ressuscité une œuvre à peu près oubliée en 1914. La théorie de l'accumulation primitive a reçu un lustre nouveau d'un épisode décisif de l'histoire de l'U.R.S.S. : les plans quinquennaux et l'industrialisation forcée, à partir de 1928. Comme il fallait bien des capitaux pour se lancer dans cette folie et qu'ils étaient rares après l'extermination des capitalistes et des épargnants et du fait de la sortie volontaire du marché mondial, le problème se posait effectivement et semblait confirmer le sens commun : il faut que les capitaux soient donnés *avant*.

La pseudo-théorie de l'accumulation primitive est devenue tout à fait populaire après 1945, grâce à la légitimité conférée au communisme par la participation de l'U.R.S.S. à l'écrasement du nazisme, grâce aussi à la décolonisation et aux problèmes dits du tiers monde et du sous-développement. Ces problèmes se distribuaient spontanément en deux dossiers distincts. Le premier était une réplique du dossier ouvert par les bolcheviks et Staline : où trouver les premiers capitaux indispensables pour amorcer la pompe du développement ?, Le second était purement idéologique, quoique masqué sous des apparences historiennes. À la question : pourquoi le sous-développement ? la théorie de l'accumulation primitive permettait de répondre, en épargnant la susceptibilité des intéressés et en flattant leur ambition de réussir le développement économique par le mépris des lois économiques les plus élémentaires. La réponse était double : « Nous sommes pauvres parce que les riches nous ont volés autrefois » et « Nous continuons à l'être parce que les riches continuent à nous piller ».

Ces développements idéologiques trouvaient dans Marx et dans le *Capital* un argument général simple, que l'on peut résumer en trois propositions qui forment syllogisme :

— pour que le capitalisme pût naître, il fallait des capitaux, ce qui signifie que, pour pouvoir produire des richesses, il faut être *déjà* riche ;

— pour être déjà riche, il faut avoir volé quelqu'un antérieurement, sinon il faut remonter à l'infini, de même que, dans la chaîne des causes, il faut s'arrêter à une cause première ;

— dans le passé précapitaliste de l'Europe, deux occasions de vol étaient disponibles sur une grande échelle : d'une part la classe paysanne, c'est-à-dire le peuple de la société « féodale », qui a été l'objet d'une gigantesque expropriation frauduleuse et violente entre le XVIe et le XVIIIe siècle, connue sous l'expression anodine de « mouvement des enclosures » ; d'autre part les mondes extra-européens, dont les Amériques, soumis, à partir du XVIe siècle, à un pillage systématique par les colonisations espagnole, portugaise, française, anglaise, hollandaise ;

— donc l'accumulation primitive est un crime perpétré par les capitalistes tant à l'intérieur qu'à l'extérieur. C.Q.F.D.

Les objections que l'on peut soulever contre le raisonnement sont nombreuses et décisives. Réservons pour des développements plus circonstanciés la réfutation du nœud théorique de l'argument : le concept d'épargne rend sans objet le repérage d'une accumulation primitive et beaucoup moins dramatique et spectaculaire l'explication de l'origine des capitaux européens. On négligera aussi un argument qui a son poids mortifère pour la théorie marxienne, comme elle paraît devoir disqualifier définitivement l'analyse wébérienne. Le développement économique foudroyant de l'Asie s'effectue chez ceux qui sont censés avoir été volés et qui n'ont pas reçu la moindre injection de calvinisme ou de puritanisme ! Tenons-nous-en aux arguments historiques avancés en faveur de la thèse.

Par « mouvement des enclosures », il faut entendre deux phénomènes distincts, quoiqu'ils puissent s'additionner et qu'ils aient la même raison d'être. Le premier phénomène est un mouvement de remembrement, comme nous dirions aujourd'hui. La finalité du mouvement est de parvenir à des exploitations agricoles, qui permettent de combiner les facteurs d'une manière plus efficace. C'est un phénomène surtout anglais. La voie empruntée pour atteindre l'objectif a consisté à transformer de grandes et moyennes *propriétés*, héritées et/ou obtenues par échanges sur le marché des terres agricoles, en *exploitations* moyennes et grandes, confiées en gérance à des « fermiers », qui sont ni plus ni moins des entrepreneurs agraires et qui travaillent avec une main-d'œuvre salariée. Dans cette nouvelle combinaison, le facteur travail n'est plus un métayer ou un fermier sur une petite exploitation, mais un ouvrier agricole, dont le salaire est déterminé par un marché du travail. Le second phénomène est plus typiquement français et plus tardif, puisqu'il concerne le XVIIIe siècle, alors que le mouvement anglais a commencé dès le XVIe siècle. En France, les entrepreneurs agraires, plus souvent les propriétaires eux-mêmes, des aristocrates ou des bourgeois, devaient faire sauter l'étau de « contraintes collectives », que les communautés rurales avaient produites et imposées depuis le Moyen Âge. Elles consistaient en rythmes agricoles imposés collectivement, en droits de glanage et de pâture. Les communautés étaient aussi propriétaires collectifs de pâturages, de forêts et de terrains en friche, que les entrepreneurs guignaient comme des « facteurs » susceptibles d'un emploi plus productif.

À court terme et considérés au cas par cas, le mouvement anglais privait d'emploi les tenanciers qui n'étaient pas immédiatement réembauchés comme ouvriers agricoles, et le mouvement français de ressources les « brassiers », qui vivaient de la location de leur travail et de l'accès aux bénéfices des contraintes collectives. À moyen terme, une utilisation plus efficace de la terre a eu pour conséquence une augmentation de la richesse produite. Il en est résulté une croissance de la consommation et des investissements dans les campagnes mêmes. En termes d'emplois, il s'est produit un mouvement de transfert du secteur primaire vers les secteurs secondaire — par exemple les forgerons et les maréchaux-ferrants — et tertiaire — ainsi les cabaretiers. Certaines enquêtes historiographiques conduites en Angleterre indiquent que le niveau général de l'emploi a peu varié et que les campagnes ne se sont pas dépeuplées, contrairement à une légende tenace. Il y a bien eu exode rural dans les débuts de l'industrialisation, mais il a touché un croît démographique considérable — nous y reviendrons —, il n'a pas désertifié les campagnes. D'autre part, l'efficacité accrue de l'agriculture a posé les fondements de toute industrialisation possible en

Europe, car il a bien fallu, dans un premier temps, que moins d'agriculteurs nourrissent plus de monde, proportionnellement. La révolution agricole a précédé la révolution industrielle : elle a commencé dès le XVIe siècle, en Angleterre et dans les Pays-Bas.

Quant aux pillages perpétrés par les Européens dans le monde, ils ont pu être très réels et très répréhensibles, mais ils n'ont pas grand-chose à voir avec la naissance du capitalisme. Rien n'est plus courant, dans les histoires humaines, que le pillage, par des aventuriers ou des conquérants, de trésors accumulés par les élites sociales d'autres contrées. Les Hittites, les Assyriens, les Grecs, les Romains, les Arabes, les Mongols, les Turcs, pour n'en citer que quelques-uns, ont pillé probablement plus de trésors que les Européens. On ne sache pas que ces peuples aient jamais inventé le capitalisme. Sans doute, des injections massives de richesses volées ont des conséquences sur l'activité économique. Elles sont doubles. Elles ruinent les pilleurs, qui inclinent à se transformer en rentiers, comme les Grecs hellénistiques, les Romains du Haut-Empire et les Espagnols au XVIIe siècle ! Elles animent la production et les échanges, au bénéfice de ceux qui servent les rentiers, par exemple les Hollandais et les Anglais. L'inflation induite allège la dette publique — au détriment des prêteurs —, suscite des initiatives, mais perturbe le calcul économique. Au total, l'or et surtout l'argent des Amériques ont eu assez de conséquences économiques pour occuper les historiens, mais pas assez pour qu'il faille même en tenir compte dans les origines du capitalisme.

L'origine des capitaux européens doit être cherchée ailleurs, en Europe même et dans l'activité économique elle-même. Il suffit de partir de la définition même d'un capital, qui lui assigne une source et une destination. En tant que source, un capital est de la richesse non consommée ou épargne. Sa destination est d'être utilisé à des fins productives. Un capital est une épargne investie ou destinée à l'être. Par nature et par définition, l'épargne est de la richesse produite et non consommée. Au niveau microéconomique des acteurs individuels et collectifs, l'épargne est le revenu diminué de la consommation. Les capitaux ne résultent pas de vols, mais d'une sorte d'ascèse que les acteurs s'imposent à eux-mêmes. Bien entendu, parmi la masse des capitaux utilisés en Europe entre 1750 et 1850, certains provenaient certainement d'exactions, et certaines exactions ont été perpétrées aux dépens des Aztèques et des Incas, entre autres. On ne dispose pas de chiffres, mais on peut avancer avec confiance que ce n'était qu'un apport marginal et négligeable, pour la raison décisive que les économies traditionnelles reposaient sur une productivité trop faible, pour que l'épargne fût capable d'accumuler des capitaux considérables. Les temples, les palais, le luxe de cour, toutes ces dépenses étaient de la consommation et non pas de l'épargne susceptible d'être investie. Les observateurs sont facilement éblouis par le luxe et par l'or et tendent à l'exagérer, parce qu'ils ont un point de vue de particulier, et de particulier souvent très désargenté ! Pour l'essentiel, les capitaux ont été produits par une contrainte exercée sur la consommation. Comme il est permis d'estimer que des acteurs ne se contraindraient pas, pour le seul plaisir de le faire, il faut tâcher de repérer la nécessité ou le calcul qui ont poussé les acteurs à l'épargne.

Si l'on pose le problème en ces termes : pourquoi épargner ?, la solution s'offre presque d'elle-même. Il faut et il suffit de repérer les principaux acteurs concernés, à savoir les pouvoirs publics, les entreprises et les ménages, et de les interroger sur leur propension à l'épargne.

L'épargne publique est la part des prélèvements fiscaux effectués par les pouvoirs publics sur les revenus des sujets et des citoyens et non consommés ni par le public ni par des redistributions au bénéfice des sujets et des citoyens. Au sens strictement économique, l'État épargne, quand il investit soit dans la production elle-même, soit dans des projets destinés à augmenter la production en général. L'État entrepreneur est une figure habituelle des anciens régimes d'Europe, surtout en France à partir de Colbert et dans les principautés et royaumes qui l'ont prise comme modèle au XVIIIe siècle et ont développé ce que l'on a très mal nommé le « despotisme éclairé »[1]. Quant aux

1. Voir F. Bluche, *Le Despotisme éclairé*, Paris, Fayard, 1969.

dépenses générales, ce sont celles qui vont aux infrastructures, les routes, les ports, les canaux, les ponts..., ou qui améliorent le facteur travail, comme l'instruction, la prévention des disettes et des épidémies, les orphelinats...

Tous les pouvoirs politiques prélèvent une fraction des richesses produites dans la politie. Pour certains, c'est même la raison première et dernière qui les attire à la politique : privatiser les caisses publiques, en quelque sorte. Dans le monde traditionnel, les prélèvements étaient presque intégralement consommés par la guerre, par l'entretien de l'appareil du pouvoir, par la cour et par des détournements frauduleux. En Europe, à partir de la seconde moitié du XVIIe siècle, les investissements publics augmentent, tant directs dans la production qu'indirects dans les infrastructures et les conditions générales de la prospérité. Pourquoi ce changement d'attitude, dont les effets sont si marqués au XVIIIe siècle, même si on omet encore souvent de les signaler, en raison du discrédit jeté sur les anciens régimes par la Révolution française, par ses séquelles et par ses séides idéologiques ? La raison première est peut-être une conséquence heureuse du mercantilisme. S'il est vrai que la richesse d'un pays est un trésor, augmenté ou diminué selon les résultats de la balance commerciale, il est sensé, pour l'État, d'investir dans des productions substituant des importations et dans des projets d'amélioration des exportations. La science économique, en voie d'émergence dans le siècle et demi qui précède la percée théorique décisive de 1786, année de parution de *La Richesse des nations* d'Adam Smith, a pu, paradoxalement, contribuer à la persuasion distillée par le mercantilisme. En effet, à partir de la science de l'économique, les pouvoirs publics peuvent conclure que le meilleur moyen d'augmenter le rendement des impôts n'est pas d'augmenter les prélèvements, mais la matière fiscale, c'est-à-dire la richesse générale. Il devient éminemment sensé d'investir dans les infrastructures, dans la conviction justifiée que, à terme, ces investissements multiplieront les possibilités de la consommation publique.

Ces arguments économiques sont solides et effectifs, mais ils n'ont été avancés et retenus qu'en raison d'une contrainte imparable : le système transpolitique. Une fois encore, il s'impose à l'attention comme étant la contrainte permanente de concurrence qui pèse sur les polities européennes : celle qui n'avance pas au rythme des plus rapides recule, et celle qui recule risque de tomber victime d'une rupture de l'équilibre européen. Cette motivation profonde est explicite et délibérée dans la monarchie de Louis XIV. Elle devient un article de foi et un postulat idéologique pour le despotisme éclairé, à commencer par Pierre le Grand.

L'épargne des capitalistes, de ceux qui sont engagés dans le procès de production pour le marché, est encore plus contrainte. Tout capitaliste — un épicier de quartier et un cordonnier sont autant des capitalistes, pour le marché, que le maître de forges ou le roi du pétrole — fait le pari qu'il trouvera des clients solvables pour la combinaison de facteurs qu'il a décidée. De deux choses l'une : ou bien son pari est stupide et il est éliminé, ou bien il est sensé et il en retire un profit. Dans le cas d'un cordonnier, l'initiative peut être si banale qu'elle ne dégage aucun profit et suffit tout juste à payer misérablement le travail du cordonnier. Un profit est une richesse qui peut être consommée ou épargnée. Les capitalistes qui épargnent pour investir font des investissements judicieux ou non. S'ils calculent mal, ils sont derechef éliminés par le marché. Si leurs investissements sont judicieux, ils deviennent plus efficaces que leurs concurrents qui ont consommé leurs profits. Étant plus efficaces, ils peuvent augmenter la qualité de leurs produits et/ou baisser leurs prix. De toute façon, ils éliminent les concurrents-cigales. Le marché est ainsi une contrainte à la fois permanente et puissante, qui force chaque capitaliste à être fourmi plutôt que cigale. Ceux qui, par tempérament ou pour quelque autre raison, sont incapables de réduire leur consommation au niveau compatible avec leur état dans la société sont ruinés et éjectés du marché. Il est tout à fait inutile de rechercher des explications théologiques, éthiques ou idéologiques de l'esprit du capitalisme comme « ascèse intra-mondaine ». Elle fait partie des règles du jeu et sélectionne les joueurs, de même que la chasse n'est accessible qu'aux chasseurs sachant chasser et que, lorsque l'alternative est entre bien chasser ou périr de faim, les chasseurs reçoivent une incitation merveilleuse à apprendre à bien chasser !

Les ménages appartiennent aux élites ou au peuple. On peut négliger la canaille, qui n'a pas de revenus réguliers et n'épargne pas. Dans les élites, le contraste est marqué entre les élites aristocratiques et les élites roturières. Le propre de l'aristocratie est de dépenser sans compter et de vivre au-dessus de ses moyens. Ce n'est pas par vice, mais c'est l'effet d'une contrainte sociale : chacun est engagé avec chacun dans une concurrence pour le prestige, qui se traduit par des dépenses ostentatoires, tendant toujours à faire mieux et plus que les autres. D'autre part, un aristocrate compte sur la fidélité de ses gens, qui attendent de lui en retour des services et des gratifications. Un aristocrate ne peut pas être pingre, ni même regardant, sous peine de disqualification sociale. Il peut, sans doute, choisir de quitter un jeu ruineux, mais il cesse de faire partie des élites et se condamne à la mort sociale. La bourgeoisie est dans une situation de jeu social différente. Les élites roturières émanent du commerce, de la finance, de la robe... Elles ont deux perspectives distinctes. L'une est de rester là où elles sont et de continuer à se mêler des affaires. Cette immobilité sociale — relative et en moyenne, bien entendu — se rencontre en Angleterre, où l'aristocratie est fermée relativement, et où le pouvoir royal contrôlé par le Parlement n'a pas la ressource de vendre des titres de noblesse, pour contrôler l'aristocratie par l'inflation des titres et pour augmenter ses revenus. Sur le Continent et surtout en France, la perspective est tout autre : l'obsession unique est d'entrer dans les rangs de l'aristocratie et de pratiquer son genre de vie. Pour réussir, il faut conduire des stratégies patrimoniales sur des générations, il faut épargner. En Angleterre, la bourgeoisie épargne, pressée par la concurrence économique ; en France, elle le fait, poussée par l'ambition sociale.

Le peuple se compose de paysans, nous l'avons vu. Qu'ils soient propriétaires à part entière ou partiellement de leurs exploitations ou tenanciers, ils ont une aspiration exclusive : devenir propriétaires d'exploitations plus grandes. Ne pas succomber à la passion de la terre, c'est se condamner à tomber dans la catégorie des agriculteurs sans terre, des « brassiers », c'est accepter la mort sociale dans le cadre de la commune, où il n'y a pas d'anonymat. La passion anime des stratégies matrimoniales et patrimoniales, poursuivies sur des générations et qui reposent sur la capacité de « liarder », d'économiser sous après sous. À partir du XVIIe siècle, l'urbanisation commence, et l'espérance de vie augmente à partir du XVIIIe siècle. Ces deux phénomènes, qui seront encore fortement accentués au XIXe siècle, jouent sur l'épargne. En effet, des acteurs détachés des solidarités rurales, où l'héritier de l'exploitation doit prendre en charge ses vieux parents, et vivant plus longtemps, doivent résoudre un problème de retraite à leur propre usage. Comme l'État ne se substitue pas encore aux gens en imposant un système de prélèvements obligatoires et de répartition, chacun doit pourvoir lui-même à ses vieux jours. La seule solution est d'épargner aujourd'hui pour pouvoir consommer demain.

Au total, des contraintes très puissantes s'exercent sur presque tout le monde, directement ou indirectement. Elles conduisent les acteurs à consentir des taux d'épargne très élevés, au moins 25 % à 30 % au XIXe siècle. Ces taux, ne l'oublions pas, s'appliquent à des revenus croissants, grâce au développement économique. Des capitaux colossaux sont accumulés d'année en année par cette épargne, qui, réinvestie, augmente les revenus et les capacités d'épargne. Ce sont ces capitaux, des capitaux en quelque sorte indigènes, qui ont constamment financé les investissements domestiques et extérieurs, dans toutes les parties du monde. Il n'y a jamais eu d'« accumulation primitive » ailleurs que dans l'imagination des idéologues.

Il reste un troisième et dernier point à examiner. Comment l'épargne se transforme-t-elle en investissement ? Au niveau conceptuel, les deux mouvements ne se confondent pas. Dans la réalité aussi, ils peuvent demeurer disjoints, si, par exemple, le produit de l'épargne va dans un bas de laine. Une épargne thésaurisée est stérile et devient du gaspillage. En fait, la création et l'ouverture de canaux entre l'épargne et l'investissement sont à peine des conditions préalables de l'invention du capitalisme. Quand les investisseurs sont les épargnants eux-mêmes, le problème ne se pose même pas. Quand un pouvoir public décide d'investir dans les infrastructures ou dans l'instruction, il mobilise de l'épargne sous forme de recettes fiscales ou par l'entremise d'emprunts qui en appellent à l'épargne privée. Les capitalistes entrepreneurs procèdent de manière analogue dans le privé, en réinvestissant leurs profits et en levant des capitaux par des émissions d'actions et d'obligations auprès des particuliers. Enfin, à tout moment, des acteurs se lancent dans les affaires, en investissant une épargne, un héritage, des prêts consentis par des parents ou des amis...

À sa naissance, une production nouvelle est généralement beaucoup moins coûteuse en capitaux qu'en imagination et en énergie. Dans la première moitié du XIXe siècle, en Angleterre, pour se lancer dans le textile et dans la métallurgie, il suffisait de quelques centaines de livres, somme qu'à peu près n'importe qui pouvait réunir, s'il le désirait avec ardeur. De nos jours encore, des aventures industrielles fabuleuses ont débuté dans un garage de Palo Alto avec un capital de quelques dollars. D'une manière générale, nous y reviendrons, l'expérience capitaliste repose secondairement sur des capitaux et principalement sur des savoirs et des savoir-faire, dont le plus essentiel est l'initiative : le capitalisme est par nature prométhéen.

On serait tenté de soutenir que, si l'épargne investie par l'épargnant n'avait pas à être donnée avant que commençât le capitalisme, il n'en va pas de même pour l'épargne qui transite par des institutions financières spécialisées, avant de parvenir aux entrepreneurs. De fait, des institutions aussi typiquement capitalistes que les banques et les bourses existaient bien avant le XVIIe ou le XVIIIe siècle en Europe. Ce sont des créations du capitalisme médiéval, né dans les cités marchandes et dans les interstices des seigneuries et des principautés. Précisément, le capitalisme produit les instruments techniques dont il a besoin. La lettre de change, qui permet de faire circuler des ordres de paiement sans déplacer l'argent ni lui faire courir de risques, est inventée dès que des marchands ont à faire circuler des sommes importantes dans un réseau stable de correspondants fiables. La lettre de change a été inventée par les chevaliers romains qui se mêlaient de la ferme des impôts, comme elle a été inventée par les marchands italiens et par les marchands chinois et japonais. Il ne faut pas conclure de ce qu'un élément X est indispensable au fonctionnement d'un système A, qu'il a dû être produit avant le système et indépendamment de lui. Le plus souvent, X est la solution d'un problème posé par A : les deux sont produits en même temps.

Ainsi en va-t-il d'autres instruments capitalistes, qui ont pu être considérés comme des présupposés chronologiques du capitalisme, à commencer par la comptabilité en partie double. C'est une percée intellectuelle, effectuée quelque part en Italie au XIIe siècle, une percée qui a merveilleusement contribué à la rationalisation des affaires, mais c'est une percée interne aux affaires, suscitée par leur développement même. On se permet d'y insister, parce qu'il semble que Max Weber ait suscité par son génie bien des disciples imprudents. Ceux-ci inclinent à un type de raisonnement fallacieux. Sous prétexte qu'un phénomène économique — ou politique, religieux, esthétique, cognitif... — exprime une attitude rationnelle, ils inclinent à le rapprocher d'un autre phénomène de rationalisation et à faire dériver le premier du second. Ainsi le capitalisme médiéval devient-il une dérivation de la construction des cathédrales ou de la théologie scolastique, à moins que ce ne soit l'inverse. En fait, toutes les rationalités sont des expressions de la rationalité humaine, transcrite dans des activités spécialisées. Il se peut que les activités elles-mêmes soient suscitées les unes par les autres, que la construction des cathédrales gothiques ait quelque rapport avec l'enrichissement des villes et des cités aux XIIe et XIIIe siècles et que, en retour, ces chantiers colossaux aient stimulé l'activité économique dans leur environnement. Mais la rationalité dont ont pu témoigner Villard de Honnecourt ou Francesco di

Marco Datini da Prato était une rationalité humaine.

La banque européenne est née au Moyen Âge, elle n'a pas eu à être réinventée à partir du XVIIe siècle. Cette ancienneté n'est pas sans rapport avec un trait, peut-être anecdotique, mais qui ne l'a pas été à toutes les époques. La banque européenne est souvent juive ou protestante. Cette corrélation n'exprime évidemment aucun lien substantiel entre l'être de la banque et l'être juif ou protestant. La banque est un instrument technique du capitalisme médiéval. Mais la sélection des banquiers n'est pas quelconque. Nous avons vu que les métiers d'argent étaient dépréciés partout. Ils l'étaient tout particulièrement en terre chrétienne : un financier est une manière de riche quintessencié, et le riche est tenu en abomination par les Évangiles. Ajoutez le mépris aristocratique pour ces usuriers, et l'incapacité de la réflexion économique — voyez déjà Aristote — à expliquer comment de l'argent peut faire des petits par l'entremise des taux d'intérêt. L'ambiance générale n'était pas favorable aux banquiers, jusqu'au début du XVIe siècle, et bien plus tard dans les pays restés dans le catholicisme. Dès lors, les métiers d'argent étaient plus probablement pris en charge par des minorités, méprisées pour d'autres raisons déjà et empêchées par les préjugés et, parfois, par la législation, de parcourir des cursus normaux. Ainsi les juifs au Moyen Âge. Quant aux protestants, et même plus précisément les calvinistes, leur « corrélation bancaire » est à double sens : les uns, en Suisse et en Hollande par exemple, étaient des financiers, qui ont adhéré à la Réforme pour être, enfin, considérés selon leurs mérites ; les autres, en France par exemple, sont devenus banquiers au XVIIe siècle comme les juifs le faisaient au Moyen Âge, en tant que minorité marginalisée et méprisée.

D'autres institutions financières de collecte de l'épargne et de prêts aux investisseurs ont aussi des précédents médiévaux, mais plus discrets. Pour l'essentiel, ce sont des produits directs de la modernité. Ainsi les caisses d'épargne, qui connaissent un succès inouï au XIXe siècle. Elles sont la solution instituée de problèmes posés par l'épargne populaire. Elles permettent aux gagne-menu d'épargner pour les temps de malheurs et d'inactivité, en leur garantissant la sécurité et un petit rendement — dans une période, il faut le préciser, où l'étalon-or garantissait la stabilité des monnaies —, et aux investisseurs publics et privés d'accéder à une source abondante de capitaux. Les précurseurs de ces caisses sont les mutuelles, les tontines, les monts-de-piété. Quant aux bourses, elles aussi ont des précédents dans les cités italiennes, mais elles s'épanouissent au XIXe siècle. Elles ont une fonction double. La principale, en tout cas la plus visible et la plus générale, est de permettre aux entreprises de lever des capitaux et aux ménages de gérer leur épargne, personnellement ou par le truchement de gestionnaires spécialisés. Une fonction, qui devrait peut-être devenir principale mais qui est plus particulière au capitalisme anglo-saxon, est de permettre d'apprécier la qualité de la gestion des entreprises et d'inciter les actionnaires à congédier les incapables.

Au total, ni les capitaux ni leur mise à la disposition des capitalistes n'ont été à proprement parler des conditions de possibilité économiques du capitalisme. Même si le capitalisme médiéval n'avait pas été dans le cas de naître et de s'épanouir, le capitalisme moderne et sa branche financière auraient spontanément pourvu à tous les besoins. Quant à l'épargne, l'intérêt et la nécessité y poussent de concert. Elle fait, elle aussi, partie du capitalisme, qui n'a besoin de voler personne pour prospérer. Il lui suffit de se plier délibérément et conséquemment à la rationalité de l'économique.

III
LES SCIENCES ET LES TECHNIQUES

Le capitalisme a son destin étroitement uni à celui de la science. Sans la science née dans le premier tiers du XVIIe siècle, jamais le capitalisme explosif que nous connaissons depuis le XIXe siècle n'aurait été possible. En tant qu'activité économique, le capitalisme, comme toute production économique, incorpore du savoir à deux moments de son procès d'actualisation. D'une part, les biens et les services qu'il propose aux marchés sont des combinaisons de formes et de matières. Les trois éléments ainsi mobilisés contiennent chacun du savoir ou, pour user d'un vocabulaire plus en vogue, de l'information : la matière doit être travaillée de telle manière qu'elle finisse par coïncider avec la forme ; la forme doit correspondre à la fois à une idée mentale et à la matière qu'elle informe ; la combinaison consiste soit à informer une matière, soit à matérialiser une forme. Le produit le plus modeste est un nœud d'informations. D'autre part, les combinaisons de matières et de formes mobilisent des outillages et des procédés pour s'effectuer. Les techniques de production sont elles aussi des nœuds d'informations. L'économique, comme d'ailleurs toutes les activités humaines, incorpore du connaître, outre du faire et de l'agir.

Ces propositions générales valent pour l'économique en général. Pour mieux cerner les rapports du capitalisme au connaître, il faut les particulariser et montrer que le capitalisme est lié à cette forme particulière de connaître qu'est la science. Cette liaison pose trois problèmes distincts mais qui s'enchaînent :

— le capitalisme, de par sa nature même, impose le renouvellement perpétuel des produits et des techniques de production ;

— ce renouvellement perpétuel exige des informations toujours nouvelles, dont la source ultime est la recherche fondamentale et le progrès scientifique ;

— la science elle-même, n'étant ni un élément constitutif du capitalisme ni une de ses conséquences, a dû être inventée ailleurs ; de fait, la science a été inventée indépendamment en Europe et a procuré au capitalisme les assises cognitives qu'il exige.

Le premier problème est celui qui soulève le moins de difficultés. Les données empiriques révèlent un renouvellement toujours recommencé des produits et des techniques de production. Elles sont contenues dans des bibliothèques entières d'histoires économiques de l'âge moderne, depuis le XVIIe siècle. Ces faits sont assez connus, pour que quelques allusions suffisent. Si l'on adopte une perspective de quatre siècles environ et que l'on se place au point de vue du consommateur, les changements sont prodigieux et à peine croyables. Nous les verrons plus en détail dans la Ve partie de cet essai. Les genres de vie ont été bouleversés par l'urbanisation, par le transfert des emplois dans l'industrie et les services, par la diversification vertigineuse de ces emplois. Alors que, dans le monde précapitaliste, les gens ont le choix virtuel entre quelques dizaines ou quelques centaines de types d'emploi, ces derniers se comptent par dizaines de milliers dans l'univers capitaliste. Il ne s'agit là que de conséquences directes du capitalisme. Directes aussi sont ses incidences sur les biens et les services proposés, dont la variété est devenue presque impossible à mesurer, qu'il s'agisse de produits alimentaires ou vestimentaires, d'habitat ou d'équipement ménager, de soins de santé ou de loisirs, de moyens de se déplacer ou de communiquer avec autrui...

Si l'on considère les rythmes du renouvellement, on observe une accélération non pas continue mais quasi exponentielle. Jusque vers 1750, on enregistre peu de progrès techniques, sinon dans le travail des mines et dans le textile ; le capitalisme connaît des développements surtout dans les échanges. De 1750 à 1870 environ, on a la phase pivotale du capitalisme, celle qui est, rétrospectivement, caractérisée par les applications de la vapeur — c'est-à-dire les transformations de l'énergie calorique en énergie mécanique —, et la mécanisation du textile, la construction des voies ferrées, la sidérurgie... De 1870 à 1914, c'est l'âge de l'électricité, du moteur à explosion, de la chimie. La guerre de trente ans qui court de 1914 à 1945, aggravée par la grande dépression des années 1930, impose une certaine stagnation. Depuis 1950, on note une sorte d'explosion, encore accélérée depuis dix ou quinze ans par l'irruption de l'informatique.

Il n'est pas utile, ni nécessaire, de multiplier les articles d'un constat que tout un chacun peut établir, en prenant de la hauteur temporelle et du recul historique. Les raisons de ce renouvellement perpétuel sont aussi faciles à isoler. Du côté des consommateurs, nous verrons[1] que leur propension à consommer est proprement infinie, du fait de la nature indéfinie des désirs humains, et que leur capacité à consommer, c'est-à-dire leur solvabilité, est une fonction directe du développement économique : plus l'économie devient efficace en termes de productivité, plus augmente le pouvoir d'achat de la population générale. Par conséquent, les consommateurs sont toujours disposés à suivre tous les renouvellements et en ont toujours la capacité.

Le problème des producteurs est d'exploiter cette disponibilité et de capter cette capacité. La

1. Voir ci-dessous, chap. VI, pp. 121 *sqq.*

liaison est moins évidente qu'il n'y paraît et plus contraignante que beaucoup ne le souhaiteraient. Par nature — au sens très fort où il est « de la nature de », où cette attitude et cette activité sont les expressions authentiques d'une essence —, un producteur combine des facteurs *pour* produire un bien ou un service, et il le fait *pour* les offrir à une demande solvable. Si la demande solvable n'achète pas, le producteur est éliminé du marché. Comme aucun producteur n'aspire à ce sort — car il suffisait, dans ce cas, de ne pas se faire producteur —, tous les producteurs ont un problème de survie à résoudre. Deux solutions générales sont possibles, qui définissent deux stratégies distinctes.

Ou bien les producteurs s'entendent entre eux pour offrir à des consommateurs captifs des biens et des services définis une fois pour toutes. Les consommateurs ne peuvent pas ne pas acheter, puisqu'ils ont des besoins à satisfaire et les moyens de le faire. Ils ne peuvent pas non plus éviter de s'adresser aux producteurs, puisqu'il n'y en a pas d'autres. La stratégie suppose une entente entre producteurs, afin de supprimer la concurrence entre eux. C'est, évidemment, la stratégie la plus favorable aux producteurs, puisque, une fois réussi l'effort initial d'offrir un produit à peu près satisfaisant, ils deviennent des rentiers et peuvent le demeurer indéfiniment, s'ils sont assez prudents pour veiller à la qualité des produits et pour ne pas exagérer leurs prix. Des imprudences ouvriraient une carrière à des tricheurs. Cette stratégie est si avantageuse qu'elle est *toujours* suivie par *tous* les producteurs dans *tous* les contextes, dès lors qu'ils produisent pour un marché. On la trouve, institutionnalisée, dans les corporations qui apparaissent avec l'artisanat spécialisé. Elle ne peut réussir qu'à une seule condition : que les producteurs puissent contrôler l'entrée de nouveaux producteurs sur le marché. Or, ce contrôle est inefficace tant qu'il reste privé et repose sur l'accord des intéressés. Tôt ou tard, l'un trichera, pour augmenter sa part des revenus tirés des consommateurs. Le seul moyen que le contrôle soit efficace est de le rendre public, c'est-à-dire de le soumettre à une loi imposée par le pouvoir politique. C'est pourquoi les corporations prospèrent à l'ombre des premiers pouvoirs royaux et dans les cités contrôlées par l'oligarchie des producteurs. Mais — c'est le point décisif — le contrôle politique de la concurrence n'est possible que dans le cadre d'une politie. À l'échelle d'une transpolitie, il n'y a pas de pouvoir politique capable de l'imposer. Ou bien chaque politie se referme sur elle-même en se coupant de l'extérieur, à la manière de la Chine des Ming et des Qing, de la Corée des Yi et du Japon des Tokugawa, ou bien la manœuvre échoue. Elle ne pouvait qu'échouer en Europe, parce que des polities se partageant une aire culturelle commune ne peuvent pas se fermer durablement l'une à l'autre. Par conséquent, la structure de la transpolitie européenne est, une fois de plus, la raison première et ultime de l'échec de la première stratégie accessible aux producteurs pour s'adapter aux consommateurs, en les contrôlant.

Ou bien les producteurs cherchent à s'adapter aux consommateurs, en les satisfaisant. C'est la stratégie dominante que la transpolitie européenne imposait aux capitalistes européens, malgré qu'ils en eussent. Pour convaincre la demande solvable, il n'y a que deux possibilités générales, soit proposer un bien ou un service nouveau, absolument nouveau, ou amélioré, ou modifié, soit proposer le même produit à un prix inférieur pour la même qualité. Il reste possible de combiner les deux stratégies. Sous peine d'être éliminé du marché et condamné à une mort économique, et faute de pouvoir durablement utiliser la première stratégie, la concurrence entre anciens et nouveaux producteurs ramène constamment les uns et les autres à ces deux issues. En conséquence, les produits sont en permanence renouvelés — en ce moment, au Japon seul, mille boissons non alcoolisées nouvelles sont proposées chaque année, dont dix à peine se maintiennent plus d'un an ! — et les techniques de production rendues constamment plus efficaces. Comme les techniques de production et les produits incorporent du connaître, il faut bien que leur renouvellement perpétuel soit rapporté à un connaître lui-même en renouvellement et en expansion sans fin.

Sur le deuxième problème, de la science

comme source du renouvellement du capitalisme, on peut développer une argumentation selon les lignes suivantes. Toutes les expériences capitalistes antérieures au capitalisme moderne et les premières phases de celui-ci ont reposé sur des connaissances empiriques, soit déjà acquises, soit mises au point par des bricoleurs de talent ou de génie, pour résoudre des problèmes techniques posés par le développement économique lui-même. L'ingéniosité des techniciens et des ingénieurs chinois ne le cède en rien, bien au contraire, à celle de leurs collègues européens[1]. Certains développements techniques en Europe n'ont pris une importance démesurée que rétrospectivement, et appuyée sur une illusion d'optique infligée par la méconnaissance de ce qui s'est fait ailleurs. On a, par exemple, souligné, l'introduction des « pompes à feu », c'est-à-dire à vapeur, dans les mines de charbon anglaises dans la seconde moitié du XVIIe siècle. Le cas est typique d'une initiative capitaliste préscientifique. La métallurgie, la marine et l'agriculture anglaises avaient réussi une déforestation si poussée du pays que les métallurgistes se tournèrent vers le charbon pour répondre à leurs besoins. Mais les mines de charbon posaient un problème de drainage des eaux d'infiltration, impossible à résoudre par le moyen traditionnel de l'huile de coude.

1. Voir M. Elvin, « Mandarini e macchine », in L. Lanciotti, *Sviluppi scientifici, prospettive religiose, movimenti rivoluzionari in Cina*, Florence, Olschki, 1975, pp. 55-68.

Quelqu'un eut l'idée d'appliquer la vapeur pour actionner une pompe. Cette trouvaille est de même nature et ne témoigne pas d'un génie plus profond que celui exigé en Chine pour forer des puits dans l'eau saumâtre à grande profondeur[1].

La connaissance empirique peut parvenir à des corpus merveilleux de savoirs tirés de l'expérience, de l'observation, de la comparaison, de l'induction et, traitée par des bricoleurs de talent ou de génie, elle peut donner lieu aux mises au point les plus ingénieuses. Les histoires des savoirs et des techniques consacrées aux différentes aires culturelles, sans oublier d'y inclure les chasseurs et les cueilleurs, qui ne le cèdent en rien à leurs descendants et héritiers en matière d'application des facultés intellectuelles à l'exploration des milieux et des procédés pour en retirer des ressources, ces histoires sont des livres des merveilles et des chants de louange des capacités de l'espèce. L'ethnocentrisme et l'évolutionnisme, dominants dans les sciences historiques de la seconde moitié du XIXe siècle, ont injecté dans la conscience commune deux erreurs distinctes. L'une persuade que, l'humanité étant entraînée par l'évolution sur la route du progrès, il s'ensuit que *tout* progresse ou régresse selon que l'on s'avance ou que l'on rebrousse par la pensée sur cette route et que, par exemple, les « primitifs » l'étaient aussi dans leurs facultés de connaître. L'autre erreur

1. Voir H.U. Vogel, « Le sel de Chine », *Pour la science*, août 1993, n° 190, pp. 84-89.

convainc de la supériorité cognitive de l'Europe dès avant l'invention de la science ou de sa supériorité cognitive dans tous les domaines dès l'invention de la science.

En fait, l'Europe accuserait plutôt un certain retard par rapport à la Chine en matière de connaissance empirique. Il s'explique par l'histoire politique contrastée des deux aires. Tout savoir résulte de l'exploration d'un champ, ce qui suppose continuité dans l'exploration, accumulation des découvertes et transmission régulière du corpus de génération en génération. La continuité conjointe de l'Empire chinois et d'une classe de lettrés spécialisés dans l'extension et la transmission du corpus est un avantage marqué sur la situation chaotique de l'Europe, où les ruptures politiques et culturelles qui ont marqué le millénaire suivant la chute de l'Empire latin ont débouché sur des « renaissances » successives, aux VIIIe, XIIe et XVIe siècles, qui sont autant de tentatives pour retrouver un corpus et se remettre à le développer.

La supériorité de l'Europe émerge très exactement dans le premier tiers du XVIIe siècle, avec la naissance du mécanisme et de la science. Cette percée n'est pas de degré mais de nature, parce qu'elle débouche sur un nouveau mode de la connaissance rationnelle, qui, d'empirique, devient scientifique et d'inductive déductive. Ce n'est pas le lieu de creuser des considérations épistémologiques. Pour notre propos, il suffira de marquer que, là où la connaissance empirique est enfermée dans un champ à peu près clos d'exploration, défini par l'expérience et par des perceptions informées par une tradition culturelle déterminée, la connaissance scientifique, en perçant les secrets de la réalité, s'avance sur des champs inédits et toujours nouveaux. L'infinitude de l'exploration scientifique du réel peut rejoindre l'infinitude de l'exploration capitaliste des produits et des techniques de production nouveaux. Cette jonction s'est faite très tard, pas avant le XIXe siècle et son deuxième quart, et encore de manière tâtonnante et chaotique. Une fois la jonction opérée, on se trouve dans un univers différent. La naissance de la chimie organique au XIXe siècle permet la mise au point des engrais artificiels et le bouleversement de l'agriculture, des matériaux nouveaux et la subversion des textiles, des colorants, de tout ce qui est fabriqué avec des matières artificielles. Les lois de la thermodynamique permettent d'améliorer le rendement des machines à vapeur, puis d'inventer le moteur à explosion, qui, après avoir transformé les transports terrestres, débouche sur l'invention du transport aérien.

La liaison entre science et capitalisme n'est devenue étroite que depuis 1945. Mais elle est devenue si étroite que l'on court le risque de perdre de vue et qu'ils ne se confondent pas et que leur relation est foncièrement dissymétrique. La confusion menace, parce que la mémoire spontanée — celle qui n'est pas entraînée par la pratique régulière de l'histoire — est étrangement courte, qu'elle soit individuelle ou collective. On passe sans y penser de la perception de quelque chose qui paraît établi sur des fondements solides à sa stabilité durable, puis à son antiquité immémoriale. Le mariage étroit de la science et de l'économie n'a pas cinquante ans et il a été très vivement encouragé par la course aux armements déclenchée par l'instabilité du système dipolaire qui a agité la planète entre 1945 et 1991. Ce mariage, que l'on peut considérer comme durable, maintenant qu'il a été consommé, est aussi dissymétrique. Il est durable, parce que la science a besoin de l'économie, qui a besoin d'elle, et il est dissymétrique, parce que les besoins sont de nature différente de part et d'autre.

Pour mieux faire saisir ce point important, car de lui dépend l'avenir de la science et du capitalisme dans une certaine mesure, on peut s'exprimer en termes d'offres et de demandes que l'un adresse à l'autre. La science — il vaudrait mieux, à partir d'ici, parler des sciences, parce que les différentes sciences n'ont pas les mêmes rapports avec l'économie — demande au capitalisme des ressources pour continuer et élargir ses explorations. Ce faisant, elle agit comme font tous les ordres d'activités humaines, puisque le propre de l'économique est d'être le serviteur et le pourvoyeur des autres ordres. On peut plaider que le capitalisme, en poussant l'efficacité économique à des hauteurs impensables il y a un ou deux siècles encore, a permis de dégager des ressources à même de financer des projets scientifiques de plus en plus coûteux. Mais la plupart des projets ne sont pas particulièrement coûteux et pourraient être poursuivis au niveau atteint par le développement capitaliste, pour peu que les gens le veuillent. En un mot, la science demande au capitalime des ressources que celui-ci peut lui offrir. Si, pour une raison quelconque, le capitalisme s'immobilisait en un état stationnaire définitif — si, pour prolonger le fil de nos premières analyses, le capitalisme cessait d'être une chrématistique, pour se contenter d'être une économie fondée sur des droits de propriété, sur des marchés et sur des entrepreneurs —, les sciences pourraient continuer leur marche en avant dans l'exploration du réel, en abandonnant les projets trop coûteux et en renonçant, par exemple, à vérifier expérimentalement dans des collisionneurs gigantesques les détails ultimes de la théorie standard des particules élémentaires.

La réciproque n'est pas vraie. Que demande le capitalisme chrématistique aux sciences ? De leur procurer des occasions indéfiniment renouvelées d'innovations. Ces innovations peuvent porter sur les produits, c'est-à-dire sur les facteurs de production, et sur les techniques de production, c'est-à-dire sur les procédés et les procédures de production des biens et des services, de leur distribution sur les marchés et de leur présentation aux consommateurs. Tous les aspects et tous les moments de l'activité économique peuvent bénéficier des sciences. Le capitalisme ne s'adresse pas seulement à la chimie et à la physique, il sonne aux portes de toutes les sciences — et même des pseudo-sciences, comme la graphologie en France, pour sélectionner le facteur-travail. Les sciences du règne vivant commencent à être exploitées économiquement, par le génie génétique par exemple. Le capitalisme a un besoin vital des sciences, ce qui se traduit par deux stratégies dominantes. Par l'une, les entreprises développent elles-mêmes la connaissance scientifique, en montant leurs propres laboratoires de recherche ou en lançant des appels d'offres. La seconde stratégie consiste à faire pression sur les bailleurs de fonds de la recherche scientifique, c'est-à-dire les politiciens, pour que les crédits aillent de préférence aux programmes qui se proposent comme objectifs des applications intéressantes pour les entreprises.

Les deux stratégies courent le risque de devenir contre-productives, si elles succombent trop complètement à la logique économique. En effet, en confinant, par ses pressions et par l'attribution de ses ressources, les sciences dans l'exploration de projets à finalité économique, le capitalisme ramènerait la connaissance scientifique dans les limites étroites de la connaissance empirique. Cette retombée est imposée par le fait que l'on ne peut programmer que ce qui est déjà connu. Les percées les plus fécondes, comme la structure atomique de la matière, le code génétique, l'ordinateur, l'intelligence artificielle, la théorie des jeux, ne peuvent pas être programmées, parce que leur programmation supposerait que les programmateurs aient déjà su ce qu'il s'agissait de découvrir ! Le capitalisme ne peut prospérer durablement qu'en abandonnant les sciences à leur spontanéité naturelle et en ciblant le moins possible les attributions de crédits.

Supposons, maintenant, que soit vérifiée une hypothèse réaliste, à savoir que les sciences aient achevé l'exploration du réel. Il s'ensuivrait immédiatement l'entrée dans l'économie stationnaire et la fin du capitalisme comme chrématistique, puisque les innovations se réduiraient à des variations mineures sur des thèmes majeurs déjà injectés dans les produits et dans les techniques de production. Finalement, la dissymétrie dans le mariage conclu entre la science et le capitalisme peut être repérée dans le fait que l'état stationnaire économique ne déterminerait pas la fin du progrès scientifique, alors que cette fin imposerait l'aboutissement du développement économique.

Le troisième problème porte sur l'invention de la science. Tout ce qui précède devrait déjà avoir disqualifié une première hypothèse, qui ferait de la science une conséquence du capitalisme. La liaison causale pourrait s'entendre en deux sens. Ou bien la science serait un développement interne du capitalisme, au même titre, par exemple, que la banque ou la société par actions.

À cette corrélation, on peut opposer — si vraiment il faut réfuter même les opinions les plus fragiles — le fait que, si le capitalisme, comme toute activité humaine, a besoin d'inclure du connaître et du connaître rationnel, il ne faut pas en conclure que ce connaître doit être la science, sinon l'économique en général et les expériences capitalistes prémodernes eussent été impossibles, ce qui est absurde. Ou bien la science est née comme l'offre correspondant à une demande pressante du capitalisme. Cette hypothèse est plus plausible, elle contient même une parcelle de vérité. Il est vrai que le capitalisme adresse des demandes à la science et qu'il pèse sur l'orientation des recherches. Mais il n'est pas seul à le faire : l'armée et la défense ont un poids probablement plus important, comme joue un rôle non négligeable la pression exercée par certains groupes en faveur de la recherche sur le sida, ou par une population vieillissante à l'appui de la recherche sur le vieillissement. Ces corrélations expriment cette vérité première qu'une sociologie des sciences est possible et nécessaire, et non pas que les sciences sont des produits des facteurs sociaux qui les affectent. Au demeurant, ce n'est guère avant la moitié du XIXe siècle et surtout après 1945 que la science et l'économie prospèrent de conserve.

Comme il n'en reste pas moins vrai que la chrématistique capitaliste a besoin, pour développer toutes ses conséquences, des possibilités quasi illimitées que lui ouvrent les sciences, le problème qui se pose est de décider pourquoi la science est née en Europe et nulle part ailleurs. Comme toujours, ce problème d'origines se dédouble en un problème de définition de l'objet et en un problème de repérage des facteurs qui ont pu affecter son jaillissement. Le premier problème peut être résolu de manière raisonnablement satisfaisante, alors que le second demeure un des grands secrets de la science historique.

Un des monuments les plus impressionnants de l'érudition historiographique contemporaine est la série des volumes consacrés par Joseph Needham et ses collaborateurs à la science dans la civilisation chinoise[1]. Le seul défaut de l'entreprise est qu'il n'y a pas de science chinoise ! Ce n'est pas une question de mots, mais de perception juste de la cognition rationnelle. On se construit une bonne plate-forme pour l'étudier de manière comparative, en distinguant rigoureusement deux modes de connaissance rationnelle. Toutes deux sont rationnelles en tant qu'elles mobilisent les mêmes facultés intellectuelles et qu'elles les mettent en œuvre de la même manière. La première peut être dite « empirique ». Elle consiste dans des corpus de propositions vraies portant sur le réel, physique, vivant et humain, propositions tirées par induction d'expériences multiples et répétées. Ce sont les savoirs

1. Voir J. Needham, *Science and Civilization in China*, Cambridge, Cambridge University Press, t. I-VI 2, 1954-1987.

empiriques que les prédateurs accumulent sur les plantes et les animaux, les agriculteurs sur la météorologie, les espèces végétales, les engrais..., les forgerons sur les métaux et leurs alliages, les astrologues sur les objets célestes et leurs mouvements, les soldats sur l'art de la guerre, les bureaucrates sur l'art de gouverner, etc. La connaissance rationnelle « scientifique » consiste aussi dans des corpus de propositions vraies portant sur les différentes portions du réel, mais ces propositions sont construites à partir de théories hypothético-déductives, vérifiées par des expérimentations conduites délibérément à cette fin. Les propositions établies selon cette procédure contribuent à l'exploration systématique, cumulable et progressive du comment et du pourquoi des choses.

La connaissance empirique est universelle, parce que l'homme est un animal capable de connaître rationnellement, que d'une part il a besoin de connaître pour survivre et prospérer, et que d'autre part il est aussi un animal curieux, poussé par un instinct « métaphysique » à percer le secret des choses. La connaissance scientifique est née une première fois, non pas en Ionie au VIe siècle av. J.-C., mais dans le monde hellénistique au IIIe siècle av. J.-C. Archimède (287-212) est un savant au sens précis défini à l'instant. Cette science a survécu tant bien que mal jusqu'au IIe siècle de notre ère, jusqu'à son dernier grand homme Ptolémée (v. 90-v. 168), pour disparaître complètement. La seconde naissance de la science se place très précisément entre 1600 et 1630, en Italie, en France et en Angleterre. Le lien avec la première naissance est réel, puisque la réédition des œuvres d'Archimède dans les années 1560 semble bien avoir été le déclic décisif dans la formation de Galilée. Mais, pour l'essentiel, le mécanisme de Galilée est une percée et un point de départ que l'on peut tenir pour des origines absolues du temps.

La grande question, qui attend encore sa réponse, est : pourquoi ? Si l'on prétendait s'attaquer sérieusement au problème, en dépassant le « quoi ? » et le « comment ? », pour s'attacher exclusivement au « pourquoi ? », il serait probablement sage de négocier l'argument en deux étapes distinctes. Le précédent alexandrin et le naufrage de la science dans l'Empire romain forcent à admettre qu'il ne suffit pas que la science naisse, encore faut-il qu'elle survive. Le problème de la survie de la science en Europe depuis le XVIIe siècle peut recevoir une solution, simple dans ses grandes lignes. De nouveau, elle est politique dans son principe. Un élément évident de la solution est le régime politique, démocratisable ou démocratique, où la distinction du public et du privé est centrale et où les libertés d'opinion et d'expression sont garanties. Ce régime a favorisé directement la survie de la science, en autorisant le jaillissement libre des théories et des réfutations et, indirectement, en privatisant la religion aussi et en lui retirant l'appui du bras séculier pour réduire au silence les développements scientifiques qui déplaisaient aux autorités religieuses.

Plus subtile est une autre contribution du politique. On peut la repérer, en se demandant quelle serait la sociabilité scientifique la plus favorable à la survie et au développement de la science. La réponse n'est guère douteuse. Ce serait la combinaison de relais locaux réunissant les plus savants et les plus doués et de réseaux qui les mettraient en concurrence, chaque relais ardent à perfectionner ses théories et à réfuter celles des autres, de telle sorte que chacun soit incité à aller toujours plus loin et se trouve soumis constamment à l'examen de ses pairs. Pour qu'une structure de ce type joue son rôle à perpétuité, il faut et il suffit que les relais et les réseaux ne soient pas incorporés dans une politique unique. En effet, dans cette hypothèse, les relais s'ordonneraient dans un réseau unique et hiérarchisé, facile à contrôler par une orthodoxie et par le pouvoir politique. On peut soutenir que la science pouvait peut-être naître dans un empire, mais qu'elle avait toute chance d'y périr, comme fit la science hellénistique dans l'Empire romain. Le facteur décisif est, de nouveau, la non-impérialisation de l'Europe et cette transpolitie oligopolaire si rare et si stable.

On peut décrire la situation dans un langage différent. Le partage de l'aire culturelle commune en polities distinctes a eu pour conséquence que toute innovation, dans tous les ordres, a été perçue comme un *thème* européen commun, que chaque nation soumettait aussitôt à des *variations* propres. Cette dialectique du thème et de la variation est le caractère peut-être le plus frappant de la culture européenne, dès les églises romanes. Le mécanisme, lui aussi, à peine né en Italie, a été instantanément connu, adopté, adapté, développé en France et en Angleterre. C'est que tous les relais européens intéressés se trouvaient reliés en un réseau. Mais si le Saint-Office prétendait réduire Galilée au silence, il n'avait aucun moyen de l'imposer à Cambridge. Cette structure transpolitique est tellement centrale pour comprendre tous les développements culturels européens que l'on ne peut que disqualifier les tentatives post- ou para-wébériennes de rattacher le développement de la science au protestantisme anglo-saxon[1]. Il a pu y contribuer localement et marginalement, mais sa contribution n'est pas centrale, pas plus que le calvinisme ne l'est pour le capitalisme.

Le grand secret à percer est celui de la naissance de la science. Je ne prétends pas en détenir déjà la clef. En attendant un examen éventuel et plus circonstancié, il suffira peut-être d'une ou deux suggestions en guise d'hypothèses. La première serait de méthode et conseillerait d'envisager la naissance du mécanisme comme une mutation et non comme un développement organique. La connaissance rationnelle empirique accumulée

1. Voir R. Merton, *Science, Technology and Society in Seventeenth Century England*, New York, H. Fertig, 1970 (1re éd. 1938).

en Europe ne conduisait pas irrésistiblement vers un seuil cognitif, dont le franchissement inévitable menait tout droit à la connaissance rationnelle scientifique. Il n'y a pas de seuil, il y a eu une dérivation accidentelle, inattendue, aléatoire, comme l'on voudra. C'est ce que veut suggérer le schème de la mutation. Mais ce même schème indique qu'une mutation affecte une substance déterminée. Autrement dit, le muté n'est pas indifférent au mutant dans une mutation. Il s'agirait de repérer dans les cognitions européennes préscientifiques des savoirs susceptibles d'évoluer en mutants scientifiques. Ces savoirs devraient, de préférence, être proprement européens, si l'on veut expliquer pourquoi c'est en Europe que la mutation a eu lieu et non pas en Inde ou en Chine. Deux candidats se proposent aussitôt à l'attention.

Le premier est la géométrie. Elle naît en Ionie au VIe siècle av. J.-C., probablement en rapport avec le politique et la démocratie[1] ainsi qu'avec le morphologique et la cité, et à peu près certainement sans rapport avec l'économique ni l'arpentage des champs. La géométrie est une exclusivité européenne depuis lors, complètement absente des autres aires culturelles. Or l'intuition fondatrice de Galilée fut que « la naturc est écrite en

1. Voir J.-P. Vernant, *Mythe et pensée chez les Grecs*, Paris, Maspero, 1965.

langage géométrique[1] ». En fait, il s'est trompé, elle est écrite en langage numérique, et non géométrique, *sed culpa felix* !

Le second candidat est plus subtil. La percée de la science s'est faite très précisément à propos de la théorie du mouvement et du principe d'inertie. Le fait est que toute la scolastique du XVe siècle est littéralement obsédée par le problème du mouvement[2]. Cette obsession remonte très haut, ici aussi aux premières spéculations ioniennes. Ce n'est pas l'effet d'un hasard, mais la conséquence d'une métaphysique centrée sur l'opposition polaire entre l'Être et le Non-Être. Une telle métaphysique incline irrésistiblement à concevoir l'Être ou l'Absolu comme invariant et immobile, et le Devenir et le changement comme seconds, dérivés et inférieurs. La philosophie chrétienne, telle que thématisée définitivement par saint Augustin, a repris cette position et l'a imposée à l'Europe jusqu'à l'époque contemporaine. Dieu est d'abord l'Immuable ; le changement est un indice négatif de la créature. Pour bien percevoir l'originalité ou, du moins, la particularité de cette vision, il faut se transporter en Inde et, encore mieux, en Chine, où le Devenir est conçu comme premier et fondamental et où la polarité Être/Non-Être n'a

1. M. Clavelin, *La Philosophie naturelle de Galilée. Essai sur les origines et la formation de la mécanique classique*, Paris, Armand Colin, 1968.

2. Voir A. Maier, *Studien zur Naturphilosophie der Spätscholastik*, Rome, Edizioni di Storia e Letteratura, 1949-1958.

pas de signification. Dans la vision helléno-chrétienne, le mouvement est, sinon scandaleux, du moins problématique. Il l'est resté, jusqu'à ce que le principe d'inertie vînt imposer une mutation mentale, en révélant que le mouvement n'est pas une force, mais un état que des forces peuvent modifier. Avec cette mutation, le mécanisme et la science étaient nés.

IV
LES ENTREPRENEURS

Un entrepreneur est un acteur social qui entreprend de réunir des facteurs de production, dans l'intention d'offrir à une demande solvable un bien ou un service sur un marché réglé. Il faut préférer ce mot précis et neutre à d'autres expressions en usage :

— « bourgeois » convient très mal, parce que chargé d'une histoire trop longue et trop controversée : on ne sait jamais s'il faut entendre par ce mot le sens originel de citoyen d'une cité libre, le sens moderne de membre des élites roturières ou le sens contemporain de représentant des élites sociales, ou bien un sens composite qui mêle tous les autres d'une manière variable. D'autre part, on ne peut soutenir que les entrepreneurs soient des bourgeois, car des hommes du peuple se sont lancés et se lancent dans les affaires ;

— « capitaliste » est, soit trop chargé en résonances idéologiques, soit trop précis, puisqu'il ne fait référence qu'à un facteur de production ; un capitaliste est un propriétaire de capitaux qui destine ceux-ci à un investissement productif, mais il peut le faire sans entreprendre, en louant ses capitaux à un entrepreneur ou à une institution financière ;

— « capitaine d'industrie » est trop restreint, puisque l'on peut entreprendre dans l'agriculture, la banque, le tourisme... L'expression peut avoir un usage historique, pour désigner une catégorie d'entrepreneurs aux débuts de la mutation industrielle.

L'entrepreneur est, bien évidemment, le personnage central de la pièce capitaliste. Sans lui, rien ne se passe. On peut donc postuler que, pour qu'il y ait capitalisme / développement économique / modernité économique, il faut des entrepreneurs. Comme le capitalisme est né en Europe, la question surgit tout naturellement : d'où sont venus ces entrepreneurs ? Deux réponses générales sont possibles. L'une, culturaliste, plaide que les entrepreneurs et l'esprit d'entreprise sont les produits de traits culturels particuliers, développés dans une aire culturelle donnée. L'autre, humaniste, soutiendrait que les entrepreneurs ne sont venus de nulle part, parce qu'on les trouve partout.

Nous avons rencontré plusieurs occasions de faire allusion aux thèses de Max Weber, et de les rejeter. Le moment est peut-être venu de le faire un peu plus systématiquement, moins pour rendre hommage à une thèse qui, Dieu sait, n'a pas besoin d'un exposé supplémentaire[1], que pour épingler une « pop-sociologie » trop répandue. Maintenant que le capitalisme explose *in partibus infidelium*, en Asie, les références se multiplient aux liens supposés de l'esprit du capitalisme avec l'éthique confucéenne ou l'éthique bouddhiste, à moins que ce ne soit avec l'éthique taoïste. Gageons que si, demain, le capitalisme fleurit en Afrique noire, on lui trouvera des rapports subtils avec la philosophie bantoue.

Le problème qui se trouve au cœur de toute la réflexion wébérienne est celui de la modernité : qu'est-elle ? Pourquoi est-elle apparue en Europe et nulle part ailleurs ? Pour Max Weber, la modernité est un procès de « rationalisation », par quoi il paraît entendre que chaque activité humaine, économique, politique, religieuse, juridique, et même musicale, tend à être effectuée par les acteurs sociaux dans une conformité croissante avec leur rationalité intrinsèque propre. Les agents économiques, par exemple, tendent à se plier aux exigences de la rationalité économique. Pour être modernes en général, et en économie en particulier, il faut que les acteurs aient des comportements adaptés aux rationalités de leurs activités. *La* question wébérienne est ainsi posée : quels facteurs non économiques ont contribué à façonner les comportements européens dans le

1. Pour une mise au point récente et convaincante, je renvoie à A. Disselkampf, *L'Éthique protestante de Max Weber*, Paris, Presses universitaires de France, 1994.

sens exigé par une économie rationalisée, c'est-à-dire capitaliste ? Ces facteurs doivent être présents en Europe et absents ailleurs. Max Weber n'a jamais varié, en cherchant la réponse du côté du religieux et du calvinisme dans sa version puritaine. Mais il a changé de thèse, comme il se doit, entre son œuvre de jeunesse et un texte tardif et posthume[1]. Seule la première thèse a connu et connaît encore la célébrité la plus étonnante. Elle a été tant divulguée, qu'il suffira de la résumer en quelques lignes :

— une variante du christianisme réformé au XVIe siècle, le calvinisme, retient le dogme de la prédestination, qui pose que tout homme est sauvé ou damné de toute éternité par un décret souverain de Dieu ;

— celui qui adhère à ce dogme, ne sait pas et n'a aucun moyen direct de savoir s'il est sauvé ou damné, ce qui provoque en lui un inconfort moral d'une grande intensité ;

— la seule issue est de réussir à repérer des indices de second ordre de l'élection divine ; deux indices paraissent probants : l'un est de se comporter moralement selon les règles de la vertu la plus stricte ; l'autre est de remplir ses devoirs d'état de la manière la plus scrupuleuse possible ;

— ainsi naît une « éthique protestante », qui combine l'ascétisme dans les mœurs et la rigueur

1. Voir M. Weber, *Gesammelte Aufsätze zur Religionssoziologie*, Tübingen, J.C.B. Mohr (Paul Siebeck), 5e éd. 1963, 3 vol. (1re éd. 1920).

dans le travail ; or, cette combinaison répond exactement aux exigences de la rationalité économique, à l'« esprit du capitalisme ».

La seconde thèse, qui remanie la première en profondeur, n'est connue que des spécialistes, peut-être parce qu'elle est résumée dans un texte difficile, obscur et qui n'a rien de piquant. Pour comble, il n'a été traduit en français qu'en 1986 ! Le point de départ, de la théorie et dans la réalité historique, est un besoin psychique des gens heureux de se convaincre qu'ils méritent cet état, et des gens malheureux qu'il existe une raison de leur malheur. Le point de départ est une théodicée, l'interrogation sur la justice dans la distribution du bonheur et du malheur, et, plus profondément, sur l'existence même du malheur. Les intellectuels se sont mis au travail et ont fini par rencontrer les trois grandes solutions logiquement possibles. La première est celle du dualisme posant deux principes irréductibles et coéternels, le Bien et le Mal. La deuxième est la prédestination, qui postule que l'état du monde est ce qu'il est, parce que Dieu l'a voulu, et qui ajoute que l'homme ne peut pas savoir pourquoi. La troisième est la théorie du *karman*, pour qui le sort de chacun est défini par la somme algébrique de ses bonnes et de ses mauvaises actions ; le salut personnel est garanti aux virtuoses de l'ascèse ; tous les hommes finiront par être des virtuoses promis au salut, après une série plus ou moins longue de réincarnations.

Ces idées et ces spéculations sont transcrites en « images du monde », qui déterminent des attitudes spécifiques envers le monde. Toutes ont en commun la conviction que le monde tel qu'il est, étant dominé par le malheur, est détestable, et qu'il faut, par conséquent, y renoncer. Or deux modes fondamentaux de renoncement au monde sont possibles. Dans l'ascèse active, le renonçant se fait l'instrument de Dieu dans une activité voulue par Dieu. Dans la mystique, il se fait réceptacle du divin, en fuyant absolument toute vie mondaine. Le choix entre ces deux modes n'est pas affaire de goût personnel. Il dépend de la conception reçue du divin. L'ascétisme est en rapport avec un Dieu personnel, transcendant, créateur, punisseur, aimant, miséricordieux. La mystique est coordonnée à un divin impersonnel, immanent, objet de contemplation.

Dans tous les cas, le but ultime n'est pas accessible à tous. Partout, il y a toujours un partage entre des virtuoses et des non-virtuoses. Mais la solution mystique interdit tout contact entre ces deux populations. Elle rejette les non-virtuoses du côté des traditions magiques et coupe les virtuoses des activités profanes. En conséquence, l'influence de la conception du salut sur les activités profanes demeure faible. En Orient, le pôle contemplatif a triomphé, en rompant les ponts avec la vie quotidienne pratique. L'économie s'en est trouvée dépréciée et n'a profité d'aucun encouragement religieux. Au contraire, la solution ascétique cherche à réaliser en ce monde la volonté de Dieu. Pour qu'elle exerce pleinement ses effets, deux conditions doivent être remplies. Il faut d'abord que le salut cesse absolument d'être conçu comme une union mystique et que soit totalement rejetée toute idée d'ascétisme hors du monde. Il faut ensuite que les rites perdent tout caractère magique et que le « désenchantement du monde » soit complet.

Ces deux conditions ont été remplies pour la première fois en Europe au XVIe siècle, avec le protestantisme ascétique que sont le calvinisme et le puritanisme. Cette émergence a été favorisée par des conditions historiques particulières. Le calvinisme a été reçu dans des milieux d'artisans, de commerçants, de petits entrepreneurs, tous libérés des contraintes naturelles qui pèsent sur l'agriculture. Cette circonstance fait qu'ils accèdent plus aisément au rationalisme pratique, c'est-à-dire au calcul économique et à la maîtrise de la nature et des hommes. D'autre part, la tradition juive d'un Dieu transcendant a permis ou encouragé l'idée de l'homme comme instrument de Dieu, la conviction que l'homme doit faire ses preuves aux yeux de Dieu par la qualité éthique de ses activités, ainsi qu'une conception du monde où le monde est à la fois dévalorisé et le lieu où se développent les activités humaines. Cette dernière conséquence a pour résultat la croyance dans le dévoilement de l'élection divine au sein même de la vie quotidienne.

Il résulte de tous ces attendus et développements l'émergence d'un « ascétisme intramondain », où l'activité professionnelle bénéficie de l'acception double du mot allemand *Beruf*, à la fois profession et vocation. Pour cet ascétisme intramondain, que l'on ne trouve nulle part ailleurs, se conduire et travailler le mieux possible est à la fois le signe du salut et la garantie du succès, parce que c'est se conformer simultanément à la volonté de Dieu et à la rationalité intrinsèque des différentes activités, dont l'économie.

Il est incongru de réfuter les grands auteurs, parce que leur grandeur est plus dans les problèmes posés que dans les solutions proposées. L'enquête à laquelle Max Weber a consacré sa vie a ouvert des chantiers féconds en sociologie des religions et des civilisations comparées. Pour ce qui est du problème précis des origines du capitalisme, il faut aujourd'hui conclure à un échec complet. Nous avons avancé çà et là les arguments qui conduisent à cette conclusion. On peut les rassembler tous dans un argumentaire simple. Ou bien l'on adopte une définition large du capitalisme, comme la recherche du profit sur des marchés par des entrepreneurs appliquant aux activités de production et de distribution des méthodes rationnelles — et force est de constater que l'on trouve du capitalisme en des lieux et à des époques échappant à toute influence puritaine, en Europe, du XIe au XVe siècle, dans les cités italiennes, flamandes, hanséatiques, rhénanes, au

Japon, à partir du XVIe siècle, en Chine, du Xe au XIIIe siècle... Ou bien l'on retient du capitalisme une définition étroite, en l'identifiant à la « révolution industrielle » depuis le XVIIIe siècle, et l'on doit conclure de l'histoire de ce capitalisme qu'il fleurit indistinctement aussi et aussi bien en terres catholiques, confucéennes, hindouistes, bouddhistes. Dans tous les cas, on échappe difficilement à la conclusion que l'ascétisme intramondain — très certain et qui a pu colorer d'une certaine manière le capitalisme hollandais ou américain, ou affecter certains de leurs aspects — n'a pas grand-chose à voir avec la solution du problème de la production des entrepreneurs.

On peut avancer une autre théorie, beaucoup plus simple. Elle a deux branches et se développe en deux temps. Le premier porte sur le type humain de l'entrepreneur et sur sa production naturelle. Le second explique la spécialisation européenne de ce type humain dans l'économique et la chrématistique. Pour cerner le type de l'entrepreneur, demandons-nous quelles sont les qualités requises pour réussir en affaires ? Pour y parvenir avec plus de sûreté, il convient de distinguer entre l'entrepreneur proprement dit et le gestionnaire d'une entreprise. Le gestionnaire qui voudrait être tout à fait à la hauteur de ses devoirs d'état devrait porter aussi près que possible de leur point de perfection un certain nombre de capacités. Il devrait être capable d'organiser et de coordonner un nombre plus ou moins élevé d'acteurs, de manière à les faire concourir à une fin commune. Il devrait savoir déléguer son pouvoir de décision, en choisissant des adjoints compétents, en leur faisant confiance et en sachant jusqu'où le faire : en un mot, il devrait connaître les hommes et les distinguer. Il devrait se mettre dans l'état de décider juste, sans précipitation ni indécision. Il devrait savoir éviter de corrompre sa position de pouvoir en tyrannie, c'est-à-dire savoir faire toujours passer les intérêts de l'organisation avant ses fantaisies personnelles — ce qui suppose l'aptitude au travail, à l'effort, à la concentration et au dévouement. Il devrait, enfin, cultiver l'habileté à susciter le dévouement de tous ses collaborateurs, en les persuadant de placer les intérêts de l'entreprise aussi haut que possible, dans leur propre intérêt.

Les qualités exigées de l'entrepreneur, pris au sens premier et profond de « celui qui entreprend » et prend une initiative inédite, sont quelque peu différentes. Il doit avoir un tempérament de joueur, capable de tenter sa chance et sachant tout risquer au bon moment, de joueur de poker plutôt que d'adepte de la roulette, parce que, dans le poker, le joueur peut construire une stratégie tenant compte du hasard des cartes et des supputations qu'il peut faire sur les stratégies de ses adversaires. Il doit avoir un coup d'œil et développer au plus haut point la capacité à saisir les lignes directrices d'une situation complexe et à percevoir les chances de profit qu'elles réservent.

Il doit avoir des dons pour la stratégie, en sachant formuler des projets, bâtir des plans à long terme, prévoir et prévenir les obstacles et les oppositions, adapter une stratégie à une situation toujours changeante. Il doit, enfin, avoir de la fermeté et de la force d'âme, être capable d'encaisser les coups, de rebondir après un échec, de maintenir le cap dans la tempête.

Ces qualités peuvent se rencontrer chez un même individu, comme elles peuvent être entièrement disjointes. Les grands entrepreneurs, ceux qui ont marqué l'histoire du capitalisme depuis bientôt deux siècles, sont à la fois entrepreneurs et gestionnaires. Les gestionnaires purs sont plutôt des seconds et des gens qui prennent les choses en main une fois qu'elles ont été mises en place. Les entrepreneurs purs courent le risque de devenir moins des capitaines que des chevaliers d'industrie ! Les qualités de l'entrepreneur-gestionnaire sont des vertus, qui deviennent des vices par défaut ou par excès. L'acteur peut devenir dur, léger, imprudent, pusillanime, orgueilleux, maniaque, risque-tout, mégalomane...

Toutes ces qualités et ces défauts, ces vertus et ces vices sont ni plus ni moins ceux de l'agir et de l'homme d'action en général. Agir, c'est poursuivre des fins à travers des obstacles. Pour réussir, il faut être doté des qualités que nous avons dites ou, du moins, ne pas trop montrer les défauts qui leur correspondent par excès et par insuffisance. Les qualités de l'agir ressortent mieux, quand on les compare à celles qu'exigent le connaître et le faire. Connaître, c'est chercher et trouver le vrai, à travers les pièges que lui tendent l'ignorance, la bêtise, la présomption, la vanité..., et les secrets des choses. Faire ou ouvrer, c'est matérialiser une forme imaginée ou informer une matière brute. Les qualités requises par ces deux autres modes de l'activité humaine sont très différentes de celles de l'agir. Bien entendu, connaître et créer, c'est aussi agir, en ce sens que l'un et l'autre visent des fins, sollicitent la volonté et, par conséquent, exigent les qualités et les vertus correspondantes, mais connaître en tant que tel repose sur le bon usage des facultés intellectuelles, et faire en tant que tel sur l'imagination et l'habileté.

Toutes les activités humaines, qu'elles soient économiques, politiques, religieuses ou autres, mobilisent toujours à la fois l'agir, le connaître et le faire. Mais les trois se trouvent, à chaque fois, surdéterminés par l'ordre qui les mobilise. Agir en politique et en économique, c'est agir et non pas connaître, mais c'est agir en obéissant à la rationalité propre du politique et de l'économique. Autrement dit, les qualités générales de l'agir doivent être particularisées selon les fins et les ordres qu'anime l'agir. On peut accorder à la plasticité humaine une confiance suffisante, pour admettre qu'un acteur doué pour l'agir dans un ordre donné sera capable de s'adapter à un autre ordre et de modifier ses capacités en fonction des exigences de celui-ci. Pour dire les choses plus simplement, un homme d'action sera capable d'agir avec succès dans n'importe quel ordre, où l'agir joue un rôle décisif, pour peu qu'il soit assez intelligent pour réussir les ajustements exigés par les différentes rationalités des différents ordres.

Ces remarques rapides et superficielles doivent suffire, pour énoncer une hypothèse plausible. On peut postuler que :

— chaque individu, en tant qu'homme, est doté génétiquement de la capacité à agir, connaître et faire, en doses faibles ou moyennes ;

— certains individus développent unilatéralement une capacité exceptionnelle à l'agir, au faire ou au connaître ;

— les sociétés peuvent imposer aux individus moyens de développer en moyenne plutôt telle activité que telle autre, par des procédures de récompenses et de punitions ;

— les talents exceptionnels peuvent être spécialisés dans n'importe quel ordre, selon l'état de la société et de la civilisation ;

— plus est élevé le nombre des hommes réunis en société, c'est-à-dire capables de former des groupes et de communiquer à travers des réseaux, plus est grande la probabilité de la présence d'individus exceptionnels et plus est aisée la spécialisation d'individus dans les différentes activités valorisées par une société.

On peut déduire de ces hypothèses plausibles trois propositions théoriques, que l'on devrait pouvoir vérifier par des expérimentations, c'est-à-dire par des faits historiques rassemblés à des fins de test :

— dans les sociétés postnéolithiques réunissant des centaines de milliers et des millions d'individus, il y a toujours assez d'individus exceptionnellement doués dans le domaine de l'agir, comme d'autres le sont dans celui du connaître et du faire, pour que les rôles sociaux exigeant des hommes d'action trouvent toujours des titulaires capables ;

— dans le monde traditionnel, ces individus étaient recrutés de préférence par le politique et le religieux, plus valorisés et plus payants ;

— des conditions favorables à l'économique peuvent les attirer dans cet ordre et, à leur suite, des individus moins doués, séduits par les récompenses économiques qui miroitent.

Ces trois propositions convergent vers une proposition unique : chaque fois qu'un état de la société fait surgir des occasions d'entreprendre, des entrepreneurs se révèlent spontanément, équipés spontanément des capacités exigées pour entreprendre, et ce dans les contextes culturels les plus variés. Cette conclusion est vérifiée par toutes les expériences capitalistes prémodernes : partout où l'activité économique a connu une intensité particulière, dans les comptoirs assyriens d'Asie Mineure[1], dans les cités phéniciennes et grecques,

1. Voir P. Garelli, *Les Assyriens en Cappadoce*, Paris, 1963, et « Commerce et industrie dans une économie prémonétaire : le cas de la Mésopotamie ancienne », *Revue historique*, 528, oct.-déc. 1978, pp. 281-287.

dans la Chine des Song et le Japon des Tokugawa, dans les cités médiévales d'Europe, dans les différentes étapes de la route de la soie, dans tous les royaumes et dans tous les empires en proportion de l'intensité des échanges pratiqués, partout et toujours les agents économiques et les entrepreneurs réclamés par les activités économiques répondent « présents ! ». Ils n'ont pas à être produits, ils sont déjà là. Ils sont là, capables de calculer, de risquer, de planifier, de se contraindre, de tenir ferme..., bref, avec les capacités et les qualités voulues, parce que ce sont celles des hommes d'action et d'hommes d'action pliés aux exigences particulières de l'économique, et que ceux qui en sont dépourvus et qui ne s'y plient pas sont éliminés par la concurrence. Dans le monde moderne, le flambeau du capitalisme a circulé en Hollande et en Angleterre, en France et en Allemagne, il a franchi l'Atlantique, il se déplace présentement en Asie. Jamais et nulle part on n'observe la moindre pénurie d'entrepreneurs. Dans les pays accablés par le communisme pendant des décennies, les entrepreneurs se sont multipliés comme les champignons après une pluie d'été, le jour même de la dissipation du cauchemar.

Je pourrais me contenter de cette conclusion, en l'appliquant à l'Europe : elle a trouvé dans son héritage les entrepreneurs qui ont animé le capitalisme. On pourrait trouver la conclusion trop générale. Il me semble utile de la particulariser sur deux points. Le premier est démographique et vaudra pour d'autres développements, c'est l'explosion démographique que connaît l'Europe à partir de 1730 environ. Le second est plus délicat, il porte sur la légitimation sociale de la chrématistique en Europe, qui a pu contribuer à l'orientation des talents vers le capitalisme et l'esprit d'entreprise.

Nous avons déjà rencontré le seuil de 1730 et son importance pour l'avènement de la modernité. En démographie, une combinaison de changement climatique, favorable à des fluctuations moins amples dans les récoltes, de mesures gouvernementales — aidées, semble-t-il, par le triomphe d'une nouvelle variété de rats moins pestifères[1] — qui limitent puis font disparaître les ravages des pestes, d'amélioration probable de l'hygiène, accompagnant la diffusion des Lumières, et d'autres facteurs encore mal connus, détermine une baisse sensible de la mortalité infantile. En moyenne et sur le long terme, la natalité tend à s'aligner sur la mortalité infantile. Plus précisément, les couples tendent, en moyenne, à conduire un nombre déterminé d'enfants à l'âge adulte — la détermination de ce nombre est l'objet même de la sociologie historique appliquée à la démographie —, si bien que le taux de natalité reflète ce nombre, augmenté

1. Voir J.-N. Biraben, *Les Hommes et la peste en France et dans les pays européens et méditerranéens*, Paris – La Haye, Mouton, 1975 et 1976, 2 vol.

des taux de mortalité infantile et juvénile. Quand ceux-ci baissent, il faut un certain temps avant que les taux de natalité s'adaptent à la nouvelle situation. Le temps que s'effectue l'ajustement, la population concernée vit une explosion démographique. L'Europe connaît cette explosion à partir de la moitié du XVIIIe siècle. Elle dure jusque vers la fin du XIXe siècle. C'est elle qui entretient l'exode rural, qui fournit les masses d'émigrants vers les Amériques, l'Australie, la Nouvelle-Zélande, l'Afrique du Sud, et qui fait de l'Europe la partie du monde de loin la plus densément peuplée. Un seul pays fait exception, la France, où le contrôle de la natalité par les couples commence dès la moitié du XVIIIe siècle. Ce contrôle a pour conséquence que la France, pays le plus peuplé d'Europe avec 26 millions d'habitants en 1789, sera rattrapée et dépassée au long du XIXe siècle par l'Angleterre, l'Allemagne, l'Italie, l'Autriche-Hongrie. Les guerres de la Révolution et de l'Empire n'y sont pour rien, ni la race — les 45 000 Français du Québec en 1763 sont devenus des millions —, mais plus probablement la petite propriété paysanne, beaucoup mieux diffusée en France et qui incite à la famille de deux enfants.

Il est difficile d'apprécier et impossible de peser les conséquences de cette vitalité sur l'esprit d'entreprise. Selon la théorie esquissée ci-dessus, une conséquence devrait être l'augmentation de la probabilité statistique qu'apparaissent en nombre des individus exceptionnellement doués pour l'action. On peut l'admettre, sans pouvoir le démontrer par des séries statistiques. Une autre conséquence est plus facile à vérifier. Une population en expansion rapide se range dans une pyramide des âges très écrasée. On peut postuler qu'une population très jeune est plus dynamique qu'une population stagnante et vieillissante, parce que les jeunes sont jeunes et que plus ils sont nombreux, plus ils doivent se battre et jouer des coudes pour se frayer une route. Toutes choses égales par ailleurs — mais les choses ne sont jamais égales par ailleurs dans les affaires humaines ! —, les taux de croissance économique et démographique devraient être corrélés positivement. On le constate depuis 1945 dans les pays jusqu'ici sous-développés, quoique la corrélation soit peu marquée. La jeunesse de la population ne saurait être qu'un facteur parmi beaucoup d'autres dans l'essor capitaliste. Mais là où il se produit, la jeunesse est un atout, comme il apparaît en Angleterre entre 1825 et 1875 environ, en Amérique de 1865 à 1917, en Allemagne de 1871 à 1914.

Le second point est plus délicat et demanderait une étude consacrée spécifiquement à la figure de l'entrepreneur dans l'histoire sociale de l'Europe. Avec prudence, on peut avancer que cette histoire a connu trois ou quatre phases, bien distinctes, si on les envisage de haut. Les entrepreneurs capitalistes sont nés en Europe à partir du XIe siècle dans les cités et les villes médiévales, elles-mêmes émergées dans les interstices de la société féodale, à la fois aristocratique, guerrière et chrétienne. Cette naissance, sinon illégitime du moins non prévue et non désirée, a marqué le marchand et le bourgeois d'une macule indélébile. Ce personnage n'a jamais été pleinement légitimé ni par l'Église, pour qui les riches sont suspects et encore plus ceux qui paraissent vivre pour s'enrichir, ni par l'aristocratie, dont les valeurs propres sont la gloire, l'éclat, la libéralité, et certainement pas le calcul économique de gagne-petit et de gagne-gros, ni à ses propres yeux, parce qu'il est chrétien et qu'il sent bien que l'économique comme fin et chrématistique a quelque chose de vicié. Cet inconfort consubstantiel à l'état de marchand au Moyen Âge s'exprime, nous l'avons vu, par une double stratégie. L'une multiplie les fondations pieuses, les chapelles, les églises, les couvents, les hospices, les orphelinats, les dons et les legs aux institutions religieuses, à la fois pour se faire pardonner une vie passée dans le péché de lucre, pour se faire bien voir du peuple et pour suivre une pente « évergétique », qui paraît largement répandue, même si elle n'est devenue une institution sociale que dans l'Empire romain[1]. L'autre stratégie conduit hors de la boutique dans l'aristocratie, soit que les bourgeois se transforment sur place en patriciens, comme ils firent à Florence et

1. Voir P. Veyne, *Le Pain et le Cirque. Sociologie historique d'un pluralisme politique*, Paris, Éd. du Seuil, 1976.

surtout à Venise, soit qu'ils se fondent dans la noblesse de robe, comme en France.

Avant le XIXe siècle, on note peu d'exceptions à ce statut déprimé. Le calvinisme a pu contribuer à modifier les points de vue, mais il est resté minoritaire et n'a triomphé que dans des milieux déjà gagnés à d'autres perceptions sociales. Un de ces milieux, marchand et calviniste, et calviniste parce que marchand, est devenu une exception majeure. Ce sont les Pays-Bas protestants, qui conquièrent de haute lutte leur indépendance contre l'Espagne catholique, entre 1564 et 1609 et définitivement en 1648. De cette révolte, et sanctifiée et glorifiée par cette révolte, naît une république de marchands, les Provinces-Unies, qui réunit pour la première fois en Europe les « conditions politiques de possibilité du développement économique ». La fierté collective tirée de la victoire sur l'Espagne — et, plus tard dans le XVIIe siècle, sur la France de Louis XIV aussi —, une prospérité économique inconnue jusqu'ici à cette échelle[1], un régime politique de libertés et de tolérance, un rôle de grande puissance en Europe joué par ce petit pays conquis sur la mer, tous ces avantages, reconnus par les autochtones et par les étrangers, font que, en Hollande — la province la plus importante et la plus exemplaire —, le marchand/entrepreneur/capitaliste/bourgeois se sent, pour la première fois, fier de l'être.

1. Voir S. Schama, *L'Embarras de richesses. La Culture hollandaise au Siècle d'or*, Paris, Gallimard, 1991 (1re éd. amér. 1987).

L'Angleterre est aussi une exception, mais moins marquée. Dès le Moyen Âge, la pauvreté du pays et son faible peuplement ont contraint l'aristocratie à consentir à se salir les mains en se mêlant d'économie. Faute de pouvoir vivre noblement en rentier, les aristocrates se sont résolus à le faire en élevant le mouton, en vendant la laine en Flandres, en la filant, en tissant et en vendant le drap, en participant au grand commerce international, entre le XIIe et le XVe siècle, puis en investissant dans l'agriculture à partir du XVIe siècle et dans les mines et les forges au XVIIe siècle. En Angleterre, on ne déroge pas à faire des affaires, contrairement à ce qui se passe en France. Ici, les affaires, ce sont les occasions de profit créées par les monopoles publics, la perception des impôts et les marchés d'État.

Ces deux exceptions à la pauvre réputation de l'entrepreneur deviennent la règle au XIXe siècle. La démocratisation politique générale libère les énergies, l'essor du capitalisme attire les vocations, les carrières politiques et surtout militaires deviennent moins attrayantes, une sorte de mystique du développement se répand, qui fait de l'entrepreneur le porteur du Progrès rêvé par certains courants des Lumières au XVIIIe siècle. En un mot, le XIXe siècle connaît un renversement presque complet de l'image publique de l'entrepreneur. Presque seulement, parce que les réticences et les hostilités ne manquent pas. Les réticences viennent des aristocrates, des hommes de lettres, des savants, des contre-révolutionnaires, pour qui le capitalisme a quelque chose d'intrinsèquement malpropre. Ce sentiment est très répandu en Europe, si bien que la légitimité du capitaliste et de l'entrepreneur n'est parfaite qu'aux États-Unis, surtout dans les états du Nord, et que l'antiaméricanisme apparaît en France dès la monarchie de Juillet. L'hostilité déclarée est le fait des mouvements socialistes, convaincus de l'existence d'une voie non capitaliste vers la modernité économique. Comme cette illusion n'a été dissipée que tout récemment, dans les années quatre-vingt du XXe siècle, on parvient à la conclusion paradoxale qu'il a fallu à peu près mille ans, pour que l'entrepreneur devînt parfaitement légitime dans sa fonction sociale. Comme personne ne connaît l'avenir et que cette reconnaissance est toute fraîche, personne ne peut affirmer qu'elle ne fanera pas bientôt.

V
LES TRAVAILLEURS

Ils sont le dernier facteur de production retenu, après les capitaux, les sciences et les techniques, et les entrepreneurs. D'entrée, il faut noter que ce facteur a quelque chose qui le distingue de tous les autres. Alors qu'il ne saurait y avoir d'économie, du moins moderne, sans capitaux, sans entrepreneurs, sans sciences et sans matières premières, il est très possible de l'imaginer sans travailleurs. Ce serait une économie entièrement automatisée. Ce n'est pas seulement une possibilité, c'est une réalité qui tend à s'actualiser. Un mouvement profond de la production, depuis deux siècles, est le remplacement du travail humain par des automates. Dans l'agriculture, des projections réalistes prévoient, pour les économies les plus avancées, qu'elle n'occupera plus qu'un pour cent de la population active. Ces mêmes projections, pour un terme un peu plus long, accordent au secteur secondaire de la production des biens deux pour cent de cette même population. Tous les autres emplois se trouveraient dans le secteur des services. Ces chiffres minimes sont encore trompeurs, parce que ces trois pour cent réservés à la production primaire et secondaire seraient, en fait, des emplois de service pour la plupart, de programmation, de gestion, de commercialisation. L'automation est plus difficile à imaginer dans les services. Mais elle est déjà en cours, par exemple dans le travail de bureau. Pour la concevoir, il faudrait probablement distinguer, dans les services, tout ce qui est instrumental et dont l'automation peut être envisagée, et tout ce qui relève du mental, dont le remplacement par des artefacts ne peut pas être intégral, puisqu'il faudrait encore concevoir ces artefacts. Il n'en reste pas moins que le mouvement profond et irrésistible de l'économique va dans ce sens, poussé par cet autre facteur de production qu'est la science.

On peut prendre, de la tendance à remplacer le travail humain par des machines, deux vues opposées. La plus juste est celle d'Aristote, quand il prévoyait que l'esclavage ne disparaîtrait que le jour où la navette se déplacerait seule sur le métier à tisser. La plus étrange est celle de Marx, qui annonçait la disparition du capitalisme, privé du travail dont il est censé tirer sa substance. On peut négliger toute la littérature, d'inspiration idéologique suspecte, qui dénonce l'asservissement de l'homme à la machine et annonce un monde où les machines feront la loi.

Nous avons, dans ce chapitre, à traiter un problème plus modeste. Comme nous tâchons de repérer la mise en place en Europe des conditions de possibilité du capitalisme, nous avons deux points successifs à examiner : quelles sont les exigences du capitalisme en termes de travail ? Comment ces exigences ont-elles été satisfaites en Europe ? Il ne sera peut-être pas inutile de rappeler que les conditions de possibilité évoquées et étudiées dans cette partie n'ont pas à être des exclusivités européennes. Les mêmes conditions peuvent se trouver réunies ailleurs, sans que le capitalisme émerge, parce que, dans la théorie défendue ici, la cause efficiente du capitalisme est politique. Au demeurant, il est déjà apparu que les capitaux et les entrepreneurs sont des conditions données *presque* spontanément et *presque* partout.

Il faut commencer par inventer la définition du travail. Celle proposée par le dictionnaire *Le Robert* peut servir de point de départ : « Ensemble des activités manuelles ou intellectuelles exercées pour parvenir à un résultat utile déterminé. » La définition vaut, à condition de définir, à son tour, l'« utile » comme ce qui contribue à la prospérité, en procurant aux activités humaines les ressources qu'elles consomment pour tendre vers leurs fins. Si l'on n'ajoute pas cette précision, le travail s'identifie exactement à l'activité humaine en général et se trouve privé de tout contenu distinctif. D'un autre côté, comme le capitalisme est un régime de l'économique et que nous cherchons à saisir le travail comme facteur de production capitaliste, il ne suffit pas de définir le travail par sa contribution à la production de l'utile ; il faut encore que cette production soit destinée à un marché. Tout travail dont le produit est consommé par le travailleur est du travail économique, mais n'est pas du travail capitaliste. Le bricolage domestique, le jardinage, les tâches ménagères ne sont pas du travail au sens capitaliste. En ce sens, le travail est ce qui contribue à donner un prix à un bien ou à un service, puisque le travail est incorporé à une offre, qui est un des deux éléments, l'autre étant la demande, qui fixent un prix. Par une sorte de rétroaction, le prix du produit confère un prix aux facteurs qu'il incorpore. Par conséquent, un travail, en régime capitaliste, non seulement produit de l'utile, mais encore a un prix.

Cette définition donne la clef de tous les problèmes que peut soulever le statut du facteur travail en régime capitaliste. Si le travail a un prix, c'est qu'il a une valeur d'échange, étant l'objet d'une offre et d'une demande sur un marché. La demande est adressée par un entrepreneur, qui est prêt à payer une « certaine » somme, pour pouvoir incorporer *ce* travail dans son produit. Pourquoi est-il prêt à cette dépense ? Parce qu'il espère tirer un profit, non pas du travail, mais du marché de son produit, profit qui est le prix consenti par les consommateurs en échange de l'initiative qui a abouti à leur proposer ce produit. L'entrepreneur paie du travail, parce que celui-ci est indispensable à la production d'un bien ou d'un service. Il achète une qualification ou une compétence ; plus précisément, il achète leurs effets incorporés dans un produit. Quant à l'offreur, c'est le propriétaire de cette compétence, qui est disposé non pas à la vendre, parce que ce serait se vendre lui-même, mais à en louer l'usage, c'est-à-dire à en vendre les effets. Quant au marché, c'est un espace social où l'offre et la demande se rencontrent pour échanger. Ce marché doit être réglé, c'est-à-dire soustrait à la violence et à la ruse. Nous savons qu'un échange n'est juste que si sont échangées des égalités, et que des égalités ne sont échangées qu'entre échangistes libres et dont la liberté est protégée par la loi. Un esclave ne peut pas être un travailleur capitaliste. Les égalités échangées sont, du côté du travailleur, un salaire, et, du côté de l'entrepreneur, l'incorporation des effets de la compétence dans le produit, *en tant que* celui ci est destiné à être vendu sur un marché. Par conséquent, le prix du travail ou salaire doit être remboursé, comme le prix de tous les autres facteurs, par le prix de vente du produit. Au total, le salaire est défini par la contribution du travail au prix de marché du produit vendu.

En capitalisme, est travailleur tout détenteur d'une compétence demandée sur un marché du travail. Par implication, tout détenteur d'une compétence qui n'est pas demandée est un non-travailleur, et celui d'une compétence qui n'est plus demandée est un chômeur, provisoire ou définitif. Plusieurs figures du travailleur capitaliste se rencontrent. L'une est celle du salarié pur et simple d'une entreprise, depuis le président-directeur général jusqu'au moins qualifié concevable. Une autre est celle du capitaliste et de l'entrepreneur, s'ils gèrent eux-mêmes leur entreprise : une part de leurs revenus est un salaire, et non pas du profit. La dernière est celle de l'agriculteur, de l'artisan, du commerçant, du professionnel libéral, qui s'emploient eux-mêmes eux aussi. Leur rentabilité peut être si faible sur un marché qu'ils ne touchent aucun salaire, mais consomment leur capital.

Sur ces fondements simples et solides, il devient facile de déterminer quelles qualités une économie capitaliste exigerait de ses travailleurs, pour fonctionner le plus efficacement possible, c'est-à-dire pour procurer aux consommateurs le plus de biens et de services de la meilleure qualité et au meilleur coût. On peut ranger les qualités requises par cette ambition sous trois rubriques principales. La première est celle de la compétence. Un marché du travail parfaitement adapté à une économie capitaliste identifiée à son modèle serait celui qui ferait correspondre à toute demande de compétence de la part d'un entrepreneur une offre de compétence adéquate en qualité et en quantité. À travers le temps, cette exigence signifierait que les compétences disponibles s'adapteraient constamment aux modifications structurelles de la demande. Comme ces modifications sont, à long terme, dans la dépendance des innovations tirées de la science, et que ces innovations vont dans le sens d'une cérébralisation croissante, on peut postuler que le marché du travail devrait offrir en proportions toujours croissantes des qualifications toujours plus élevées et sophistiquées intellectuellement.

La seconde rubrique est celle de la fluidité du travail. Elle s'applique d'abord au marché du travail lui-même. Plus il est large et ouvert et moins sont élevés les coûts de transaction, plus facilement peuvent se rencontrer les offres et les demandes de compétences, et plus efficace est l'économie globale. Elle s'applique ensuite aux travailleurs en particulier. Plus leur mobilité géographique est élevée, c'est-à-dire plus ils sont disposés à et mis dans la possibilité de se déplacer là où leurs compétences sont demandées, plus l'efficacité économique sera grande. On serait tenté de parvenir à la même conclusion, en demandant aux entrepreneurs, et non pas aux travailleurs, de se déplacer. L'objection est évidente : il serait plus coûteux de déplacer les entreprises que les travailleurs, donc la mesure réduirait l'efficacité, en gaspillant des ressources qui manqueraient ailleurs. La mobilité doit aussi être professionnelle, qui exige des travailleurs qu'ils soient disposés à changer d'emploi en fonction des fluctuations de la conjoncture économique, et qu'ils soient capables de le faire.

La troisième et dernière rubrique est celle de la

conscience professionnelle des travailleurs. Elle est exigée par le devoir d'état que définit le contrat salarial. Le travailleur vend l'usage de sa compétence : il s'engage donc à en faire usage le mieux possible, c'est-à-dire le plus efficacement possible à la place qu'il occupe. Ne pas s'y résoudre serait enfreindre la régularité du marché, puisque ce serait une ruse de sa part que de faire semblant de vendre une chose et d'en céder une différente. La compétence concernée s'insère dans un dispositif collectif, qui la définit comme compétence actuelle. Par conséquent, le travailleur doit s'intégrer le mieux et le plus efficacement possible dans l'organisation qui l'accueille. L'entreprise est un groupe, un acteur collectif qui vise un objectif, à savoir réussir sur un marché. Cette réalité impose au travailleur comme devoir d'état de faire sien cet objectif et de faire en sorte qu'il soit atteint. Ce devoir excède celui impliqué par le contrat salarial. Dans celui-ci, est échangée contre un salaire une compétence intégrée à un dispositif global. Dans celui-là, est imposé un intérêt commun à un intérêt particulier. Le travailleur ne doit pas seulement faire scrupuleusement ce pour quoi il est payé, il doit encore faire preuve d'initiative au service du groupe en tant que tel et de son succès.

Entendons-nous. Ces trois rubriques ne décrivent pas la réalité. Elles se contentent de stipuler que plus et mieux ces conditions exigées du travail sont remplies, plus une économie est capitaliste et développée, et réciproquement, et inversement. Comme, par ailleurs, plus une économie est développée, plus les emplois sont abondants — parce que, plus il y a de richesses créées, plus les demandes sont élevées et plus l'offre doit se multiplier pour les satisfaire —, on peut poser en théorème que plus les exigences capitalistes adressées aux travailleurs sont satisfaites, moins il y a de chômage.

Au total et en résumé, le capitalisme adresse cinq exigences au travail : qu'il y ait des travailleurs en nombre suffisant, qu'ils inclinent au travail, qu'ils travaillent avec compétence, là où l'on a besoin d'eux, et en le faisant avec la conscience de participer à une entreprise commune. On peut montrer que chaque exigence a été très convenablement remplie en Europe pendant toute la phase d'émergence et de consolidation du capitalisme.

La démographie et la mutation agricole ont fourni à suffisance les travailleurs. À partir de la moitié du XVIIIe siècle, avons-nous vu, l'effondrement de la mortalité infantile et le maintien d'une natalité à des taux adaptés à une mortalité élevée ont produit une explosion démographique sans précédent sur un temps aussi court. Partout et en moyenne, les besoins quantitatifs ont pu être satisfaits. L'agriculture et l'artisanat étaient hors d'état d'absorber ce croît en population. Sur le marché du travail arrivaient des cohortes de plus en plus importantes, n'ayant que leurs compétences à offrir. Ces données suffisent à expliquer la production toujours renouvelée de salariés en puissance, sans aller supposer, avec Karl Marx, un complot des capitalistes pour entretenir une « armée de réserve du prolétariat ». La poussée démographique a été si forte que, vers la moitié du XIXe siècle, l'Europe se dirigeait tout droit vers des catastrophes alimentaires — voyez la grande famine irlandaise de 1846, qui tua deux millions d'habitants sur huit — et épidémiques rappelant celles du XIVe siècle et de la peste noire, si l'essor du capitalisme n'avait permis d'absorber des masses croissantes dans les villes. Ajoutons que les pays neufs et les Amériques en particulier ont également servi d'exutoires salutaires. Nous avons déjà signalé cette illusion d'optique des observateurs « bourgeois » du XIXe siècle, qui, horrifiés par la misère ouvrière s'étendant sous leurs yeux et ignorants de la misère paysanne cachée dans les campagnes, n'ont généralement pas compris que les migrants des campagnes vers les villes quittaient la misère et le désespoir pour l'espoir et la pauvreté. Ce décalage entre le pire et le moins mal explique la spontanéité des départs et dispense d'attribuer aux enclosures, aux remembrements et à la suppression des contraintes collectives un rôle stratégique décisif, pour ne les considérer que comme un épisode, du moins en ce qui concerne la production d'un salariat industriel, car les transformations de l'agriculture dans le sens d'une productivité croissante ont joué un rôle effectivement décisif pour nourrir cette multiplication humaine.

Il n'est pas inutile de s'interroger sur la deuxième exigence, la propension à travailler. Le bon sens et le sens commun tombent, pour une fois, d'accord, pour considérer que travailler — au sens général de l'économique et au sens particulier du capitalisme — n'a rien de naturel, et que l'espèce incline plus spontanément à s'amuser et à meubler ses loisirs d'activités diverses, politiques, militaires, religieuses, artistiques, érotiques, cognitives... Cette manière de voir sortirait renforcée de la constatation que, partout où se met en place une stratification sociale, avant l'âge moderne, les élites se débrouillent pour ne plus travailler et pour goûter la gamme des plaisirs et se consacrer à des activités tenues pour plus nobles. D'autre part, il paraît peu niable, même si les généralisations en ce domaine se fondent facilement sur des préjugés, que l'ardeur au travail varie de peuple à peuple. On peut plaider, sans disposer de chiffres démonstratifs, que cette ardeur a été élevée en Europe, peut-être même plus élevée, en moyenne, qu'ailleurs. Supposons exacte cette estimation. On peut avancer des éléments d'explication, en suivant la ligne d'argumentation suivante. L'incitation première à travailler est la nécessité, révélée par la constatation que celui qui ne travaille pas ne mange pas, et que celui qui ne mange pas meurt. Sans doute, on peut faire travailler les autres à sa place, mais seule une minorité peut bénéficier de ce subterfuge, une minorité définie par la productivité du travail. Les hommes sont donc en général disposés à travailler pour subvenir à leurs besoins. Ceux-ci sont définis différemment chez les prédateurs et chez les agriculteurs et selon les cultures et les civilisations.

Mais nous savons que les hommes n'ont pas que des besoins, ils ont aussi des désirs qui les portent au luxe. Ces désirs sont à la fois indéfinis et infinis[1]. Ils ne sont contrôlés, à un certain niveau, que par la rareté ou par un choix éthique. Le choix éthique est exceptionnel, et la rareté varie en fonction de l'efficacité de l'économique. On parvient à la conclusion paradoxale mais vraie que plus une économie est développée, plus la rareté diminue en termes absolus, pour augmenter en termes relatifs, du fait de la levée du contrôle des désirs. En un mot, plus on en a, plus on en veut, sauf à se décider éthiquement à préférer être plus qu'avoir plus. Mais rien n'est gratuit. Pour avoir plus, il faut donner plus en échange, c'est-à-dire avoir gagné plus dans un cycle antérieur. Comme la plupart ne peuvent avoir une part des richesses qu'en contribuant à leur production par leur travail, il faut admettre que la propension à consommer détermine la propension à travailler. Par conséquent, en ce domaine aussi, le capitalisme produit lui-même la condition de sa possibilité. Cette conclusion satisfait le sens commun, qui admet sans peine que l'on déploie d'autant plus d'efforts pour participer à la distribution des richesses que celles-ci sont plus abondantes.

1. Voir ci-dessous, chap. VI, pp. 121 *sqq.*

Le bon sens rallie le sens commun, mais seulement après que l'on a introduit une considération supplémentaire. La liaison entre les propensions à consommer et à travailler n'est établie qu'à la condition qu'un effort supplémentaire se traduise par une capacité supplémentaire à consommer. Autrement dit, il faut que le travailleur touche l'équivalent monétaire de toute augmentation quantitative ou qualitative de son travail. Si cette augmentation, ou une partie, lui est enlevée, il ne pourra pas consommer plus et ne sera pas incité à travailler mieux ou plus. La situation devient limpide, si l'on s'exprime en langage économique et si l'on considère que, du point de vue du travailleur, son travail est un capital, accumulé grâce à une épargne transformée en éducation et en instruction, et qu'il doit le gérer au mieux par des investissements judicieux. Sous cet angle, le salaire peut être interprété comme l'intérêt de ce « capital humain », un intérêt qui ne peut naître et être perçu qu'en s'engageant dans un travail rémunéré. Il devient, dès lors, évident que tout prélèvement, par un propriétaire ou par l'État, sur cet intérêt diminue la valeur du capital et décourage son accumulation par un travail plus intense ou plus qualifié.

C'est en ce point précis qu'intervient une circonstance propre à l'Europe, depuis le XIVe siècle peut-être, à savoir la distribution de droits de propriété et leur garantie par un État de droit. Les paysans propriétaires ou fermiers, les artisans, les marchands, les commerçants sont propriétaires de leur capital humain et de leur travail, comme le seront les ouvriers, les employés, les cadres, tous les salariés à partir du XIXe siècle. En un mot, la propension à travailler a été encouragée concurremment par le développement économique lui-même et par un régime politique garantissant les droits de propriété.

La production des compétences est une fonction directe de l'instruction. On peut poser en loi que plus une population est instruite, plus les compétences ont de chances de satisfaire les demandes de travail, et plus elles sont capables de s'adapter aux modifications de celles-ci. L'enseignement est probablement le meilleur investissement économique que puisse faire une politie à moyen et surtout à long terme. On peut avancer que comptent avant tout les enseignements primaire et secondaire. La raison en est que la population active est faite du peuple tout entier. C'est lui qu'il faut instruire par priorité. Les universités sont moins importantes de ce point de vue, parce que leurs diplômés ne finissent pas en majorité dans l'économique, et que l'esprit d'entreprise et la capacité d'entreprendre n'exigent pas de la virtuosité intellectuelle. D'un autre côté, il est vrai, les sciences sont indispensables à la prospérité du capitalisme.

Le statut de l'enseignement en Europe a été défini par la tradition grecque. Il est marqué par deux traits. L'un souligne que la culture conférée par un enseignement formel fait partie de la définition d'un homme de bien. Ce trait paraîtra moins évident, si on le contraste avec la tradition orientale, fondée sur le rapport maître-disciple, et où l'instruction se fond dans l'éducation. La différence est institutionnalisée par l'école, en Occident — où tous les enfants d'un cercle défini se retrouvent périodiquement, pendant un certain temps, pour y recevoir un enseignement identique —, et par la communauté indienne de vie entre le gourou et son disciple — un même gourou peut avoir plusieurs disciples, mais le lien demeure binaire —, où il s'agit de recevoir une formation qui touche à la personnalité tout entière. En Europe, le modèle oriental se rencontrerait plutôt dans le noviciat monastique.

Le second trait de cet enseignement hellénique est une éthique démocratique, celle qui caractérise les cités grecques. Tout citoyen doit être instruit. Sans doute, les cités grecques ne connaissaient qu'une minorité de citoyens. Mais le principe l'emporte ici sur les réalités. Dès lors que tout citoyen doit être passé par les écoles, il suffit que la citoyenneté soit ouverte à tous, pour que, un jour, il aille de soi que tous passent par les écoles. L'enseignement a ainsi une valeur double, humaine et politique. Ici aussi, un parallèle avec l'Orient est révélateur. Dieu sait si l'enseignement a été valorisé en Chine, dispensé, dans le cadre de la grande famille, par des précepteurs ou dans de véritables écoles à l'usage des apparentés et, à l'occasion, des rejetons les plus brillants de la clientèle. L'instruction a ici aussi une valeur double, mais l'une est celle de la distinction sociale : savoir lire et écrire est un signe d'appartenance aux élites ; l'autre est politique aussi, mais au sens où l'instruction habilite au service dans la bureaucratie impériale. C'est la tradition hiérocratique absolue du scribe, qui se trouve portée à son point de perfection dans le système des examens introduit par les Tang.

La tradition grecque a été reprise telle quelle par les Romains, en raison du prestige de la Grèce et de l'appartenance de Rome au même cercle culturel, transmise par Rome à tous les peuples qu'elle a conquis, et acceptée par l'Église triomphante. La romanisation a eu une conséquence sensible par le biais suivant. Devenir romain, non seulement citoyen romain mais encore homme romain, c'est d'abord être un citadin et mener en ville la vie d'un citoyen libre. L'Empire romain a reposé presque entièrement sur un réseau remarquablement dense de villes, à demi cités, où, d'ouest en est et du nord au sud, les élites romanisées communiaient dans une culture et un genre de vie idéalement uniques. Par le fait même, les campagnes étaient confinées dans la barbarie. Ainsi s'esquissait dans l'Empire romain ce dimorphisme social si frappant en Chine, où les élites lettrées et le peuple agriculteur paraissent appartenir à deux espèces différentes. L'Église, en triomphant, a bloqué cette évolution. On peut admettre que l'acceptation par l'Église et le christianisme de l'héritage antique intellectuel et culturel a été la conséquence d'une rencontre contingente entre une religion nouvelle et l'aire culturelle où elle s'est diffusée. Mais une fois l'héritage accepté, et, avec lui, l'instruction comme valeur humaine, il allait de soi que la valeur s'adressait à tous. Le christianisme, comme le bouddhisme et l'islam, est universaliste et répugne aux hiérarchies sociales rigides.

La tradition antique devenue chrétienne a traversé le Moyen Âge sans être altérée, même si, pendant des siècles, elle a été réduite au statut d'idéal et réservée à une infime minorité de clercs. La Renaissance italienne publie avec éclat l'importance de la tradition antique en matière d'instruction. C'est le sens premier et authentique de l'« humanisme », qui insiste sur l'importance des « humanités » dispensées dans les écoles pour l'épanouissement de l'« humanité », en conformité avec sa nature. La Réforme est dans le droit fil de cette interprétation, dont elle étend le bénéfice à tout croyant, puisqu'il doit pouvoir entrer directement et personnellement en contact avec les Textes. Enfin, les Lumières sécularisent la doctrine, en soulignant que tout homme doit être éclairé et que de l'instruction de tous dépend le bonheur de l'humanité.

L'idéal reçu en Europe est net et distinct : l'instruction est humainement bonne et doit être étendue à tous les hommes. Dès le XVIIe siècle et encore plus au XVIIIe siècle, l'instruction se répand, mais sa carte est une mosaïque d'une bigarrure infinie. C'est au XIXe siècle que l'instruction primaire devient générale. La généralisation est la conséquence directe de la démocratisation. Pour les élites qui l'imposent, il va de soi que la citoyenneté et l'instruction vont de pair. Le suffrage universel forme en quelque sorte tandem avec l'instruction générale, obligatoire et gratuite. L'enrichissement provoqué par le capitalisme permet de dégager les ressources consommées par le système d'enseignement et, surtout, de ne plus faire dépendre les budgets populaires du travail des enfants. Avec le capitalisme, des fractions croissantes de classes d'âge prises dans un éventail plus large peuvent passer plus de temps dans les écoles. Les capitalistes poussent en ce sens, parce qu'ils sont issus de la même culture et qu'ils y ont intérêt. Pour trouver les compétences dont il a besoin, un entrepreneur peut suivre deux stratégies. Ou bien il forme lui-même ses travailleurs : l'avantage est d'obtenir les qualifications précises requises, et l'inconvénient que les gens formés peuvent aller proposer ailleurs leur « capital humain ». Ou bien il engage des gens formés par le système d'enseignement général : l'avantage est d'éviter de payer directement des formations dont profiteront les autres, l'inconvénient de courir le risque que les formations soient inadéquates. Une solution moyenne, la plus probable parce que la plus sûre, est de favoriser un enseignement général commun de qualité et de donner un complément de formation dans l'entreprise. Les capitalistes, en tant que capitalistes, ne pouvaient qu'être favorables à la généralisation de l'instruction.

Encore fallait-il que les travailleurs se laissassent faire. La notion de « capital humain » donne la solution. Les gens avaient intérêt à partager l'idéal, parce que le marché du travail fixait le prix des compétences en fonction de l'instruction qu'elles incorporaient. S'instruire, pour les parents et les enfants, est un investissement, et un investissement rentable, du moins tant qu'une économie se développe et multiplie les emplois exigeant une certaine instruction. C'est le cas du capitalisme, mais à long terme. À moins long terme, il peut y avoir disjonction entre le nombre des emplois offerts pour un certain niveau d'instruction et le nombre des instruits à ce niveau. Il en résulte, logiquement et rationnellement, une tendance à l'allongement des études et à la surqualification, chacun cherchant à accroître son capital humain et ses chances de l'investir dans un emploi.

La quatrième exigence adressée par le capitalisme aux travailleurs demande moins de développements. La mobilité professionnelle peut être considérée comme une fonction directe de l'instruction. Plus celle-ci est profonde et de qualité, plus il est facile d'adapter ses compétences à des innovations perpétuelles. La mobilité géographique est plus subtile. On peut la rapporter à trois paramètres distincts. Le premier est l'émergence de l'État moderne, qui tend à unifier et à homogénéiser les polities européennes, de telle sorte que déménager d'une ville à l'autre ou d'une province à une autre, ce n'est plus changer de monde. Le deuxième paramètre est la nation, qui va dans le même sens, en rendant tendanciellement possible de se sentir chez soi partout dans le cadre national. Le troisième est tout différent, c'est l'individualisme. L'individuation est à la fois cause et effet de la dissolution des communautés fortes d'autrefois, la famille, le village, le quartier, la paroisse, la corporation, la confrérie... Comme l'individu ne peut pas survivre convenablement dans l'isolement, il adhère à des groupes et à des réseaux variés, en fonction de ses objectifs personnels. Ces groupes et ces réseaux de sociabilité sont à responsabilité limitée, on peut en sortir facilement, en termes de coûts affectifs. Il en résulte une disposition tendancielle à accepter du travail n'importe où, du moment qu'il est rémunéré convenablement. Une analyse plus poussée révélerait des différences intéressantes et intelligibles entre l'Europe et les États-Unis dans la valeur des différents paramètres, surtout à propos du troisième. Elle montrerait aussi que l'Europe, n'étant ni une politie ni une nation, est sérieusement handicapée par une mobilité faible de la main-d'œuvre dans le cadre de l'Europe économique.

Le cinquième et dernier point, la conscience professionnelle appliquée à l'entreprise comme aventure commune, est plus délicat et demanderait un examen plus attentif qu'il n'est permis ici. Il devrait probablement suivre trois pistes principales, qu'il suffira peut-être d'indiquer. La première est une fois encore politique. Un régime démocratique ne peut fonctionner et durer que si les citoyens sont, en moyenne et en majorité, vertueux ou non vicieux. Parmi les vertus civiques exigées figure la capacité à se dévouer au bien commun, sans en attendre de récompense personnelle et directe. Des citoyens dévoués dans la sphère publique doivent être capables de dévouement aussi comme acteurs économiques dans la sphère privée.

La deuxième piste a quelque chose de paradoxal. Nous avons vu à l'instant que l'individualisme moderne conduit normalement l'individu à entrer dans différents groupes et réseaux, pour atteindre ses objectifs personnels. Une fois entré, deux attitudes sont possibles pour lui. Ou bien le groupe est tenu pour une occasion de satisfaire un intérêt strictement personnel. Ou bien le groupe est perçu, adéquatement, comme ayant une finalité propre, qui doit d'abord être atteinte, si l'individu veut ensuite y trouver son intérêt personnel. Dans le premier cas, le travailleur touche un salaire, fait son travail comme convenu, sinon il risque d'être licencié pour rupture de contrat, et il se désintéresse du reste. Dans le second cas, le succès de l'entreprise sur les marchés lui tient à cœur, parce qu'il sait que son salaire et son emploi dépendent de ce succès. Comme la seconde attitude est plus rationnelle, on peut postuler qu'une population plus individualisée et plus instruite s'y ralliera plus probablement, parce que l'instruction rationalise évidemment, et l'individuation aussi, quoique de façon moins évidente : un individu ne pouvant compter que sur lui-même doit agir plus rationnellement que celui qui bénéficie du filet de sécurité d'une communauté.

La troisième piste est subtile et problématique. On peut plaider que l'affectivité humaine est de nature telle qu'elle serait blessée et l'individu malheureux s'il lui était impossible de jamais se sentir en communauté quelque part. Chacun incline à se trouver une communauté à sa mesure et selon les circonstances, dans un couple, une famille, une secte, un parti, un club de fans, une nation... Il n'est pas déraisonnable de considérer que l'entreprise, où l'on passe le plus clair de son temps, peut aussi être vécue comme une communauté plutôt que comme une société, pour reprendre une distinction célèbre.

VI
LES CONSOMMATEURS

C'est le dernier et, somme toute, le plus important élément du dispositif économique en général et du régime capitaliste en particulier. Car il est évident que, si les ressources produites par les producteurs ne trouvent personne qui puisse ou veuille les acheter ou les consommer, le procès de production tout entier n'est que gaspillage pur. Le dispositif tout entier ne peut pas être mis en place, à supposer que quelqu'un soit assez fou pour le tenter, ou bien il s'effondre sur lui-même. L'évidence en est si grande que, si l'on veut démontrer que le capitalisme est condamné à mort en raison de vices intrinsèques incurables, on est irrésistiblement poussé à découvrir en lui un dispositif qui le privera tôt ou tard de ses consommateurs. Karl Marx a imaginé une théorie très compliquée de la « plus-value » — la fraction du travail utilisée gratuitement par le capitaliste et non payée au travailleur —, dans le seul but de démontrer que la concurrence oblige les capitalistes à remplacer les travailleurs par des machines, ce qui, d'un côté, tend à annuler le profit, dont la seule source est la plus-value, et, de l'autre, réduit les rangs des consommateurs et les accule à une misère croissante, dont résultent des crises de surproduction de plus en plus aiguës et la mort du capitalisme. D'autres, moins ingénieux, ont tiré leur inspiration de la « pop-sociologie » et ont détecté la mort certaine du capitalisme dans le réveil des consommateurs du cauchemar où les plongent la publicité et le « système des signes », autoréférent et dépourvu de sens, qu'est l'économie capitaliste. D'autres, plus rustiques encore et plus directement branchés sur la propagande soviétique, étaient persuadés que la survie du capitalisme reposait exclusivement sur les militaires comme consommateurs d'armements, et que l'impérialisme — américain, bien entendu — était non seulement le stade suprême du capitalisme, mais encore son salut provisoire.

Si l'on n'a pas de vocation pour la prophétie historique et que l'on ne soit intéressé que par l'explication vraie du réel, les consommateurs en capitalisme posent, au-delà de l'évidence que, sans eux, rien n'est possible, trois problèmes distincts : qui sont les consommateurs ? pourquoi consomment-ils ? comment paient-ils leurs achats ?

La première question n'oppose aucune difficulté et ne conduit à aucune révélation marquante. On peut la résoudre en quelques mots. Du point de vue du capitalisme et du marché, un consommateur est un acheteur. Par le fait même, il a, en quelque sorte, une personnalité double. D'un côté, un besoin ou un désir le pousse à vouloir consommer ce bien ou ce service. De l'autre, il a la capacité monétaire — ou quel que soit ce qu'il doit donner en échange — de le payer. Cette dualité rend possibles trois combinaisons typiques, où l'on peut et doit introduire aussi les producteurs de ce qui est consommé et acheté :

— quand le besoin et le désir sont solvables et s'arrêtent aux biens et aux services offerts, tout le monde est content, producteurs et consommateurs ;

— quand le besoin et le désir sont satisfaits par ce qui est offert, mais ne sont pas solvables, tout le monde est frustré, les producteurs ne vendant pas et les consommateurs n'achetant pas ;

— quand la solvabilité est donnée, mais que le besoin et le désir ne sont pas sollicités, les consommateurs épargnent, ce qui leur donne une autre forme de satisfaction, contente les investisseurs qui ont besoin de capitaux, et frustre les producteurs de biens et de services.

Ces trois combinaisons sont, chacune prise pour elle-même, instables et fluctuantes. Comme la réalité économique a toutes chances de les réunir toujours toutes les trois en proportions variables, le capitalisme est constamment fluctuant et instable, non pas au sens où il serait menacé d'effondrement, mais en ce que, par nature, il ne connaît aucune position d'équilibre stable. Il faut le considérer comme un milieu dont l'état global est déterminé par une infinité de rééquilibrages, appliqués à des déséquilibres locaux perpétuellement renouvelés. « Capitalisme » et « stationnaire » sont contradictoires, ce qui jette peut-être quelques lueurs sur l'avenir du capitalisme[1].

La « comptabilité nationale » s'est inclinée devant la réalité, en distinguant trois catégories générales d'agents économiques : les entreprises, les ménages, les administrations. Elles définissent aussi trois ensembles de consommateurs — un quatrième serait l'étranger, mais c'est un ensemble artificiel du point de vue économique ou de nature différente, politique —, qui, en fait, doivent être ramenés à deux catégories seulement. Les entreprises — qui désignent, rappelons-le, toutes les unités de production et de distribution, y compris l'artisan et le commerçant individuels — achètent et consomment tout ce dont elles ont besoin pour assurer leur propre production : des matières premières, des terrains, des bâtiments, des outils, des produits avec lesquels on produit des produits. On peut appliquer à tous ces biens et services l'étiquette de « biens intermédiaires ». Les ménages achètent des biens et des services qui ont reçu la touche finale les rendant propres à être consommés. On les appelle des « biens finaux ». Les administrations sont le public en général, qui

1. Voir ci-dessous, V^e^ partie, chap. I, pp. 147 *sqq.*

consomme lui aussi des biens finaux, pour assurer certaines fonctions, de défense militaire, de santé publique, d'administration, d'instruction... Il peut se faire que les pouvoirs publics deviennent eux-mêmes producteurs de leurs consommations, voire de produits intermédiaires ou finaux destinés aux entreprises ou aux ménages. Dans ce cas, ils se mettent eux aussi à consommer des biens intermédiaires.

La distinction entre ce qui est intermédiaire et ce qui est final est fondamentale. Elle fonde, d'abord, un partage dichotomique, qui retentit dans toute l'économie, entre biens et services intermédiaires ou finaux, entre producteurs des uns ou des autres, entre consommateurs des uns et des autres. Elle est, ensuite et surtout, l'occasion de nouveaux déséquilibres et rééquilibrages. Les entreprises peuvent avoir besoin ou non, plus ou moins, des biens intermédiaires proposés, comme les ménages et les administrations peuvent avoir plus ou moins besoin des biens finaux proposés, ou les désirer, et tous peuvent être solvables, plus ou moins. Tout cela peut converger ou diverger, avec des écarts plus ou moins marqués, dont résultent les fluctuations économiques.

On peut déduire de ce qui précède que certaines fluctuations, positives, traduiront la congruence des offres et des demandes tant dans le secteur des biens intermédiaires que dans celui des biens finaux, et que les fluctuations négatives exprimeront des disjonctions, soit internes à chaque secteur, soit entre les deux, soit partout. Comme une disjonction signale un déséquilibre et que tout déséquilibre peut être rééquilibré, les deux phases du cycle économique ne sont pas sur le même plan. Le capitalisme « normal » est en expansion, du fait de l'injection perpétuellement renouvelée d'innovations. Les récessions et les crises sont des pauses d'ajustements et de rééquilibrages. Elles sont, par nature, périodiques, temporaires, progressives et innovatrices. Aussi bien la notion de « cycle économique » est-elle trompeuse, en suggérant la succession tranquille de phases toujours identiques et le retour perpétuel du même. En fait, il s'agit bien plutôt d'un procès de croissance qui, n'étant pas programmé au départ, mais résultant des décisions successives et interactives d'une myriade d'acteurs économiques, incorpore des erreurs ; en s'accumulant, ces erreurs déterminent des dysfonctions croissantes, qui non seulement arrêtent la croissance, mais la font repartir encore sur des bases nouvelles.

En raison des limites très étroites de la mémoire et de l'imagination, les acteurs succombent invariablement, depuis bientôt deux siècles de capitalisme, à trois illusions : que, en phase d'expansion, celle-ci se prolongera indéfiniment ; que, en phase de récession, celle-ci ne finira jamais mais ira de mal en pis ; que, une fois la récession passée, tout sera comme avant.

À la deuxième question — pourquoi consommer ? —, les réponses varient selon les consommateurs concernés. La propension à consommer des biens intermédiaires paraît trop limpide, pour ne pas recéler quelque piège. Elle est évidemment dans la dépendance des besoins de la production. Le piège est dans la définition des besoins, aussi bien quant à leur qualité qu'en ce qui concerne leur quantité. Dans les deux directions, les producteurs décident leurs besoins en biens intermédiaires, à toutes les étapes, depuis les entrées les moins élaborées, les terrains, les minerais, les sources d'énergie... jusqu'aux stades ultimes d'élaboration des produits, en fonction du passé et de l'avenir. Le passé, ce sont les indications du marché sur les biens effectivement achetés. Les producteurs parient que les mêmes biens achetés hier le seront demain. Ils le font, parce qu'ils n'ont pas d'autre issue : à part le producteur qui médite un produit nouveau, tous les autres ne peuvent connaître que ce qui s'est déjà vendu hier. L'avenir, ce sont les paris sur les quantités qui seront écoulées en plus ou en moins par rapport à celles du passé, ou identiques à elles. Ici aussi, le producteur ne peut pas faire autrement : il doit décider aujourd'hui quelque chose que seul l'événement vérifiera demain.

Tant sur les qualités que sur les quantités, les producteurs peuvent se tromper dans leurs prévisions. Il est même inévitable qu'ils se trompent, plus ou moins. Un excès d'optimisme conduit à l'accumulation d'invendus, qui pèsent sur les coûts et les décisions ultérieures. Un excès de pessimisme impose des goulots d'étranglement, des pénuries et des hausses de prix : ici aussi, les décisions qui suivent en sont affectées. Sur les quantités, les erreurs sont permanentes, et leur accumulation est continue. Sur les qualités, les innovations sont discontinues et les erreurs de nature scalaire : du jour au lendemain, un produit, une marque, voire une branche peuvent devenir obsolètes.

Ainsi, les producteurs ne peuvent pas éviter de faire des anticipations fausses sur la demande finale. Ces erreurs retentissent à tous les niveaux de la production des biens intermédiaires, et sont cumulables. Il en résulte des déséquilibres imparables du côté de l'offre, qui exigent des phases de rééquilibrage. Ces phénomènes internes à la production sont les responsables principaux des fluctuations économiques de toute ampleur. La cause ultime en est l'ignorance où se trouvent les producteurs à propos de ce dont demain sera exactement fait. En tant qu'acteurs rationnels, ils peuvent s'en faire une idée approximative et vraisemblable. Mais en tant que cette appréciation porte sur l'avenir, elle est par nature incertaine. La racine ultime des cycles économiques est le handicap propre de l'agir, qui doit s'accommoder de l'incertain.

Il paraît inutile de développer ce truisme que les consommateurs de biens intermédiaires n'ont pas à être produits eux-mêmes par une histoire particulière : ils sont donnés avec le capitalisme lui-même.

Nous avons distingué deux catégories de consommateurs de biens finaux. Les administrations ont une propension à consommer soumise à trois variables fondamentales. Deux variables sont données par la définition même du politique que nous avons déduite en son temps[1] comme étant l'ordre en charge du bien commun des citoyens d'une politie. Un département du bien commun est la défense extérieure. Elle consomme des ressources, dont la définition qualitative et quantitative dépend de nombreux paramètres : l'état de la civilisation, le niveau technique, la structure de la transpolitie et les conjonctures qui l'affectent, le rôle que la politie prétend y jouer, les anticipations sur le rapport futur des forces... Le deuxième département du bien commun est celui de la loi et du droit, de l'instauration de toutes les formes de justice et de la pacification des conflits entre citoyens. Les fonctions exécutive, législative et judiciaire qui en sont chargées consomment elles aussi des ressources. Bien malin sera celui qui saura faire le partage entre ce qui correspond à des services réels et les gaspillages permis par le fait que les consommateurs publics sont ceux-là même qui décident à quel niveau porter leur consommation !

Une troisième variable est l'ensemble des

1. Voir ci-dessus, Ire partie, chap. II (t. I, pp. 41 *sqq.*).

dépenses d'infrastructure, d'instruction, de santé, d'entraide, que les pouvoirs publics estiment devoir assumer. Il s'agit, en fait, de besoins des ménages et des entreprises pris en charge par un État moderne. Ces consommations publiques ne font pas partie de la définition du politique. Elles sont donc éminemment variables, selon les polities et les phases de l'histoire moderne.

Au total, la production des consommateurs publics est une fonction directe du développement des activités politiques ou publiques, c'est tout un. Ce développement lui-même est un problème historique majeur, mais, du point de vue qui nous occupe, celui de la fourniture au capitalisme des consommateurs qui le font vivre, il doit être pris comme une donnée.

La propension à consommer des ménages ou des particuliers est plus difficile à cerner dans les détails. Mais les outils méthodologiques nécessaires pour arriver aux détails sont plus faciles à forger. Des analyses produites çà et là dans les chapitres précédents nous en rendent l'ouvrage plus aisé. Partons d'un niveau de consommation, qui serait celui défini par les exigences de la simple survie biologique. Il serait possible de définir précisément ce niveau, en établissant le budget des ressources consommées, en moyenne, par les ascètes les plus austères. On constaterait certainement que ce budget s'élève à peu de chose. Définissons ce budget comme naturel, au sens où il est imposé aux hommes par leur nature biologique.

Tout ce qui excède ce niveau naturel est, sinon artificiel, du moins dans la dépendance de variables non biologiques. L'on peut regrouper ces variables en trois catégories distinctes, étant entendu qu'elles conjoignent leur influence, pour produire un niveau défini de consommation désirée.

Les premières variables sont les plus délicates à cerner. Appelons-les psychiques. Dans leur état le plus général, on peut aussi les considérer comme naturelles, en ce qu'elles semblent être des expressions spontanées de l'affectivité humaine. Mais elles sont aussi intégralement culturelles, en ce que les figurations concrètes de ces expressions sont indépendantes de l'affectivité. Ainsi en va-t-il des rapports que l'avoir entretient avec l'être. On peut soutenir que l'insécurité qui fait le fond du psychisme humain nourrit une stratégie, qui s'appuie sur la stabilité apparente des objets pour donner à celui qui les possède un sentiment de sécurité et de permanence. Cette stratégie peut viser indifféremment la possession d'un carquois ou d'un château en Sologne. Une autre expression de la même insécurité se déploie dans la stratégie de la distinction. Se distinguer d'autrui est un moyen de se sentir supérieur et, se sentir supérieur, c'est être moins vulnérable. Ce sentiment peut être renforcé, si la distinction suscite l'admiration d'autrui, parce que, dans ce cas, la supériorité acquiert une manière d'objectivité. La solution la plus accessible, pour se distinguer, est de se nourrir, de s'habiller, de se loger, bref de consommer autrement que les autres. Notons encore une dernière variable psychique de la propension à consommer, qui serait tout simplement la volonté d'échapper à l'ennui du même et de la répétition. De soi, le changement n'implique pas l'expansion, mais il y conduit presque sûrement, parce que le changement le plus accessible est fourni par les variations sur un même thème, et que certaines variations, encore plus accessibles, consistent à en rajouter. Si l'on veut varier les coiffes de dentelle, on évitera difficilement de les faire plus hautes, plus longues, plus larges, plus compliquées.

Un deuxième ensemble de variables est lié à la sociabilité humaine et à la comédie qui lui est inhérente. Elle repose sur deux stratégies, dont on peut postuler qu'elles ont leur racine dans le psychisme : ce sont des développements, des institutionnalisations, des codifications et des raffinements des trois tendances repérées dans le premier ensemble. La première stratégie veut avoir plus, pour manifester aux autres une supériorité sur ceux qui ont moins. La seconde s'efforce d'avoir autant que ceux qui ont et montrent plus, de manière à faire partie du même monde qu'eux et à ne pas se sentir déprécié. Ces propositions générales suffisent à notre propos, et pour saisir la raison d'être de trois caractères saillants de la comédie sociale, en tant qu'elle s'exprime par la consommation de biens et de services. Le premier caractère est celui d'une cascade : les types de consommation descendent du sommet de la stratification sociale vers des strates de plus en plus profondes. Le deuxième est une relance perpétuelle à partir du sommet. Le troisième est que la comédie sociale est d'autant plus animée et changeante que les strates sont nombreuses, la distance entre les strates réduite, et le passage entre strates aisé. Or ces trois traits définissent une stratification moderne et la distinguent d'une stratification traditionnelle. On en tire la conclusion que la propension à consommer induite par la seule stratification est plus intense dans le cadre des démocraties capitalistes, et ce à tous les niveaux de consommation.

Un troisième et dernier ensemble de variables tient à la fois du psychique et du social. L'une se rattache au contentement que procure la satisfaction d'une tendance humaine, par exemple le plaisir de s'instruire, de se divertir, de se servir d'objets ou de dispositifs utiles, d'élargir son champ de perception et d'activité, en allant voir ce qu'il y a au-delà de l'horizon... Toutes ces satisfactions sont coûteuses en ressources et se traduisent par une certaine propension à consommer. Une autre variable est donnée par les rôles sociaux. Chacun joue un personnage dans un milieu donné. Le milieu et le personnage imposent à l'acteur un type de consommation étroitement défini. C'est l'ensemble des ressources exigées, pour tenir son rang et remplir dignement et normalement son état. On peut choisir l'excentricité, mais ce choix est psychiquement et socialement trop coûteux pour que beaucoup s'y résolvent. Un professeur, un ouvrier, un avocat, un politicien... sont aussi définis, dans une société donnée, par un type de consommation étroitement balisé.

Ces analyses, rapides mais frappées au coin du bon sens, permettent d'accepter avec confiance la proposition suivante : la propension humaine à consommer est à peu près infinie, ce qui la rend capable d'absorber n'importe quel niveau de consommation. Il reste vrai que les gens pourraient se passer de tout ce qui excède l'austérité des ascètes. Mais il est faux que cet excès soit irrationnel et privé de sens. Les acteurs sociaux ne sont pas des zombies animés par des puissances, ce sont des stratèges, qui mettent au service d'objectifs définis, psychiques et sociaux, leurs capacités de calcul.

Ces conclusions permettent de préciser la place de la publicité dans le dispositif capitaliste. Son incidence sur la propension à consommer est nulle ou négligeable. Par contre, elle est indispensable pour faire connaître un produit, du moins à ses débuts. Comme un produit a toujours des concurrents, la publicité n'a pas seulement une fonction d'information. Elle entre dans la stratégie de la concurrence, en y jouant un rôle en quelque sorte négatif : ne pas faire de publicité est ruineux, mais faire de la publicité a un rendement problématique, puisque tout le monde en fait, sous peine de ruine. Comme la fonction d'information interdit aux concurrents de s'entendre entre eux pour cesser de faire de la publicité, on peut considérer la publicité comme un coût de la concurrence en tant que telle et comme un service rendu aux consommateurs, un service qu'ils paient en achetant les produits parvenus à leur connaissance. Toute tentative pour diaboliser la publicité doit être suspectée de perversion idéologique.

La solvabilité des consommateurs est le troisième et dernier problème qu'ils posent au sociologue historien. La solution est simple, mais elle heurte tant d'idées reçues et à ce point l'esprit de système qu'elle peut apparaître comme paradoxale ou provocante. Le cœur de la solution peut être résumé dans les termes suivants. Les moyens des consommateurs sont la contrepartie des facteurs mobilisés par la production. Les entrepreneurs mobilisent des capitaux, qu'ils rétribuent par des intérêts ou des parts de profit. Ils engagent du travail, pour lequel ils versent des salaires. Ils utilisent des brevets, en en payant le droit d'usage. Ils achètent des terrains et des matières premières à leurs propriétaires. Ils achètent aussi des biens intermédiaires à d'autres entrepreneurs. Enfin, si leur initiative a été sagace, ils recueillent sur le marché des profits, qui paient la réussite de l'entreprise. Toutes ces dépenses sont incorporées dans la production et se retrouvent dans les prix.

On obtient ainsi une égalité globale entre la valeur monétaire de toute la production et la solvabilité globale de tous les acteurs de la production. On peut exprimer la même conclusion, en posant que les producteurs sont les consommateurs et que ce qu'ils cèdent d'une main ils le retrouvent de l'autre, non pas un à un, mais en tant qu'agrégats : la valeur de la production a pour correspondante la solvabilité de la consommation.

Cette loi d'équivalence, en valeur globale entre des agrégats, a été entr'aperçue dès les débuts du capitalisme, par Jean-Baptiste Say[1]. Comme elle a de quoi heurter le sens commun et qu'elle a été attaquée furieusement par l'engeance marxienne et marxiste, il faut immédiatement qualifier cette idylle, car c'est une donnée d'expérience, que les choses paraissent ne pas se passer dans une telle harmonie. La loi, somme toute, exprime cette vérité que les moyens de paiement ne peuvent avoir que deux sources ultimes, les profits et les salaires. Comme ces revenus peuvent être épargnés ou transformés en propriétés et que l'État peut opérer des prélèvements et sur les revenus et sur leurs avatars, l'épargne, la propriété et les impôts sont des sources dérivées de moyens de paiement. Or, tous les profits et tous les salaires distribués à chaque étape de la production ainsi

1. Voir J.-B. Say, *Traité d'économie politique ou Simple Exposition de la manière dont se forment, se distribuent et se consomment les richesses*, in *Œuvres*, vol. I, Osnabrück, O. Zeller, 1966 (1re éd. 1807).

que tous leurs dérivés, capitaux, propriétés et prélèvements, se retrouvent dans les prix des produits portés au marché. Donc la somme des prix affichés est exactement égale à la somme des salaires, des profits et de leurs dérivés. Donc la richesse distribuée sous forme monétaire est exactement équivalente à la valeur monétaire de la production. Mais cette équivalence comptable demeure virtuelle, tant que les produits n'ont pas été effectivement vendus sur le marché. Par conséquent, si toute la production *peut* être écoulée, parce qu'elle crée elle-même la solvabilité de la consommation, elle n'*est* écoulée que si la consommation suit. En termes encore plus ramassés : la solvabilité est une virtualité que l'achat actualise.

Pour que l'idylle s'établisse et dure, il faut et il suffit que tout ce qui est produit soit acheté par les consommateurs. Des distorsions apparaissent, dès le moment où les consommateurs n'achètent pas. Ils n'achètent pas, pour deux raisons distinctes, soit qu'ils ne veuillent pas, soit qu'ils ne puissent pas. Les consommateurs sont les entreprises, les ménages et le public. Chaque catégorie peut refuser tel ou tel bien ou service parce qu'il ne leur convient pas, ou plus, pour quelque raison que ce soit. Ou bien ils peuvent décider de reporter leurs dépenses et d'épargner. Les consommateurs peuvent aussi manquer de moyens. La consommation globale est globalement solvable, ce qui ne veut pas dire que, terme à terme, les amateurs de tel produit ont exactement les moyens de se le procurer. Il suffit, par exemple, que les revenus des ménages baissent pour que des biens finaux ne trouvent plus preneurs, ou que les profits des entreprises s'effondrent, pour que s'effondrent les investissements et l'écoulement des biens intermédiaires. Ces variations dans le vouloir et le pouvoir des différentes catégories de consommateurs sont évidemment liées aux fluctuations économiques et, en dernière analyse, aux déséquilibres et aux rééquilibrages qui naissent de ce que les agents économiques agissent, par nécessité, dans l'incertain.

Comme les déséquilibres finissent toujours par être redressés, le capitalisme réussit toujours, sur la durée, à produire la solvabilité de ses consommateurs. Comme ceux-ci ne font pas difficulté pour consommer quand ils en ont les moyens, l'idylle, toujours traversée de nuages et d'orages à court et à moyen terme, est effectivement instaurée à long terme.

À deux conditions, à savoir que les deux sources de la solvabilité ne se tarissent pas. Les profits peuvent s'évanouir de manière artificielle, si l'État contrôle les prix et/ou impose excessivement les profits. Mais cette hypothèse, très réaliste dans les faits, nous fait sortir de l'épure théorique, qui doit nous dévoiler les secrets ultimes des conditions de possibilité économiques du capitalisme. Les profits sont aussi anéantis naturellement par la concurrence. Seule l'innovation peut les ressusciter. On peut, au moins à titre heuristique, concevoir un état futur du capitalisme où, toutes les innovations ayant été inventées et appliquées, le profit disparaîtrait définitivement. Cet état stationnaire ne serait pas la mort du capitalisme, mais ne retiendrait plus qu'une seule source de solvabilité, les salaires, depuis celui du directeur général jusqu'à celui du veilleur de nuit, et leurs dérivés par l'entremise de l'épargne, de l'investissement et de l'impôt.

Mais, dira-t-on, pour qu'il y ait des salaires distribués, encore faut-il qu'il y ait des emplois. Or, le progrès technique supprime des emplois et le chômage est une plaie endémique qui va s'aggravant. Les deux propositions sont fausses. Le progrès technique déplace et multiplie les emplois. Il les déplace, en permettant de produire autrement et autre chose. Il les multiplie, parce que, en augmentant la productivité, il augmente les richesses globales et que plus les gens sont riches, plus leurs besoins et leurs désirs se diversifient et augmentent. Le développement économique supprime des emplois ici, pour en créer là. Comme ces déplacements sont perpétuels[1], des salariés perdent constamment leur emploi, et des salariés, qui ne sont pas forcément les mêmes, en trouvent un autre. Quant au nombre des emplois, ils ont été prodigieusement multipliés par millions depuis deux siècles. Au demeurant, un aspect

1. Voir ci-dessous, V[e] partie, chap. I, pp. 147 *sqq.*

constant des phases d'expansion économique est la pénurie de travail qui apparaît très rapidement, se traduisant par une augmentation des salaires et par des risques d'inflation.

Pourtant, le chômage existe bel et bien. Quoique ce problème nous fasse sortir du nôtre — il en ferait partie, s'il était vrai que le développement économique diminue inexorablement le nombre *global* des emplois, mais nous venons de voir que cette proposition est fausse —, il est trop sensible, pour que l'on n'en touche un mot. Il faut distinguer plusieurs chômages. Un chômage structurel est le fait d'une fraction de la population en âge de travailler, mais qui est absolument inemployable, en raison de handicaps physiques, mentaux, affectifs. Elle représente peut-être deux ou trois pour cent d'une population quelconque. La seule solution, si ces gens ne doivent pas périr de faim, est dans des redistributions de richesse au sein des familles, par des initiatives privées ou par des canaux publics. Une seconde fraction de chômeurs, conjoncturels, est celle des salariés qui se trouvent entre deux emplois. Les statistiques révèlent que, même en période de « plein emploi », ils ne descendent jamais en dessous d'un pourcentage de trois ou quatre. Si l'entre-deux-emplois se prolonge indéfiniment, le chômeur conjoncturel devient structurel. Pour le reste, le « chômage conjoncturel », qui peut être individuellement douloureux, est plutôt favorable à l'activité économique, en entretenant la fluidité et la souplesse du marché du travail, et en réduisant les risques de routine et de sclérose. L'emploi à vie dans une même entreprise peut être confortable, mais il favorise improbablement l'esprit d'innovation.

Au total, le chômage structurel réel est peu de chose, non pas en termes humains, mais en termes statistiques : deux, trois, peut-être quatre pour cent, non pas de la population générale, mais de la population en âge de travailler. Une bonne moitié de la population générale est inactive, parce que trop jeune ou trop âgée. Les inactifs sont entretenus, soit par les familles et l'État, soit par les revenus de leur épargne cumulée. Tout chômage excédant les niveaux structurel et conjoncturel additionnés[1], soit de l'ordre de six pour cent de la population active, est artificiel. Il résulte de distorsions artificielles imposées au marché du travail ou d'inadaptations qui n'ont pas de raison d'être. Il nous suffira de désigner les principales distorsions et inadaptations : des allocations de chômage trop généreuses et mal conçues, qui abaissent la propension à travailler, en émoussant l'aiguillon de la nécessité ; un salaire minimum légal, qui prive de travail ceux qui en auraient trouvé un payé sous ce niveau ; des qualifications inadaptées à l'offre de travail, parce que l'instruction manque de souplesse, de diversité et d'effica-

1. Les spécialistes parlent encore de « taux naturel de chômage » pour désigner un taux compatible avec une inflation nulle.

cité ; une mobilité insuffisante de la main-d'œuvre.

Revenons à la solvabilité et concluons ces analyses par un dernier trait. À long terme, le coût du travail ne peut que s'élever en termes relatifs, et les salaires réels monter en moyenne. Les statistiques le révèlent sur deux siècles. Cette augmentation est à attribuer à l'accroissement de la productivité du travail. Elle traduit le fait que la contribution du travail à la production des richesses a crû avec le développement capitaliste. Or le marché a pour vertu de donner à chacun une part des richesses proportionnelle à sa contribution à leur production. La contribution du travail a augmenté, parce que les qualifications n'ont cessé de s'affiner avec le progrès technique. Contrairement aux illusions des contre-modernes, pour qui le progrès technique s'accompagne de l'abrutissement des travailleurs, ce progrès est de la matière grise matérialisée, qui exige de la matière grise vivante pour naître et fonctionner. Mais, d'un autre côté, ce même progrès technique diminue le coût des autres facteurs de production, pendant que la concurrence lamine les profits. Il en résulte, ce que les statistiques à très long terme confirment aussi, une baisse des prix réels parallèle à l'augmentation de la productivité. Autrement dit, la productivité croissante et le développement économique capitaliste — ce sont encore des synonymes — ont comme conséquences conjointes la baisse des prix des produits et l'augmentation des revenus. Le résultat est ce que tout un chacun peut constater, s'il regarde au-delà du mois ou de l'année écoulés et contemple les décennies et même les siècles passés, à savoir que des cohortes toujours plus nombreuses de consommateurs de plus en plus riches ont accédé à une consommation sans cesse croissante en quantité et en qualité. Les consommateurs solvables n'ont jamais fait défaut au capitalisme, sinon épisodiquement, parce qu'il les produit lui-même au fur et à mesure. Il est donc inutile de chercher dans le passé européen des facteurs antérieurs au capitalisme, pour expliquer comment il a pu trouver les consommateurs dont il a besoin pour se perpétuer.

et l'augmentation des revenus. Le résultat est ce que pour un [illegible] l'acheteur peut constater s'il reçoit le au double de ce qu'il [illegible] contemple les [illegible] les [illegible] pas [illegible] siècle [illegible] dans [illegible] plus [illegible] un bruits de consommation de plus en plus riches qui accède à [illegible] consommation [illegible] croissance en quantité et en qualité des consommateurs solvables, [illegible] capitalisme ; avoir [illegible] après le produit lui-même au fur et à mesure. Il est donc inutile de chercher dans [illegible] les acteurs antérieurs au capitalisme, [illegible] que comment [illegible] donner [illegible] dont il a besoin pour se [illegible]

CINQUIÈME PARTIE

LES EXPRESSIONS DU CAPITALISME

I

LE MOUVEMENT PERPÉTUEL

Nous abordons une étape nouvelle de notre enquête. Après avoir défini le capitalisme comme un régime particulier de l'économique, nous avons cherché à expliquer pourquoi ce régime a émergé en Europe occidentale à partir du XVIIe siècle, et nulle part ailleurs. Pour l'essentiel, nous avons cru pouvoir cerner l'explication dans des particularités politiques et transpolitiques de l'Europe, toutes intelligibles aux yeux de l'historien et du sociologue. Pour ce qui est des conditions proprement économiques à réunir, il nous est apparu que presque toutes ou bien avaient un caractère généralement humain, ou bien connaissaient une diffusion très large dans le monde post-paléolithique, ou bien étaient produites par le capitalisme lui-même. Certaines conditions ont du reste reçu des qualifications particulières de la part des conditions politiques et transpolitiques. En fait, seule la science nous a semblé à la fois essentielle à l'aventure capitaliste et étrangère à l'économique par sa naissance. Mais comme le développement soutenu des sciences repose, avons-nous pu suggérer, sur les mêmes conditions politiques et transpolitiques, nous pouvons avancer comme hypothèse fondatrice d'une théorie de la modernisation que son moteur principal est politique.

L'étape nouvelle de l'enquête doit porter sur les expressions du capitalisme comme les conséquences les plus visibles et les plus massives produites par le développement économique sur les sociétés européennes et occidentales. L'étape doit être parcourue d'une manière appropriée, si nous voulons répondre à la question posée au départ, de savoir si la modernité est un *facies* de la civilisation européenne ou bien une matrice nouvelle de possibles extensible à la planète entière. Si la seconde hypothèse est exacte, comme je le crois et prétends le démontrer, il est évident de soi que, dans cette matrice nouvelle, les possibles économiques doivent occuper une place, probablement importante. Ce n'est pas parce qu'une vision économiste de l'aventure humaine est peu soutenable que l'économie n'y joue pas un rôle décisif. Du seul fait que l'économique fournit à tous les ordres d'activité leurs ressources, cet ordre économique doit jouer dans le dispositif humain un rôle stratégique. Si le capitalisme est un régime nouveau de l'économique et si ce régime doit pouvoir gagner toutes les aires culturelles, il faut que les phénomènes qui l'expriment aient eux aussi une validité universelle.

C'est pourquoi il nous faut aussi procéder non par des descriptions des expressions, mais par leur genèse intelligible. On me pardonnera de recourir à un lexique inélégant pour bien préciser ce point important. Il faut toujours partir d'un point de vue *microsociologique*, qui est celui des acteurs, individus et groupes, qui visent des objectifs et mobilisent des moyens adaptés. De ce point de vue, les acteurs qui nous intéressent sont des entrepreneurs, des travailleurs, des consommateurs qui agissent « capitalistiquement », c'est-à-dire en adoptant la rationalité économique que nous avons essayé de reconstruire. Les « expressions du capitalisme » sont les résultats *macrosociologiques* produits par l'agrégation et la composition des actions microsociologiques. Si nous parvenons, au moins d'une manière plausible, à montrer que les traits économiques les plus saillants de la modernité sont bien capitalistes, et non pas européens et occidentaux, il devient également plausible que la diffusion planétaire du capitalisme tirera aussi après elle ses expressions.

Cette procession du micro- au macrosociologique présente l'avantage d'éviter les descriptions et la banalité. Parmi les expressions figurent l'industrialisation et l'urbanisation : il serait ridicule et fastidieux de décrire ce qui se trouve dès longtemps dans les manuels scolaires. Nous, nous avons à montrer pourquoi le capitalisme, une fois né, a produit l'urbanisation et l'industrialisation, et non pas — pourquoi pas ? — les idylles champêtres rêvées par certains socialistes du XIXe siècle. La méthode n'a pas que des avantages. Elle a au moins un défaut, mais on ne peut l'éviter ici. Des phénomènes historiques aussi massifs que ceux envisagés ci-après ne peuvent pas être dans la dépendance exclusive d'un seul facteur, si puissant soit-il. Nous examinerons également la composition sociale. Il paraît vraisemblable *a priori* que des facteurs autres qu'économiques sont ici à l'œuvre. Nous les signalerons, s'il y a lieu, mais sans pousser l'analyse, parce que notre objectif est de préciser le statut historique de la modernité. Si, en revanche, notre propos était l'examen de ces expressions comme objets historiques, dignes d'attention en eux-mêmes, il nous faudrait repérer tous les facteurs ou les principaux, et peser leurs contributions respectives.

Une première expression du capitalisme doit retenir notre attention et exercer notre sagacité : son mouvement perpétuel. Ce fut l'intuition profonde de Marx, que le capitalisme, par nature, ne peut pas connaître d'équilibre stable, et encore moins durable. L'erreur, d'inspiration idéologique, n'a pas été d'en conclure que ces changements perpétuels conduisaient logiquement quelque part, mais de postuler que ce quelque part était la mort du capitalisme et la naissance du socialisme. Le fait est que l'économie moderne, observable maintenant sur deux siècles, ne cesse de bouger et de changer, agitée qu'elle est de fluctuations conjoncturelles et de modifications structurelles. Si l'on s'attache à la logique du mouvement, il faut examiner trois problèmes distincts : les moteurs du changement ; les crises économiques ; l'aboutissement du mouvement dans un état stationnaire.

Il est à peine besoin de traiter le premier problème, parce que nous avons fourni tous les éléments et arguments dans les parties précédentes. Il nous suffira de les rappeler, en observant l'ordre des raisons. On peut partir de la différence peut-être la plus marquante entre l'économie moderne et les économies prémodernes. Ces dernières sont des économies de la demande, au sens où elles s'adaptent à des besoins exprimés. Les uns le sont par tous, ce sont les besoins en nourriture, en vêture, en habitat, en objets divers de la vie quotidienne, en outils... : pour la majorité, cette demande est satisfaite par les consommateurs eux-mêmes, qui sont en même temps producteurs. Les élites ont aussi des besoins de luxe, satisfaits par un artisanat de luxe, soit dans leur mouvance immédiate soit procuré par les marchands. Au contraire, les économies modernes sont des économies de l'offre, parce que les producteurs y ont l'initiative, qui mettent au point des produits nouveaux et parient qu'ils trouveront des consommateurs solvables prêts à se rallier à la nouveauté. Ce dispositif inédit, qui consiste non pas à satisfaire une demande exprimée, mais à éveiller une demande pour des produits qu'elle ne pouvait même pas soupçonner, soulève trois questions distinctes et liées.

La première question est celle des sources de l'innovation. Ce sont les sciences. En dernière analyse, tout repose sur leur développement depuis le début du XVIIe siècle, sur celui de la mécanique, de la chimie minérale et organique, de l'électro-magnétisme, de la thermodynamique, de la physique des solides, des fluides et des gaz, de la structure atomique, de la mécanique quantique, de la biologie, de la génétique, de l'intelligence artificielle... Les liaisons entre science et économie sont établies selon deux modes. Dans l'un, la recherche scientifique se développe dans le cadre de problématiques purement cognitives ; survient une percée, et quelque part un entrepreneur songe aux applications pratiques, parce qu'il escompte un profit. L'expression reçue « recherche et développement » rend bien compte de ce mouvement de la science à l'économie. Le second mode procède à l'inverse : un ou des entrepreneurs rencontrent des problèmes dans leurs activités économiques. Ils réclament des solutions, et leur demande éveille quelque part une recherche de nature scientifique. Le mouvement est ici de l'économie à la science. Bien entendu, les deux modes peuvent s'exercer en même temps et se développer dans le cadre même de l'entreprise, dans son département de « R. et D. ». Les deux mouvements ne sont pas équivalents. Le premier procède par percées successives, s'étendant en cercles concentriques, et conduit vers les résultats les plus inattendus. Le second a toutes chances de rester localisé au problème spécifique posé. Par conséquent, le mouvement décisif est celui de la science à l'économie, et non l'inverse.

Cette liaison est typiquement moderne, et non pas européenne. Avant le XIXe siècle, en Europe et partout ailleurs, ce qui se trouve réuni par le capitalisme de manière organique est complètement disjoint. Les producteurs sont le peuple, c'est-à-dire presque tout le monde, et non pas quelques entrepreneurs. Les technologues sont des bricoleurs, c'est-à-dire des talents naturels, qui n'ont pas en vue le développement économique et dont les producteurs n'entendent parler que par rencontre. Les savants sont des curieux oisifs, généralement issus des élites.

La deuxième question est de savoir pourquoi les producteurs suivent le mouvement innovateur, alors que la routine serait une conduite plus rationnelle, parce que moins risquée, et que la plupart préféreraient effectivement la répétition indéfinie du même. La réponse est que la concurrence leur impose l'innovation comme une contrainte à peu près imparable. La contrainte est le fait que tout producteur, soit ancien soit nouveau, ou bien intérieur ou bien extérieur, qui introduit un produit nouveau ou une innovation permettant d'abaisser les coûts enlève des parts de marché aux autres et leur fait courir le risque d'être chassés du marché. Chacun est acculé au choix entre suivre, voire précéder, le mouvement ou être éliminé. La contrainte est imparable à long terme, parce que l'entente entre producteurs en place pour se protéger contre les innovateurs est vulnérable. Comme elle pénalise les consommateurs, tôt ou tard un producteur apparaîtra pour capter cette clientèle prête à payer moins pour la même chose ou bien autant et plus pour autre chose. D'autre part, l'entente impose la stagnation : la concurrence entre polities ne permet pas de tenir cette position indéfiniment. Enfin, la tricherie entre membres de l'entente est si payante en termes de parts de marché et de profits que, tôt ou tard, un tricheur apparaîtra. Autrement dit, la protection protège mal, elle ne fait que reculer les échéances et rend les problèmes de transition et d'adaptation plus aigus.

Une argumentation distincte conduit à la même conclusion. Toute innovation acceptée par les consommateurs enrichit l'innovateur. Cette perspective est si alléchante qu'il se trouvera toujours quelqu'un disposé à soulever les montagnes et à percer les défenses des intérêts établis. Comme la concurrence abolit irrésistiblement les profits, la seule issue, pour de jeunes ambitieux qu'excite le projet de devenir riches, est d'innover par tous les moyens.

La troisième et dernière question s'adresse aux consommateurs : pourquoi sont-ils disposés à suivre le mouvement, au lieu d'obéir au bon sens, qui leur conseille, pour être heureux, de réduire leur consommation au plus essentiel, qui est peu de chose ? Le bon sens a raison, mais il ne persuade ni ne convainc à peu près personne. Ce paradoxe s'explique d'abord par le fait que la demande pour n'importe quel produit s'enracine toujours ultimement dans un besoin humain *réel*. Les transports répondent à un instinct de bougeotte, de curiosité, d'exploration. L'alimentation, le vêtement, le logement peuvent être rattachés à des besoins physiologiques, mais aussi à un instinct d'intimité, à un goût pour la diversité, à une passion vaniteuse, à un besoin de se distinguer... Se divertir par des jeux est une nécessité universelle. On pourrait partir de l'objet le plus insignifiant et le plus gratuit offert par l'économie moderne, on lui trouverait toujours un universal humain qu'il vient satisfaire. Mais comme ces universaux ne sont pas des invariants et que les cultures diversifient à l'infini les biens et les services pouvant satisfaire les besoins et les désirs, la consommation humaine est naturellement indéterminée et culturellement définie. Ajoutez à cela la volonté de se distinguer, le souci de n'être pas distancé, la répugnance pour l'uniformité et l'ennui, l'attirance pour la nouveauté, un ensemble de traits humains et sociaux peu mystérieux. Vous aboutissez à la conclusion qu'il n'est pas nécessaire de pousser les gens à consommer : plus les revenus augmentent, plus la consommation croît, une fois sa part faite à l'épargne de précaution.

Les causes et les fonctions des crises économiques ne peuvent être justement appréciées que si, avec les historiens, on distingue des « phases A » d'expansion — des investissements, des productions, des échanges, des emplois, des revenus, des profits — et des « phases B » de récession, de ralentissement, de stagnation, de baisse. Les économistes ont accoutumé de repérer ces deux phases à trois échelles de temps distinctes, et parlent de cycles « longs » sur plusieurs décennies — une quarantaine d'années pour Kondratiev —, de cycles « moyens » qui durent quelques années, et de cycles « courts » limités à quelques mois. Les deux visions ont peut-être l'inconvénient d'instiller l'idée que les cycles sont la répétition indéfinie du même, alors que la réalité du capitalisme est le changement perpétuel.

Il faut se tourner vers les travaux des spécialistes pour se faire une idée précise de ces mouvements, chaotiques selon les apparences, mais qui, perçus dans une perspective juste, révèlent un « attracteur étrange », qui n'est autre que le développement économique lui-même, à savoir la poursuite d'une efficacité toujours plus grande par l'entremise des mécanismes de marché. Tenons-nous-en à quelques propositions raisonnablement sûres et qui suffisent pour notre argumentation. Les phases A des cycles longs paraissent liées à des innovations majeures, dont les répercussions gagnent progressivement, directement ou indirectement, tout le corps économique. Cette vertu d'entraînement semble compter davantage que les aspects proprement cognitifs et techniques de l'innovation.

Ainsi en va-t-il des chemins de fer entre 1840 et 1880 environ. La mise au point technique est antérieure d'une bonne génération : des économistes historiens ont cru pouvoir soutenir que les chemins de fer en tant que moyen de transport n'étaient pas indispensables à la mutation industrielle. Pourtant, il est difficile de nier l'importance cruciale des voies ferrées dans le mouvement économique, par la mobilisation de capitaux, par les profits réinvestis, par la demande adressée aux forges et aux mines, par la baisse du coût des transports, par la mobilité et la fluidité plus grandes des marchés..., et, surtout peut-être, par les incidences sur les mentalités. Les phases de ralentissement semblent liées, d'une part, aux erreurs de calcul des acteurs économiques emportés par l'euphorie et, d'autre part, à l'essoufflement de l'entraînement. C'est ici qu'est le plus apparente l'allure scalaire et progressive des cycles : à la fin du XIXe siècle, le paysage économique en Europe et aux États-Unis n'a plus grand-chose à voir avec ce qu'il était cinquante ans plus tôt.

Les cycles moyens paraissent dans la dépendance directe des mécanismes de marché. Chaque agent économique prend des décisions — d'investissement, d'achat, de vente, d'emprunt, d'épargne — en fonction d'informations toujours incomplètes et incertaines, qu'il soit producteur ou consommateur. Les biais des informations conduisent les acteurs à des erreurs d'appréciation. L'accumulation des erreurs exige périodiquement des réajustements. Le marché mène spontanément à ces réajustements indispensables, parce que les erreurs, en s'accumulant, deviennent visibles dans les prix et procurent des informations solides. Le mouvement profond est ternaire : toujours plus, donc trop, donc correction.

Les cycles courts enregistrent une infinité d'événements, économiques et autres, qui pèsent sur les décisions des agents économiques : les saisons, le temps, le calendrier politique, les déclarations et les décisions des autorités monétaires...

Ces indications conduisent à la conclusion évidente, non seulement pour le raisonnement, mais encore et surtout pour la perception historique, que les crises économiques ont une fonction positive. Les phases B sont, du point de vue du développement économique, soit insignifiantes à court terme, soit utiles et indispensables à moyen terme, soit transitoires à long terme, tant que subsistent des possibilités d'innovations décisives. Mais les perceptions économique et historienne du phénomène ne sont pas les seules possibles. Il est aussi des perceptions humaine et idéologique.

Les phases de récession et de crise sont douloureuses pour beaucoup et inconfortables pour à peu près tout le monde. Même les phases d'expansion peuvent être mal ressenties, parce que les changements qui les expriment modifient aussi les habitudes, les positions, les certitudes. Les idéologues développent toujours, conformément à la nature même de l'idéologie, des visions unilatérales. L'engeance anticapitaliste ne perçoit que les phases de récession — les expansions sont inexistantes, trompeuses, artificielles, vouées au déclin... — et les interprète toujours comme annonçant la fin du capitalisme. L'engeance procapitaliste ne perçoit que les phases d'expansion — les récessions sont des paliers, des réajustements, des péripéties — et les interprète comme des étapes sur la route de la prospérité et du bonheur. Les premiers se trompent toujours, parce que les crises sont effectivement positives d'un point de vue économique et que le mouvement séculaire du capitalisme est de fait guidé par la maximisation de l'efficacité, inévitable et irrésistible quand sont réunis des droits de propriété, des mécanismes de marché et des entrepreneurs. Les seconds se trompent aussi, parce que les changements positifs et négatifs sont humainement coûteux et que, plus radicalement, ils confondent efficacité et prospérité, chrématistique et économie, désirs comblés et bonheur.

Quel sens donner à la « crise » dont il semble que nous soyons en train de sortir ? Seul le recul du temps permet d'accéder à des certitudes. Dès maintenant, on pressent la rencontre remarquable, la juxtaposition et l'interaction des trois termes temporels. Le court terme traduit la guerre du Golfe, la réunification allemande, les déficits budgétaires dans presque tous les pays, une épargne de précaution des ménages accrue, des taux d'intérêt réels à court terme très élevés, des catastrophes naturelles... Le moyen terme exprime la nécessité de corriger des excès de la phase antérieure, en particulier un endettement des entreprises et des ménages démesurément approfondi par les largesses de crédit, des investissements inconsidérés dans l'immobilier professionnel, des prêts bancaires excessifs à des emprunteurs douteux et gagés sur des valeurs artificiellement gonflées...

Comme toujours, pour le philosophe, le sociologue et l'historien, c'est le long terme qui est le plus intéressant et le plus instructif. On peut repérer deux ou trois phénomènes majeurs, qui se sont fait jour depuis une vingtaine d'années et commencent à émerger de la pénombre des gestations historiques. Le premier est l'entrée, il y a deux décennies environ, dans ce qui sera peut-être vu rétrospectivement, dans cinquante ou cent ans, comme la phase d'innovation scientifique et technique la plus profonde, la plus intense et la plus bouleversante de l'histoire du capitalisme, celle entraînée par l'informatique et le traitement de l'information. Les répercussions en sont presque infinies, par les gains de productivité permis et par les réarrangements imposés à toutes les branches de la production. En même temps a été inaugurée la première histoire unifiée de l'espèce humaine. Elle impose une redistribution générale des cartes, politiques, économiques, culturelles. Enfin, il se peut qu'émergent les problèmes posés par la modernisation économique à la planète en tant que système écologique. Ces problèmes devaient se poser tôt ou tard, pour la raison simple et contraignante que la planète est un système fermé, alors que le dynamisme capitaliste est sinon infini, du moins indéfini dans ses limites. Comme le propre de l'entendement humain est de ne pouvoir s'exercer que sur des réalités, l'humanité n'affronte généralement que les problèmes qui s'imposent. C'est pourquoi on peut postuler la réalité des problèmes écologiques, même si elle est brouillée par les brumes idéologiques de l'écologisme.

Si ces diagnostics sont exacts, nous vivons *peut-être* en ce moment la phase la plus décisive de l'histoire humaine. Elle est, en tout cas, assez décisive pour mêler du connu et de l'inconnu et pour créer une sorte de malaise historique dans les consciences, du fait même de l'incertitude.

Le troisième et dernier problème que pose le mouvement perpétuel du capitalisme est celui de sa perpétuation et de sa perpétuité. La question relève du simple bon sens, qui se rebiffe à l'idée qu'une ligne ascendante puisse être prolongée à l'infini. D'autre part, l'idée blesse probablement des tendances psychiques profondes à la stabilité, à la sécurité, à la certitude. L'idée de mouvement perpétuel crée un inconfort à la fois intellectuel et affectif. Spontanément, l'entendement incline à prédire pour un mouvement « perpétuel » soit une retombée catastrophique finale soit l'accès ultime à un état stationnaire. La première issue est possible absolument, mais l'humanité ne court pas le risque que la catastrophe soit économique et capitaliste de manière endogène, puisqu'un régime économique bien conformé, c'est-à-dire capitaliste, résout tous les problèmes économiques par les mécanismes de marché et le système des prix, précisément conçus à cet effet. La catastrophe finale la plus plausible est exogène, par exemple sous la forme d'une rencontre fortuite avec un objet céleste très massif. Si l'on reste à l'intérieur de la logique économique, la seule issue plausible *a priori* est l'état stationnaire. Deux problèmes peuvent se poser, celui du degré de réalisme de l'hypothèse et celui de la nature de cet état.

Pour apprécier le réalisme de l'hypothèse stationnaire, il faut repérer les voies théoriques d'accès à cet état. La théorie défendue ici invite à en repérer deux, politique et cognitive. La voie politique consisterait à mettre fin à toute concurrence, par l'imposition d'une législation interdisant les innovations et bloquant les nouveaux entrants. L'économie ne serait parfaitement arrêtée dans son élan que si deux conditions politiques étaient remplies. D'un côté, la planète devrait être unifiée en une seule politie, de manière à éliminer toute concurrence extérieure. De l'autre, le régime de cette politie devrait être très purement autocratique, puisqu'il ne devrait plus y avoir ni droits de propriété, ni marchés, ni entrepreneurs. Bref, le communisme et l'U.R.S.S. auraient dû gagner la guerre froide ! Pour le futur, une pareille issue reste possible, au seul sens où elle n'est pas rendue impossible par une contradiction interne. Mais elle n'est guère plausible, et encore moins susceptible de durer. En effet, ce serait un état stationnaire par le bas, à l'albanaise, à la nord-coréenne et à la cubaine. Cet état est économiquement et politiquement contre nature, et l'on peut postuler que tout ce qui est contre nature finit par se dissiper tôt ou tard.

La seule voie réaliste est cognitive. Toutes les sciences tendent spontanément à leur fin, qui est la transparence du réel dans la conscience humaine, et cette tendance aboutira sûrement, pour peu que soient maintenues les conditions de l'exploration scientifique[1]. Comme le dynamisme capitaliste a pour carburant l'innovation, l'épuisement des sciences abolira toute possibilité d'innovation ultérieure, à moins que ne s'épuisent bien avant les possibilités de « recherche et développement » tirées de la recherche fondamentale. Cette issue est réaliste, on peut même la tenir pour certaine, même si, bien évidemment, personne ne peut préciser le quand ni le comment, car celui qui saurait le faire serait déjà au point d'aboutissement des sciences.

À quoi pourrait ressembler cet état station-

1. Voir ci-dessus, IVe partie, chap. III, pp. 72 *sqq.*

naire ? Il est toujours risque d'imaginer l'avenir, parce que l'imagination humaine travaille avec du connu et échoue à inventer du radicalement inédit. Il est plus prudent de s'en tenir aux projections les plus générales possible. Deux paraissent assez vagues et solides pour que l'on ose les dessiner. Réduit au plus essentiel, l'apport de la science à l'économie prend trois formes. La première est celle de l'efficacité et de la productivité, dont l'aboutissement ultime devrait être une automatisation à peu près intégrale de toutes les activités humaines automatisables. Nous avons déjà cité des projections qui attribuent à l'agriculture 1 % et à l'industrie 2 % de la population active. La deuxième forme, qui a des affinités avec la première sans se confondre avec elle, est l'extériorisation des capacités humaines et le traitement rationnel de ces capacités pour les pousser aux limites absolues de possibilité. Par exemple, toutes les techniques de transport sont des développements de la capacité humaine à se déplacer, comme tous les outils sont des développements de la main, les instruments d'optique de la vue, l'informatique des capacités de calcul et de raisonnement, et ainsi de suite. La troisième forme est la mise au point de matériaux nouveaux, modifiant ceux fournis par la nature ou se substituant à eux.

La seconde projection plausible pour décrire l'état stationnaire le perçoit comme une économie de services, où peut-être 97 % de la population active sera occupée à distraire, à instruire, à cultiver, à soigner, à sanctifier... les actifs et les inactifs. Distraire comment ? Instruire de quoi ? Personne ne le sait, parce que les possibilités sont presque infinies. C'est pourquoi il est très improbable que l'état stationnaire prenne les apparences de l'immobilisme et de la répétition indéfinie du même. Le nombre des dogmes religieux fondamentaux possibles est limité ; on peut même plaider qu'il a été exploré il y a plus de deux mille ans. Mais on peut construire sur ces fondations une infinité de chapelles et de temples différents. De même, le nombre des styles de peinture est probablement fini, mais celui des tableaux possibles infini. Comme l'état stationnaire résulterait de l'épuisement/accomplissement des capacités cognitives humaines et de leur incorporation dans des biens et des services ouvrés par l'habileté humaine, il offrirait à l'humanité le champ de possibles à explorer le plus vaste qui soit accessible à l'espèce en tant que telle. Par conséquent, stationnaire ne serait pas synonyme de monotone.

D'un autre côté, l'état stationnaire continuerait à connaître des fluctuations. Il n'y a, en effet, aucune raison ni aucune chance pour que la distribution de la demande entre les différents services proposés demeure constante. Il suffirait, par exemple, d'une modification de la pyramide des âges dans le sens d'un rajeunissement ou d'un vieillissement moyens, pour que les dépenses globales de santé diminuent ou augmentent, en dégageant ou en consommant du pouvoir d'achat supplémentaire.

L'état stationnaire ne doit pas être perçu comme une ligne horizontale indéfiniment prolongée, mais comme des fluctuations de plus ou moins grande ampleur, dont le bilan global serait une horizontale, et non plus un escalier ascendant, comme dans la phase de développement économique. On peut se faire une idée d'un tel état fluctuant et stationnaire en observant ce qui se passe en démographie, où l'on peut soutenir que les populations occidentales et modernes sont en train d'accéder à un état stationnaire. On ne peut pas exclure que certains aspects de la « crise » en train de s'achever soient déjà des symptômes d'entrée prochaine dans l'état stationnaire, en particulier pour l'agriculture et l'industrie, et leur structure d'emploi.

II

L'ENTREPRISE

L'entreprise est peut-être l'expression la plus originale et probablement la plus caractéristique de la modernité économique. Sur deux siècles, elle présente à la réflexion du généraliste deux caractères distinctifs : la variabilité et l'adaptabilité. Les avatars de l'entreprise sont si nombreux et si divers que le nominaliste serait en droit de suspecter la légitimité de la notion générale d'« entreprise ». D'autre part, ces entreprises si diverses semblent fonctionner comme les allèles des généticiens : il y a toujours une variante d'entreprise capable de répondre aux défis et de résoudre des problèmes nouveaux. N'oublions pas que notre propos de fond est de parvenir à décider si la modernité est un *facies* de la civilisation européenne ou une matrice inédite de possibles accessible à l'espèce humaine tout entière. Nous pouvons espérer trouver la réponse la plus sûre en faveur de la seconde branche de l'alternative dans l'examen de l'entreprise et de ses caractères fondamentaux. Après avoir répliqué au nominaliste que l'entreprise existe comme entité distincte dans toutes ses incarnations, nous essaierons de repérer dans sa nature même les sources de sa variabilité, ce qui devrait nous faciliter le repérage des facteurs qui poussent l'entreprise à s'adapter en adoptant telle ou telle variante.

La nature de l'entreprise est donnée directement par la définition de l'économique, qui est l'ordre en charge de fournir aux gens les ressources qu'ils demandent et peuvent payer, pour les aider à atteindre les fins qu'ils poursuivent dans leurs différentes activités individuelles et collectives. La relation économique fondamentale est celle qui s'établit entre les offreurs et les demandeurs de ressources, de biens et de services. Les offreurs se spécialisent spontanément en producteurs et en distributeurs, en producteurs de biens et en producteurs de service, en producteurs de biens primaires et en transformateurs de ces biens, en producteurs de biens intermédiaires et de biens finaux, en producteurs et en financiers, et ainsi de suite. Tout offreur peut se réduire à un individu ou se présenter comme un groupe composé de deux à *n* individus. L'entreprise est un groupe d'au moins deux individus, réunis pour offrir à une demande solvable des biens et des services déterminés.

L'entreprise est un groupe économique. Cette définition paraît simple, et pourtant elle demande à être précisée. En tant que groupe, l'entreprise a deux faces, comme tous les groupes. Comme, par nature, un groupe est réuni pour atteindre un objectif, il tourne vers cet objectif la face d'un individu collectif ou, pour éviter des alliages de mots instables, d'une unité collective d'action. Dès lors est posé le problème institutionnel et organisationnel d'avoir à coordonner des individus — libres, finalisés et rationnels en essence — en un acteur capable d'agir, c'est-à-dire de fixer des objectifs, de mobiliser des moyens, de faire preuve de volonté, de s'adapter à l'incertitude. Ce problème technique de conversion d'une pluralité d'acteurs en un acteur unique se pose à tous les groupes : le couple, la famille, le syndicat, la corporation, le parti, la politie... C'est pourquoi tous les groupes ont une seconde face, tournée vers l'intérieur d'eux-mêmes. Chaque groupe est aussi et en même temps un cercle de sociabilité, réunissant en réseaux des acteurs autonomes et qui échangent entre eux une infinité d'informations de toute nature, les unes appropriées aux objectifs du groupe, les autres sans rapport avec eux, ou même les contredisant. Pris en lui-même et pour lui-même, un groupe est tout un monde, où il se passe beaucoup de choses qui n'ont rien à voir avec les raisons d'être du groupe, et beaucoup aussi qui expriment sa finalité. Considéré non plus comme cercle de sociabilité mais comme acteur, le groupe devient beaucoup plus simple, puisqu'il est défini par la fin qu'il poursuit et qu'il est introduit dans un ou des cercles de sociabilité de dimensions supérieures, qui précisément le définissent comme acteur. Un couple se mêle à un cercle d'amis, une famille s'intègre à une parentèle, un syndicat est en contact avec d'autres syndicats, les entreprises et le gouvernement, une politie agit sur une scène transpolitique, et ainsi de suite.

L'entreprise, jusqu'ici, ne se distingue pas des autres groupes. Elle est, comme tous les autres et pour résumer l'analyse en une formule ramassée, un acteur collectif, qui fonctionne vers l'intérieur comme cercle de sociabilité, et vers l'extérieur comme unité d'action dans des cercles de sociabilité. Le fait que l'entreprise soit un groupe économique permet de donner un contenu concret à ces abstractions réelles. La fin de l'entreprise est de trouver des clients pour ses produits. Vers l'extérieur, la fin la transforme en acteur collectif dans quatre cercles de sociabilité au minimum : le marché où elle doit rencontrer ses clients potentiels ; le marché où elle subit la concurrence de ses rivales ; les marchés où elle fait affaire avec ses fournisseurs en facteurs de production ; la politie qui doit protéger tous ces marchés contre la violence et la ruse, garantir les droits de propriété et défendre la liberté d'entreprendre.

Vers l'intérieur, la situation paraît extraordinairement compliquée, mais cette complexité, réelle au niveau des entreprises individuelles, peut être saisie et réduite si l'on dégage les axes principaux :

— l'un est celui de la production proprement dite, de la mise au point d'un bien ou d'un service à vendre. Il relève du faire, qui consiste toujours à informer une matière première ou seconde, ou à matérialiser une forme ;

— directement lié à cet axe est celui du travail, c'est-à-dire la réunion et la coordination des compétences indispensables à la production ;

— comme, dans une économie capitaliste, les compétences réunies donnent lieu à un contrat, où les propriétaires des compétences en échangent l'usage contre un salaire, la réunion des compétences est un nœud de contrats, alors que leur coordination est un problème technique d'appropriation de parties à un tout ;

— l'axe de l'organisation proprement dite est dessiné par la nécessité de disposer des individus les uns par rapport aux autres de telle manière que le dispositif d'ensemble leur permette de se présenter comme unité d'action envers l'extérieur ;

— l'axe de la sociabilité est créé par le simple fait que les individus coordonnés ne peuvent pas, en tant qu'êtres humains, se glisser intégralement dans les personnages définis par les rôles tenus dans l'entreprise ; ils tendent constamment à les déborder, parce qu'ils visent encore d'autres fins. Dès lors, l'entreprise est aussi une scène où se joue, comme sur toutes les scènes humaines, la comédie humaine et sociale.

Cette esquisse non exhaustive fait comprendre pourquoi l'étude des entreprises suffit à mobiliser toute une corporation de spécialistes et à faire proliférer les points de vue et les interprétations[1]. Elle nous aide aussi à distinguer cinq sources de variabilité des entreprises. La source quantitative et la taille des entreprises sont les plus évidentes et les plus faciles à comprendre. D'un point de vue légal et économique, l'entreprise peut se réduire à un individu entreprenant. Pour la sociologie et l'histoire, l'entreprise naît au moment où l'entrepreneur s'adjoint au moins un collaborateur salarié. Du point de vue de la quantité, les variations se multiplient jusqu'à l'indéfini, de deux à *n* travailleurs coordonnés en groupe.

Mais la nature protéiforme de l'entreprise oblige aussitôt à introduire une distinction entre ce groupe comme entité juridique et organisationnelle, et comme unité de production. Certains conglomérats réunissent en une unité juridique et financière des activités si diverses que leur hétérogénéité les rend étrangères les unes aux autres, sauf sur le plan de la structure financière et juridique. Certaines entreprises s'identifient à une usine unique. Entre ces deux extrêmes, des entreprises distribuent des activités homogènes ou intégrées entre plusieurs unités physiquement distinctes.

D'autre part, les statisticiens distinguent trois catégories d'entreprises selon leur taille : la petite, où la dizaine est l'unité de compte ; la moyenne,

1. Voir E. Friedberg, « Organisation », in R. Boudon (éd.), *Traité de sociologie*, Paris, Presses universitaires de France, 1992, chap. IX.

qui s'évalue par centaines ; et la grande, par milliers. Même si, comme toujours, des incertitudes apparaissent aux frontières, ces catégories ne sont pas arbitraires, parce que les seuils fixés sont en rapport avec d'autres paramètres.

La source juridique de variations est dégagée par la question : à qui appartient l'entreprise ? Quatre réponses typiques peuvent être données. Ou bien l'entreprise appartient à l'entrepreneur qui l'a fondée, puis à ses héritiers. Elle fait partie du patrimoine d'un individu et d'une famille, qui peuvent en user, en principe du moins, comme des autres éléments de leurs propriétés mobilières et immobilières, en la vendant, la louant, la partageant, la donnant. Ou bien l'entreprise appartient à ceux qui en font partie, soit qu'ils l'aient fondée en commun soit que tout collaborateur nouveau en devienne par le fait même propriétaire partiel : la coopérative est une figure historique de ce type d'organisation. Ou bien l'entreprise appartient à ses actionnaires, c'est-à-dire à ceux qui ont fourni et continuent à fournir les capitaux indispensables pour entreprendre, puisque entreprendre, c'est réunir des facteurs de production coûteux. Ou bien l'entreprise appartient au public, ce qui peut signifier deux choses distinctes, selon que le propriétaire est l'État ou la collectivité des citoyens comme acteurs privés. La première solution est illégitime par principe, en démocratie, puisque cette dernière repose sur la distinction du public et du privé, mais la réalité historique peut se mettre abondamment en infraction avec la légitimité. La seconde est une curiosité, qui n'a de chances d'apparaître que dans de petites collectivités ou au niveau local.

La troisième source est donnée par la structure fonctionnelle et organisationnelle de l'entreprise, dans ce qui lui permet de coordonner des compétences et de les faire collaborer à une tâche commune. On décrit le plus clairement cette structure en définissant trois axes orientés et en posant que toute entreprise concrète se situe quelque part dans l'espace créé par ces trois axes. Le premier est orienté sur une structure mécanique, où l'entreprise est conçue comme une machine plus ou moins complexe, avec ses pièces et ses règles de montage : un machiniste-ingénieur meut avec intelligence et diligence des individus parcellisés et passifs. Le deuxième axe est celui de la structure organique, où l'entreprise n'est plus perçue comme une machine, mais comme un organisme vivant, avec ses organes, avec l'anatomie et la physiologie qui leur permettent d'assurer leurs fonctions au service de l'efficacité, de l'autorégulation et de la perpétuation de l'organisme : la structure est une hiérarchie, où chaque niveau assure spontanément et dans l'autonomie ses fonctions, coordonnées par la tête et le cerveau. Le troisième axe est décrit par une structure qui n'est pas encore nommée et que nous appellerons « agorique ». L'entreprise devient un réseau d'unités gérant chacune un ensemble défini de tâches, échangeant un flux permanent d'informations les unes avec les autres et avec l'extérieur, de manière à prendre des décisions justes et convergentes. L'entreprise peut ici être vue soit comme un supercerveau collectif soit, et mieux encore, comme un marché/agorie qui, en partageant les tâches et en échangeant des informations, explore les voies et les moyens d'atteindre un objectif commun sur d'autres marchés.

La quatrième source est procurée par le ciment qui fait tenir le groupe ensemble et rattache les individus à l'ensemble. Quatre possibilités typiques se font jour. Le « ciment contraint » peuple l'entreprise d'acteurs à qui a été enlevée la liberté de ne pas entrer et de sortir. Il peut s'agir d'esclaves, de concentrationnaires, de travailleurs assignés à un poste par un pouvoir politique autocratique ou de travailleurs libres sur un marché du travail si rigide qu'ils sont affrontés au choix entre accepter *ce* travail ou mourir de faim. Le ciment familial présente l'entreprise comme une grande famille, qui prend un soin global de ses membres comme êtres humains, en leur demandant en retour de se fondre en elle et de lui réserver tous leurs soins. Le ciment communautaire peut être reçu comme une forme plus englobante et plus vague du ciment familial. Le ciment contractuel repose sur le choix fait par chacun de se lier aux autres et à l'ensemble, et sur un contrat souscrit par chacun, où sont échangées des compétences contre des salaires, des promotions, des carrières.

La cinquième et dernière source est dite « finale », parce qu'elle distribue les fins assignées à l'entreprise et poursuivies par elle. On en distingue trois. Une fin économique, qui paraît la plus naturelle, est d'extraire du marché le plus grand profit possible, ce qui ne se peut qu'en satisfaisant la demande la plus grande et la plus solvable possible : la fin de l'entreprise devient de procurer aux gens le plus de biens et de services, de la meilleure qualité et au meilleur compte possible. Une fin politique peut être assignée de l'extérieur à l'entreprise, quand un régime ou un parti politique la rangent au service de stratégies politiques et idéologiques, pour plaire à un électorat, damer le pion à des polities rivales, exalter la fierté nationale, contribuer à la défense... Une fin éthique est imposée à l'entreprise, quand elle est conçue comme le lieu, l'occasion ou la condition de la poursuite des fins dernières que sont le bonheur ou la béatitude. L'entreprise devient une communauté de vie ou de salut, dont les aspects économiques sont tenus pour des moyens de subsistance, des sous-produits ou des bénéfices secondaires.

La nature de l'entreprise fonde sa variabilité. Celle-ci propose une problématique sociologique et historique simple : sur deux siècles environ, que constate-t-on et pourquoi ? En s'en tenant à l'essentiel et au général, on peut repérer les variations marquantes et les facteurs qui les expliquent. Ce sont les phénomènes quantitatifs qui ont le plus frappé, à cause de leur allure spectaculaire et parce que Marx et ses descendants ont fait de la coalescence des entreprises en unités de plus en plus vastes un trait structurel du capitalisme. La réalité historique dément les convictions et dissipe les illusions.

Il demeure vrai, en partie, que la taille des entreprises comme entités juridiques augmente à travers le temps. On peut avancer trois explications de cette tendance. La première est le fait même de la concurrence, qui, en triant des vainqueurs et des vaincus, fait grossir les vainqueurs des dépouilles des vaincus, c'est-à-dire de leurs parts de marché. La concurrence fournit aussi la deuxième explication, en imposant à chacun d'avoir, pour survivre, à réduire ses coûts. Une stratégie consiste à le faire par des intégrations verticales de toutes les opérations qui conduisent à un produit final et par des intégrations horizontales d'entreprises vouées aux mêmes fabrications. La troisième explication est psychologique, c'est l'ambition qui peut animer l'entrepreneur d'être le premier, le plus fort, le « roi de » ceci ou cela. On est ici dans la logique de la passion, dont un caractère distinctif est qu'elle ne se satisfait d'aucune réalisation intermédiaire : « Toujours plus », tel est son mot d'ordre. Or les entrepreneurs doivent être passionnés pour entreprendre et pour réussir. Le seul objet plausible auquel la passion de gagner puisse s'appliquer n'est pas le profit, parce que, au-delà d'une certaine somme, l'accumulation de signes monétaires n'a plus de signification concrète, mais c'est la domination. Le vrai ressort des grands capitaines d'industrie est la volonté de puissance. Comme de cette dernière à la mégalomanie le passage est insensible et rendu presque irrésistible par le succès, on s'explique des traits de caractère fréquemment signalés dans ces personnages.

Si cette tendance était irrésistible — ce que croyait Marx —, sa conclusion logique et réelle serait l'émergence d'une entreprise géante unique dans chaque branche, ou même — pourquoi pas ? — pour toutes les branches. Le pronostic pouvait être tenté en 1867. L'expérience a montré et le raisonnement démontré que le pronostic était faux, parce que non seulement la tendance n'est pas irrésistible, mais elle crée encore elle-même ses contre-tendances. La première de ces contre-tendances est la fragilité du monopole. Un monopole, étant par nature et par définition soustrait à la concurrence, peut augmenter ses prix pour gonfler ses profits. Il peut aussi baisser la qualité de ses produits, puisque sa clientèle est captive. Par le fait même, il crée une occasion de concurrence, de la part de qui proposerait mieux à moins cher. Tant que le monopole n'est pas public et que l'entrée de nouveaux concurrents n'est pas interdite par la loi, la concurrence est tôt ou tard relancée. Il en va de même dans le cas d'oligopoles et d'ententes entre quelques producteurs : la tricherie est si payante que, tôt ou tard, l'un d'eux triche.

La seconde contre-tendance est d'origine organisationnelle. L'on peut poser en théorème que, à mesure qu'une entreprise croît en taille et en complexité, le gaspillage augmente et la capacité d'innovation et d'adaptation diminue. Ce théorème est une aubaine pour de nouveaux concurrents, plus sveltes et plus agiles. Ces deux forces antagonistes de la croissance indéfinie des entreprises sont si puissantes que rien pour les entreprises n'est jamais gagné définitivement. C'est ce que révèlent leurs nécrologies. Sur une génération, et encore plus sur deux, c'est-à-dire sur une cinquantaine d'années, le *Who's who* est à peu près complètement renouvelé. Même les plus prestigieuses et les plus puissantes ont une durée de vie moyenne inférieure à celle des hommes qui les peuplent.

La réalité est encore beaucoup plus nuancée, si l'on s'attache à la taille des unités de production, qu'elles soient d'autre part des entreprises indépendantes ou qu'elles coexistent à plusieurs dans une entité financière et juridique qui les englobe. Ici aussi, le sens commun est frappé par l'augmentation de la taille des unités et justifie sa perception par la considération des « économies d'échelle » : les coûts unitaires baissent avec l'augmentation de la taille, parce que des frais fixes sont répartis sur un plus grand nombre de produits. Mais on s'est vite rendu compte que, en fait, les économies d'échelle ne sont pas une droite que l'on peut prolonger indéfiniment, mais une courbe en cloche : passé un certain seuil, les coûts unitaires cessent de baisser, puis augmentent. Ce phénomène est dû au fait que les quantités produites impliquent des dispositifs de production dont les coûts sont affectés de seuils : pour une quantité X, le dispositif Y a un coût Z ; pour la quantité X + 1, le dispositif Y' coûte non pas Z + 1, mais Z + *n*. L'optimum de taille varie non seulement de branche en branche, mais aussi pour une même branche, en fonction des innovations techniques et des prix. Il ne peut donc pas y avoir de mouvement indéfiniment prolongé en faveur de la grandeur, ni, d'ailleurs, au bénéfice de la petitesse. Les fluctuations sont permanentes, imprévisibles et intelligibles dans les deux sens.

Il reste à dissiper une illusion bien ancrée concernant la disparition tendancielle des petites et moyennes entreprises. Selon les statistiques, dans tous les pays gagnés au capitalisme, le pourcentage de ces petites et moyennes entreprises comparé à celui des grandes s'est maintenu et a parfois progressé sur toute la période. L'explication en est simple : du seul fait du développement économique jaillissent en permanence des occasions nouvelles de créer des entreprises de petite taille, soit comme sous-traitantes des grandes, qui y voient le moyen de baisser leurs coûts et d'augmenter leur souplesse, soit comme initiatrices de nouvelles productions, soit comme distributrices de biens et de services finaux. Au demeurant, il est possible que la distribution même des entreprises selon la taille commence à devenir obsolète. Si, en effet, se confirme et se perpétue la tendance actuelle des grandes entreprises et des grandes unités de production à s'organiser en réseaux agoriques, les « grandes » se transforment en confédérations et en fédérations de « petites » et de « moyennes ».

Les phénomènes juridiques de propriété des entreprises demanderaient des analyses précises par pays et par périodes. À l'échelle de l'ensemble du monde capitaliste, il n'est pas douteux que les différentes variantes de sociétés par actions ont triomphé massivement. Les entreprises personnelles et familiales, qui renaissent périodiquement, rejoignent presque toujours tôt ou tard le camp des premières. La raison du triomphe est, évidemment, la possibilité de réunir plus facilement des capitaux et de répartir davantage les risques. Jusqu'ici, un autre avantage de la formule, plus décisif encore peut-être, n'a guère été exploité que dans le monde anglo-saxon : la disjonction entre la propriété et la gestion. Nous avons indiqué que cette solution était la plus démocratique, parce que les actionnaires-propriétaires ont plus de chances, à condition d'être peu nombreux et de détenir chacun un gros paquet d'actions, de faire pression sur la direction, car le cours des actions et les résultats de l'entreprise les intéressent directement. La solution coopérative, dans laquelle le XIXe siècle avait placé beaucoup d'espoirs, a presque toujours échoué, parce que les coopérateurs sont vivement incités à privilégier le présent sur l'avenir, et les salaires et les dividendes sur les investissements, ce qui compromet les capacités à affronter la concurrence. D'autre part, des conflits entre coopérateurs sont à peu près inévitables, qui sont mal gérés par une structure peu hiérarchisée. Quant à la solution publique, très en vogue après 1945 en Europe, et tout particulièrement en France et en Italie, elle est tombée en discrédit complet, au vu des gaspillages colossaux et des rigidités immenses qu'elle inflige.

Les phénomènes structurels semblent dessiner une ligne évolutive, qui les conduit de la formule mécanique, dominante au XIXe siècle, à la solution organique, plus adoptée au XXe siècle, et à la conception agorique, qui semble devoir être celle du XXIe siècle. Si cette ligne évolutive n'est pas une illusion de perspective et de prospective — ce que l'avenir dira —, il est permis de la rapporter à deux facteurs principaux, intimement liés entre eux. Un facteur technique est donné par la nature des produits. Pour dire l'essentiel en peu de mots, même au risque de caricaturer la réalité, plus les produits intègrent de matière, plus leur production peut bénéficier d'une répartition des tâches et d'une division du travail poussées. Inversement, plus ils intègrent de forme, c'est-à-dire d'informations et de matière grise, moins la parcellisation du travail est possible et efficace. Mais plus le travail est décomposable en « miettes », plus il est susceptible d'être automatisé et confié à des dispositifs « informés ». Le taylorisme était possible chez Ford et dans l'automobile, mais il est impensable dans un bureau d'études de logiciels et il a conduit à la robotisation de l'industrie automobile.

Le facteur humain est donné par la qualification du travail, plus ou moins réductible à des tâches parcellaires et discrètes, en fonction des contraintes techniques, des capacités mentales et intellectuelles liées à l'instruction, et des dispositions comportementales, en particulier l'individualisme et l'initiative, en rapport avec le contexte politique et culturel. En gros sinon en détail, une main-d'œuvre de paysans convenait à la structure mécanique, une main-d'œuvre d'ouvriers était plus en sympathie avec la structure organique, et une main-d'œuvre de cadres paraît plus en harmonie avec la structure agorique.

Les phénomènes sodaliques, produits par la nécessité de cimenter les entreprises en tant que groupes, ont d'abord vu la disparition du « ciment contraint ». L'esclavage a disparu, moins parce qu'il n'était pas rentable que parce qu'il était en contradiction avec la conception moderne de la démocratie et que les besoins en travail du capitalisme sont tels qu'il eût fallu réduire la population entière en esclavage. Les solutions concentrationnaires et autocratiques étaient, évidemment, incompatibles avec la démocratie, sinon avec les capitalistes. Voyez l'I.G. Farben et Auschwitz.

Quant à la liberté du travail sans la capacité de l'exercer, elle a eu tendance à céder la place à une liberté réelle, grâce à la fluidité croissante du marché du travail, permise par le développement économique lui-même, par la diversification extrême des qualifications, par une mobilité spatiale plus grande, grâce aux transports plus efficaces et à une intégration culturelle plus poussée.

Le ciment contractuel l'a emporté massivement, parce qu'il est le plus en harmonie avec la nature contractuelle et l'idéologie contractualiste de la démocratie moderne, et avec l'individuation et l'individualisme contemporains. Son triomphe est dû aussi à sa supériorité en termes d'efficacité économique, parce qu'il permet plus de souplesse, facilite l'innovation et augmente les chances de trouver *the right man in the right place.* Sur ce fond commun, on note des nuances régionales plus ou moins marquées. Le modèle américain est très purement contractuel. Le modèle européen, affecté par des traditions associatives séculaires, exige un engagement plus personnel et plus complet dans l'entreprise, qui n'est pas réduite à un pur nœud de contrats. Le modèle japonais, affronté dans les années 1920 à des conflits sociaux graves et, après 1945, à la nécessité de former une main-d'œuvre rendue rare et incompétente par la guerre et de la « fidéliser » pour rentabiliser les frais de formation, a recouru à des traditions féodales encore toutes fraîches. Les entreprises japonaises y ont trouvé un ciment fait de liens lignagers, de rapports de clientèle, de subordination hiérarchique et de devoirs réciproques, un ciment qui a donné pendant une génération aux grandes entreprises japonaises un ton original et à la vanité nationale, comme aux « experts en management » l'occasion d'inventer l'« unicité japonaise » et d'y croire.

Les phénomènes ultimes ont vu le triomphe de la finalité économique. Rétrospectivement, il est aisé d'en faire la prophétie, puisque cette fin est conforme à la nature et à la fin de l'économique, à la prospérité, et qu'en la poursuivant on maximise les chances de l'entreprise de l'emporter dans la concurrence. En d'autres termes, seules ont survécu et prospéré les entreprises qui se sont mises au service de l'économique. C'est précisément pourquoi le capitalisme a été précipité dans la chrématistique, dès lors que les consommateurs consentaient à suivre le mouvement. La finalité politique a été déconsidérée par l'inefficacité à laquelle elle conduit et par la catastrophe des expériences communistes. Quant à la finalité éthique, si rien n'interdit à quiconque de s'épanouir dans une entreprise, elle a été surtout l'occasion de développements idéologiques anodins — par exemple tout ce qui touche à l'« autogestion » — ou de modes managériales plus ou moins rusées — par exemple les « cercles de qualité ».

Au total, on pourrait appliquer à l'entreprise capitaliste la formule qui vaut pour les États-Unis :

tous deux sont si divers que toute proposition générale à leur sujet est fausse, exception faite de celle-là !

III

L'INDUSTRIALISATION

Les mots sont rarement neutres, et leur sémantique est souvent instructive. « Industrie », « industrialisation », « société industrielle » en sont des exemples à propos. Le mot « industrie » apparaît en français dès le XIIe siècle, au sens très général d'« habileté à exécuter quelque chose », sens qui subsiste aujourd'hui dans l'adjectif « industrieux » ou dans l'expression dépréciative « chevalier d'industrie ». L'étymologie en est philosophiquement remarquable. Le mot est composé de *endo*, « à l'intérieur », et de *struere*, « disposer », « ranger », « bâtir » (en procédant par couches successives). Le mot suggère non pas une activité humaine en général, mais cette activité spécifique qu'est le faire, distingué du connaître et de l'agir, une activité qui consiste à donner forme à une matière ou à matérialiser une forme. Aussi *endo* peut-il et doit-il s'entendre en deux sens. Il désigne l'« intérieur » de l'acteur, qui médite, invente, formule, précise, projette des formes, avant de passer à leur matérialisation. Il désigne aussi l'« intérieur » de l'œuvre, que l'acteur ouvre en lui imprimant une forme par touches successives.

De ce point de départ général — où « industrie » serait synonyme de « faction », si ce mot était utilisé au sens où il serait utile ! — le XVIIIe siècle a tiré un sens plus précis et spécialisé. L'industrie est « l'ensemble des activités économiques ayant pour objet l'exploitation des richesses minérales et des diverses sources d'énergie ainsi que la transformation des matières premières (animales, végétales ou minérales) en produits fabriqués ». C'est à peu près le sens actuel. Il recouvre, dans la distribution statistique des activités économiques en trois secteurs, le secteur dit « secondaire », qui aurait enlevé au secteur « primaire » les mines, en lui laissant la forêt, l'agriculture et la pêche, le « tertiaire » rassemblant tous les services.

Ces remarques sémantiques n'auraient pas eu lieu d'être rapportées ici n'était l'expression « société industrielle ». Elle a été diffusée et popularisée par Raymond Aron[1]. Dans son esprit et dans la réception de l'expression par le public, elle était synonyme, pratiquement, de « modernité économique ». Pourquoi pas ? dira-t-on. En effet, mais à condition d'introduire des mises en garde, qui n'ont aucune chance d'être respectées. Les *Dix-Huit Leçons* sont le premier volet d'un triptyque qui comprend aussi *La Lutte de classes* et

1. Voir R. Aron, *Dix-Huit Leçons sur la société industrielle*, Paris, Gallimard, 1962.

Démocratie et Totalitarisme, où Raymond Aron avait en vue les deux systèmes en concurrence à l'époque, l'occidental et le soviétique. Son propos était de montrer que, sur des fondements techniques et économiques analogues et sur des bases sociales comparables, on pouvait construire des sociétés radicalement distinctes, et que le régime politique et idéologique est le facteur discriminant fondateur. Il est probable que Raymond Aron a poussé un peu loin l'identification des économies occidentale et soviétique, et que, aujourd'hui, on plaiderait plutôt que le régime politique conditionne de part en part le régime économique[1]. Là n'est pas la question. Il fallait prendre garde de saisir le triptyque tout entier, sous peine de succomber à un gauchissement, qui conduisait à faire de l'industrie le fondement et les fondations de la modernité, et à considérer tout le reste comme secondaire et inessentiel. On aboutissait dans l'impasse de la distinction entre infrastructure et superstructure.

Un second inconvénient de l'expression, aux conséquences intellectuelles et idéologiques possiblement graves, vient de l'ambiguïté du mot « industrie ». Si on le prend au sens large du Moyen Âge, il n'y a rien à dire. Mais si on l'entend comme on l'entend depuis le XVIIIe siècle, on est pratiquement obligé d'introduire l'épithète « post-industriel ». En effet, comme nous le verrons, les

1. Voir ci-dessous, VIe partie, chap. IV, pp. 357 *sqq.*

développements récents de l'économie font apparaître une réduction spectaculaire de la part de l'industrie et du secteur secondaire dans le produit national : la société industrielle est de moins en moins industrielle ! Pourquoi pas « postindustriel » ? Si l'on veut désigner par là le seul fait que les services l'emportent sur l'industrie, l'usage est tolérable. Mais le risque de détournement idéologique est inévitable. « Postindustriel » est, ni plus ni moins, un avatar de l'anticapitalisme[1], au même titre que « postmoderne[2] ».

Pour éviter tous ces pièges, je prends le mot « industrie » en son sens étymologique et premier d'« habileté à faire ou à ouvrer ». Dès lors, « industrialisation » désigne l'injection dans l'industrie ou « faction » humaine de doses croissantes d'innovations cognitives. On peut exprimer la même idée en disant que l'industrialisation est la modernisation technique et ses produits économiques. Cet aspect de la modernité économique pose deux problèmes distincts : quel est le contenu de l'industrialisation ? quelle est sa rationalité ?

Le contenu de l'industrialisation a deux aspects, celui des produits et celui des productions. Tous deux sont spectaculaires. Nous avons déjà eu l'occasion de toucher à ce trait si frappant de la modernité qu'est la diversité, mieux même : la diversification permanente et croissante, tangible

1. Voir ci-dessous, chap. VII, pp. 268 *sqq.*
2. Voir ci-dessus, Ire partie, chap. I (t. I, p. 38).

jusqu'à la satiété dans l'ordre économique. Personne n'a jamais fait le compte exhaustif de ce qui peut être acheté et vendu sur les marchés. La seule certitude est une prolifération presque infinie et une augmentation vertigineuse des choix offerts aux consommateurs. D'un côté, ils doivent s'en déclarer satisfaits, puisque leur liberté de choix est une fonction de leur capacité à choisir, en termes de pouvoir d'achat et de produits entre lesquels choisir. De l'autre, l'on peut plaider que la pléthore lasse et ennuie, et que plus il faut choisir plus les dilemmes, les perplexités et les inconforts se font sentir. Il est vrai que cette situation court peu le risque de devenir insupportable en économique. Le risque est plus assuré dans l'ordre éthique, entendu comme celui des fins dernières de l'homme.

Tous ces produits ont un caractère en commun, celui d'avoir un prix. En effet, tous les produits du capitalisme doivent, par définition, mais selon une définition qui exprime l'essence des choses, transiter par un marché, devenir l'enjeu d'offres et de demandes, et se voir affectés d'une valeur marchande exprimée dans un prix. Cette circonstance, qui n'a rien d'ontologiquement mystérieux, puisqu'elle signale seulement que le capitalisme est une économie de marché et que l'information la plus précieuse et la plus irremplaçable produite par un marché est le système des prix, cette circonstance a donné lieu, depuis Marx, aux déplorations les plus lamentables et aux indignations les plus véhémentes sur le « fétichisme de la marchandise », sur la « réification des rapports humains », sur le « règne exclusif de l'argent », et ainsi de suite.

Plus sérieusement, le fait que les produits aient des prix a eu trois conséquences. La plus décisive est de fournir aux agents économiques des informations à peu près fiables sur les raretés relatives, des informations qui sont indispensables à la rationalité des calculs de chacun. Une conséquence moins décisive, mais importante tout de même, a été de fournir à la science économique des objets d'étude quantifiables, ce qui a facilité sa mathématisation. Une dérivation de cette facilité a été la « comptabilité nationale », la réunion des statistiques les plus précises sur l'activité économique d'une politie et leur comparaison avec celles des autres. La conséquence la moins heureuse a été de persuader les obtus que ce qui n'a pas de prix n'existe pas. Le travail des femmes à domicile ne contribue en rien, de ce point de vue outré, au bien-être des gens, pas plus que tous les produits autoconsommés dans les pays dits « sous-développés ». Nous retrouverons cette dernière sous-estimation plus tard[1].

L'étude des productions — des procès d'élaboration des produits — permettrait de pénétrer au cœur et dans le foyer de l'industrialisation, car c'est ici que sont révélés avec éclat les bouleverse-

1. Voir ci-dessous, VIe partie, chap. II, pp. 313 *sqq.*

ments apportés par le capitalisme à l'industrie humaine, dans tous les départements de l'économique. Cette étude dépasse notre propos et mes compétences, car elle nous entraînerait dans l'examen de l'anatomie et de la physiologie des dispositifs techniques du capitalisme[1].

Deux exemples rapides permettront de rafraîchir des souvenirs d'école et de souligner la profondeur stupéfiante des transformations introduites par le capitalisme. On les oublie facilement dans l'agriculture, parce que les observateurs et les idéologues anticapitalistes se sont concentrés sur l'industrie au sens étroit et que le public considère facilement le monde agricole comme celui du passé. Pourtant, la comparaison la plus vague et la plus générale entre l'agriculture prémoderne et l'agriculture moderne fait apparaître des contrastes si vifs que l'on en vient à se demander s'il s'agit du même objet. Les agricultures prémodernes, qui ont prospéré sur la planète pendant une dizaine de millénaires, connaissaient la diversité la plus riche et la plus instructive, pour qui s'intéresse aux cultures et aux civilisations. Mais toutes avaient en commun trois ou quatre caractères fondamentaux. Partout, ce secteur

1. On trouvera des données abondantes, des aperçus lumineux et des références nombreuses dans, entre autres, G. Simondon, *Du mode d'existence des objets techniques*, Paris, Aubier/Montaigne, 1958, J. Ellul, *Le Système technicien*, Paris, Calmann-Lévy, 1977, et B. Gille (éd.), *Histoire des techniques*, Paris, Gallimard, « Encyclopédie de la Pléiade », 1978.

économique mobilisait au moins les quatre cinquièmes de la population active. Comme cette population comprenait non seulement les hommes adultes, mais toutes les femmes et les enfants, dès qu'ils avaient l'âge pour garder les oies ou de faire s'envoler les oiseaux mangeurs de graines, cette proportion signifie que la majorité de la population tout court était occupée à produire sa nourriture. Aujourd'hui, cette proportion tend vers des pourcentages infimes. Il suffit de 3 % à 4 % d'agriculteurs dans la population active non seulement pour nourrir tout le monde, mais pour fournir encore des surplus exportables. À l'avenir, il suffira peut-être de 1 % de producteurs agricoles. Ces chiffres signifient que, là où quatre agriculteurs réussissaient à nourrir un non-agriculteur en plus d'eux-mêmes, un seul en nourrira non pas quatre-vingt-dix-neuf, mais plusieurs centaines, si l'on tient compte des inactifs et des exportations !

Ces progrès inouïs ont été rendus possibles par les modifications apportées au deuxième caractère commun aux agricultures prémodernes. Toutes sont des merveilles d'adaptation au climat et aux conditions locales, d'ingéniosité dans la combinaison des savoirs et des savoir-faire, de prudence dans la conduite des exploitations, mais ces qualités peuvent aussi être interprétées comme la compensation de défauts. Le travail humain était la source principale sinon exclusive d'énergie. L'équipement en outils jouait sur une gamme étroite et peu susceptible de progrès décisifs. Les semences, dont la sélection s'opérait empiriquement sur des siècles et des millénaires[1], avaient des rendements faibles et donnaient des plantes sensibles aux maladies et aux aléas climatiques. Les engrais, végétaux, animaux et humains étaient disponibles en quantités limitées. Le contraste moderne est ici tout aussi vif, avec la cérébralisation du travail humain et son remplacement par du travail mécanique, avec les conseils de la biologie et de la génétique pour sélectionner les semences, et même créer des variétés voire des espèces nouvelles, avec toute la chimie pour doser les engrais et combattre les parasites et les maladies. Sans doute l'écologie a-t-elle raison de dénoncer des excès qui déséquilibrent la nature, mais ils sont presque toujours dus à un système artificiel des prix agricoles et peuvent être facilement corrigés.

Toutes les agricultures prémodernes tombaient victimes d'accidents climatiques. Par définition, un climat est la *moyenne* des types de temps, c'est-à-dire des états de l'atmosphère, sur une aire donnée. Par nature, une moyenne est tracée entre des variations qui se compensent. La compensation est purement statistique, parce que, pour un agriculteur, un été pourri ne compense pas un autre été torride. Ces fluctuations naturelles du temps à

1. Voyez le cas peu banal du maïs sur l'aire mexicaine, dans G. Beadle, « L'origine du maïs », *Pour la science*, n° 29, mars 1980, pp. 59-71.

très court terme résultaient, du fait des deux caractères précédents et du coût prohibitif des transports, dans la distribution des récoltes en bonnes, moyennes et mauvaises années. Le rythme caractéristique de l'agriculture européenne était de 1, 2, 1. Ce rythme signifiait une disette tous les quatre ou cinq ans en moyenne, et une famine quand deux années de disette se suivaient. Le spectre de la famine ne hante plus l'agriculture moderne. Les fluctuations du temps sont toujours là, mais elles sont compensées par des réserves, par l'extension des offres sur une aire géographique si étendue qu'aucun accident climatique ne peut la frapper tout entière et par l'effondrement du prix du transport des pondéreux.

Le dernier caractère commun retenu est que cette agriculture, contrairement à ce que croient les écologistes et tous les ennemis de la modernité, procurait au peuple une alimentation pauvre, monotone, déséquilibrée. Même les riches mangeaient mal, aux yeux de la diététique, parce que la comédie sociale les incitait à exhiber leur richesse également dans une nourriture trop abondante et trop riche. Directement ou indirectement, les capacités agricoles affectaient en mauvaise part la santé moyenne, diminuaient l'espérance de vie, contraignaient l'épanouissement physique et rendaient les organismes plus fragiles aux attaques microbiennes et virales. L'agriculture moderne a permis une alimentation riche, diversifiée, équilibrée. La conséquence la plus inattendue a été l'augmentation de la taille moyenne des Occidentaux et des Japonais d'une bonne quinzaine de centimètres, ce qui est énorme !

On pourrait trouver des illustrations aussi frappantes de l'industrialisation, en la traçant dans ses aspects quantitatifs. Contentons-nous de rappeler que, au XVIIIe siècle encore, on comptait la production de fer en centaines et en milliers de quintaux, d'un fer au demeurant médiocre et assez uniforme, alors que, à partir de la moitié du XIXe siècle, on se met à parler de millions, de dizaines puis de centaines de millions de tonnes de produits ferreux les plus variés et les mieux adaptés aux emplois les plus divers.

C'est peut-être le secteur des transports qui a connu les changements les plus stupéfiants. Ils sont d'autant plus marqués qu'ils ne se réduisent pas à des variations, même vertigineuses, de quantités, mais se traduisent par des franchissements de seuils, qui introduisent dans des mondes nouveaux. Pendant quatre-vingt-dix à cent millénaires, l'humanité n'a connu comme moyen de transport que la marche à pied, ce qui limitait son horizon à un rayon de cinq à dix kilomètres et lui permettait de déplacer tout au plus un demi-quintal par marcheur. La domestication du cheval, l'invention de la roue et du char, il y a cinq mille ans environ, ont changé surtout l'art de la guerre. En matière de transports, il a fallu la mise au point du collier d'épaule, à l'époque carolingienne, pour qu'un cheval pût tirer de trois à quatre tonnes. Ce handicap avait des conséquences infinies, puisqu'il interdisait le transport des pondéreux et des grosses quantités, sauf à emprunter la voie d'eau, dont les capacités étaient elles aussi limitées. Du chemin de fer à l'avion en passant par l'automobile, tout cela a changé de nature. Si l'on ajoute tout ce qui touche aux télécommunications, qui connaissent en ce moment même la mutation la plus complète, le changement est encore plus bouleversant. Or, rappelons-le, l'économique repose sur l'échange, et plus que tout le capitalisme en tant qu'économie de marché. Tout ce qui permet de diminuer le coût des transactions a les conséquences les plus distinctes et les plus profondes sur tous les aspects du développement économique.

La rationalité de l'industrialisation est exprimée dans le concept de *productivité.* On peut la définir comme le rapport du produit aux facteurs de production. Chaque facteur concourt pour sa part à la productivité : les matières premières, les machines, les capitaux, le travail. Comme les produits et les facteurs sont hétérogènes et incommensurables en eux-mêmes, le seul sens économique possible pour le rapport est un rapport de prix. Cet étalon est d'autant plus indispensable qu'il renseigne sur la donnée la plus précieuse, à savoir les raretés relatives. Il peut, par exemple, se faire que l'on soit capable de produire un bien avec une machine nouvelle consommant moins de travail. Si l'économie en travail est inférieure à l'augmentation de coût imposée par l'achat de la nouvelle machine, le gain de productivité en travail est, en fait, du gaspillage. La productivité, par conséquent, mesure la valeur des outputs par rapport à celle des inputs. Une augmentation de productivité signifie que l'on fabrique plus avec moins. Autrement dit, la rationalité globale de l'industrialisation étant la recherche d'une productivité toujours croissante, elle correspond exactement au principe d'économie. Deux problèmes sont ainsi posés, que nous avons effleurés çà et là et qu'il faut traiter ici plus au fond : la raison d'être de l'augmentation de la productivité et la finalité de sa poursuite.

La rationalité de la recherche d'une productivité croissante est celle-là même du principe d'économie : le gaspillage étant absurde, puisque, à la limite, l'idéal serait de ne rien faire avec tout, la seule issue est de chercher de faire tout avec rien. Mais, dira-t-on, pourquoi ne pas s'arrêter en une position, sans doute arbitraire et améliorable, mais qui satisferait la majorité et éviterait un bouleversement permanent ? Le marché et la concurrence excluent toute position stable avant l'état stationnaire. Nous retrouvons notre position théorique fondamentale : un régime économique fondé sur des droits de propriété, sur des mécanismes de marché et sur l'esprit d'entreprise ne peut pas ne pas pousser le principe d'économie dans ses derniers retranchements cognitifs, et doit s'exprimer en une manière d'explosion économique indéfiniment prolongée.

Par définition, quand la productivité augmente, la valeur incluse dans le produit unitaire baisse. Plus simplement : les prix baissent au rythme de l'industrialisation. C'est la proposition la mieux vérifiée par les statistiques sur deux cent cinquante ans à peu près. En prenant comme étalon un facteur dont on pouvait raisonnablement affirmer qu'il n'avait bénéficié d'aucun gain de productivité sur la période — la coupe de cheveux masculine —, Jean Fourastié a pu mesurer le parallélisme étroit et inverse entre productivité et prix[1].

La question se pose : qui profite des gains de productivité et de la baisse des prix ? Trois bénéficiaires sont possibles. Le premier est l'entrepreneur. S'il précède ses rivaux dans la baisse de ses coûts de production, il pourra augmenter ses parts de marché aux dépens de la concurrence, en diminuant ses prix tout en accroissant son profit. La recherche du profit est ce qui fait passer les gains de productivité de la virtualité à l'actualité. Mais la concurrence tend constamment à annuler les profits. Par conséquent, et par un paradoxe étrange, alors que chaque entrepreneur peut s'enrichir en respectant le principe d'économie, la population des entrepreneurs est conduite à tarir la source du profit. C'est ce que Marx avait pressenti, en établissant la « loi de la baisse tendancielle du taux de profit ». Il en tirait des consé-

1. Voir J. Fourastié, *Machinisme et bien-être. Niveau de vie et genre de vie en France de 1700 à nos jours*, Paris, Éd. de Minuit, 1962.

quences fausses, parce qu'il ne concevait pas la compatibilité du capitalisme avec l'état stationnaire, où il y a des entrepreneurs payés pour leur travail, et non plus enrichis par des profits.

Le deuxième bénéficiaire est la nature, dans la mesure où une productivité croissante permet de consommer relativement moins des ressources qu'elle procure. Tout est dans ce « relativement », parce que, en chiffres absolus, les ressources naturelles peuvent être exploitées jusqu'à l'épuisement. Il n'empêche que le capitalisme, du fait que ses agents sont contraints à se plier au principe d'économie par le truchement des gains de productivité, est le régime de l'économique qui gaspille le moins la nature. On peut même plaider que, si le système des prix incluait la valeur marchande intégrale de la nature, si les mécanismes de marché n'étaient pas grippés par les réglementations et les groupes de pression, et si la planète entière était un marché intégré, les problèmes écologiques de l'humanité seraient résolus à mesure qu'ils se posent, et même par anticipation, par le truchement des anticipations sur la valeur future des ressources naturelles. L'eau, par exemple, ne manquerait nulle part, si elle était toujours payée par tous, y compris les cultivateurs, à son juste prix.

Les bénéficiaires les plus constants et les plus évidents des gains de productivité sont les consommateurs[1]. La loi économique la plus élémentaire

1. Voir J. Ullmo, *Le Profit*, Paris, Dunod, 1970.

veut que là où les prix baissent, la demande augmente. À l'échelle des décennies et des siècles, l'industrialisation a conduit à l'augmentation du niveau de vie, estimé par l'équivalent monétaire des biens et des services achetés sur le marché. Mais pour que les consommateurs puissent encaisser leurs bénéfices, encore faut-il qu'ils soient solvables. Nous avons déjà traité ce problème de solvabilité de la demande[1]. Le point où nous sommes rendus permet de dissiper une crainte. Elle naît spontanément d'une réflexion du sens commun. Comme la voie la plus constante et la plus obvie de la productivité croissante est le remplacement du travail par des machines, on va tout droit vers une situation où une production croissante trouvera une solvabilité décroissante. Marx a transfiguré le sens commun en une pseudo-loi économique de « paupérisation absolue » et de « crise de surproduction ». Le sens commun et Marx sont en défaut sur deux points décisifs.

Le premier est que, loin de diminuer le nombre des emplois, l'industrialisation les multiplie prodigieusement. Mais il est vrai que les gains de productivité entraînent et des baisses *relatives* d'emploi et des transferts d'emplois de secteur en secteur. Sur deux siècles, le transfert le plus spectaculaire a été de l'agriculture dans l'industrie et de l'industrie dans le secteur tertiaire. Quand l'emploi agricole a baissé au point de menacer de

1. Voir ci-dessus, IVe partie, chap. VI, pp. 135 *sqq.*

disparaître, le sens commun et les belles âmes se sont émus, avant de constater que la raison même qui supprimait des emplois agricoles créait et multipliait les emplois industriels. De même, aujourd'hui, les emplois industriels supprimés sont multipliés ailleurs. De 1970 à 1991, le secteur secondaire a vu sa part dans le P.N.B. baisser de 41 % à 28 % en Allemagne, de 36 % à 29 % au Japon, de 26 % à 21 % aux États-Unis.

Le second point est que l'augmentation de la productivité repose sur une augmentation de la qualification des emplois et que les emplois créés dans le tertiaire exigent eux aussi des qualifications plus élevées, du moins en moyenne et pour la plupart. Aujourd'hui, on peut estimer que déjà plus de 50 % de la richesse produite se composent de savoirs et d'informations. Non seulement les revenus globaux des salaires n'ont pas baissé, sur deux siècles, mais encore les salaires n'ont cessé d'augmenter en valeur réelle, parce que le « capital humain » des travailleurs n'a cessé d'augmenter avec les exigences de l'industrialisation, dont la racine ultime est la science développée en industrie, en capacité humaine à informer des matières et à matérialiser des formes.

Si l'on combine la baisse tendancielle des prix et l'augmentation tendancielle des revenus, sur le moyen et encore plus sur le long terme, on obtient une expansion tendancielle de la consommation des particuliers, ce qui est bien la donnée la plus avérée de l'expérience capitaliste sur deux siècles, même aux yeux des idéologues, qui en ont été réduits, dans les années 1960, à dénoncer la « société de consommation ».

Le problème de la finalité du mouvement n'est pas un problème économique. Un problème réel est posé, celui du sens d'un développement dont le moteur principal est d'avoir toujours plus. Mais c'est un problème éthique. Il ne peut être éventuellement résolu que si chacun *se* pose deux questions : qu'est-ce que la bonne vie ? et quel est le niveau de consommation impliqué par la bonne vie ? Et si chacun trouve les réponses. Il n'y a aucune raison, ni chance, ni risque que tout le monde trouve les mêmes. Ce problème importe peu à l'économique et au capitalisme, dont la finalité exclusive est de fournir au meilleur compte les ressources demandées, quelles qu'elles soient et pourvu qu'elles soient solvables.

On peut demeurer à l'intérieur de l'économique, en prenant le mot « sens » dans l'acception plus modeste de « direction ». Le sens général de l'augmentation indéfinie de la consommation grâce à l'industrialisation apparaît nettement dans ses plus grandes lignes. Il existe une hiérarchie naturelle des besoins, définie par leur urgence plus ou moins pressante et qui conduit de l'alimentation au vêtement, puis à l'habitat, à l'instruction, à la santé, aux loisirs et à ce qui n'est guère nommé, mais pourrait s'appeler la « formation personnelle », le fait de s'activer pour devenir ce que l'on veut et/ou peut être. Tous ces besoins consomment des ressources. Les gens, qui, en moyenne, ont du bon sens et suivent les indications de la nature, se plient à cette hiérarchie et abordent les consommations appropriées à un échelon, quand les échelons inférieurs sont à peu près saturés. Les budgets des ménages reflètent statistiquement le sens de cette évolution.

IV

L'URBANISATION

La liaison entre capitalisme, industrialisation et urbanisation est, sans doute, le phénomène qui a le plus marqué les consciences en Europe au XIXe siècle et qui les imprègne le plus dans le monde au XXe siècle. Curieusement, alors que tout un chacun est persuadé de savoir ce qu'est une ville et, de fait, est en général capable de distinguer une agglomération urbaine d'un établissement rural, il est à peu près impossible de donner de la ville une définition qui soit incontestable. Le critère du nombre est trompeur. En France, pour l'administration et la statistique, toute agglomération de plus de 2 000 habitants est une ville. Le chiffre est arbitraire et vaut peut-être pour la France, mais des villes médiévales avaient fréquemment quelques centaines d'habitants, et des villages siciliens en ont facilement 10 000. Le critère de la densité des bâtiments sur un espace réduit ne vaut pas non plus, puisque des villages méditerranéens en position perchée et défensive ont toutes les apparences de villes et que certaines conurbations géantes, comme Berlin, peuvent être fort aérées par des parcs et des forêts. Se rabattra-t-on sur le critère des activités économiques, en décidant qu'une ville comprend une majorité d'emplois non agricoles ? Le critère est plus solide, mais il manque de précision : quelle majorité fait basculer de la campagne dans la ville ? Les villes médiévales contenaient une population non négligeable de paysans. Inversement, ces villages siciliens géants ressemblent vraiment beaucoup à des villes et en retiennent certains traits de sociabilité, comme la *passeggiata* du soir.

Finalement, la moins mauvaise solution est de définir la ville comme un nœud de la vie de relation, comme un espace social où affluent des informations venues de l'extérieur, proche ou lointain, et d'où d'autres partent vers ce même extérieur. Il faut prendre le mot d'« information » au sens le plus large, car il peut s'agir d'hommes, de biens, de services, d'éléments culturels, de richesses, d'ordres... La ville n'est évidemment pas un phénomène moderne et capitaliste exclusif. C'est un produit de la néolithisation, et même, selon les données archéologiques du Proche-Orient, de ses tout débuts, parce qu'il semble bien que la sédentarisation et l'urbanisation aient précédé la domestication des plantes et des animaux.

Quoi qu'il en soit, il convient de traiter le phénomène urbain non pas comme une expression du capitalisme, ainsi que nous l'avons fait pour l'entreprise, le mouvement perpétuel et l'industrialisation, mais comme une réalité ancienne puissamment affectée par le développement économique. Ce point de vue se heurte à une difficulté, qui est l'énormité et la complexité de l'objet. Il est peut-être permis de passer outre, en considérant que c'est un thème de réflexion et d'étude assez répandu pour que l'on puisse le tenir pour entré dans la culture générale et s'en tenir aux aspects les plus saillants. Nous nous limiterons à certaines spécificités modernes du phénomène urbain et à quelques conséquences induites par lui.

Pour bien saisir les spécificités, il faut procéder à des comparaisons avec des urbanisations prémodernes et repérer les raisons d'être des changements observés. Les plus apparents sont quantitatifs. Prenons les proportions entre les habitants des villes et ceux des champs. Dans toutes les sociétés prémodernes et postpaléolithiques, au moins 80 % à 90 % de la population vit dans des villages, des hameaux ou des fermes isolées, et cette population vit repliée sur elle-même, sans presque jamais dépasser un rayon de cinq à dix kilomètres, défini par un aller-retour à pied dans la journée. Les contacts avec le monde extérieur se limitent à la fréquentation périodique d'un marché local. Les liens avec la civilisation sont ténus et se réduisent à la présence de quelques personnages qui en reçoivent des échos, le noble local, le curé, le marabout, le lettré...

On trouve des exceptions remarquables, où toute la population vit concentrée dans ce qu'il faut bien appeler des villes. C'était le cas de la Chine des Zhou jusqu'au VIIIe siècle av. J.-C. — certains considèrent même que les campagnes chinoises n'ont été habitées en permanence qu'à partir des Tang, au VIIe siècle ap. J.-C., ce qui paraît peu vraisemblable[1]. On trouve la même solution de la campagne à la ville en Afrique, chez les Yoroubas[2]. De nos jours, les rapports sont exactement inversés : 97 % de la population est urbaine en Belgique, 89 % en Grande-Bretagne, 87 % au Danemark, 84 % en Allemagne, 78 % en Espagne, 74 % en France, 69 % en Italie, pour nous en tenir à quelques pays d'Europe.

Les changements quantitatifs sont aussi marqués, si l'on prend les chiffres absolus. Les villes prémodernes sont, sauf exceptions rares, faiblement peuplées, de quelques centaines ou milliers d'âmes. On rencontre quelques villes millionnaires : Rome, au IIe siècle de notre ère, avait peut-être 2 millions d'habitants, Kaifeng, en Chine, 1 million au XIe siècle, comme Edo — la future Tōkyō — au XVIIIe. De grandes capitales atteignent ou dépassent la centaine de milliers, Londres, Paris, Madrid, la Rome papale. Au début du

1. Voir I. Miyazaki, « Les villes en Chine à l'époque des Han », *T'oung pao*, 48, 1960, pp. 376-392.

2. Voir W. Bascom, « Urbanization among the Yorubas », in S. et Ph. Ottenberg (éd.), *Cultures and Societies of Africa*, New York, Random House, 1960, pp. 255-267.

XVIIIe siècle, la plus grande ville d'Europe est Naples : elle a 250 000 habitants. Les chiffres modernes font passer de la quantité à la qualité. Si l'on ne tient pas compte des partages administratifs, on rencontre des conurbations gigantesques : plus de 30 millions d'habitants pour la mégapole qui court de Boston à Washington, 15 millions pour Los Angeles, dans les 10 millions pour Londres et Paris...

La raison d'être de ce saut dans les ordres de grandeur est de nature économique et s'identifie à la nécessité de réduire les coûts de transaction le plus possible. Ce sont les coûts à consentir pour qu'un échange, un partage, une exploration se fassent. Autrement dit, ce sont les coûts du marché en tant que marché, qui entrent dans la formation des prix de tous les biens et services qui passent par le marché. Comme ils grèvent les prix de revient, la concurrence impose à chaque acteur économique de les diminuer le plus possible. L'urbanisation est la conséquence de l'agrégation des efforts de chacun. Transporter des matières premières et de l'énergie sous forme de charbon coûte cher, même au temps des chemins de fer et des bateaux à vapeur. Il est moins coûteux de transformer les minerais en métaux sur place et d'installer la sidérurgie et la métallurgie sur le charbon ou dans les ports où arrivent les minerais et le charbon. Ainsi naissent des villes minières, charbonnières, sidérurgiques, métallurgiques. Les déplacements de la main-d'œuvre sont coûteux

eux aussi, en termes moins de transport que de logement. En concentrant le plus d'emplois possible sur un espace aussi réduit que possible, on augmente la fluidité du marché du travail, en réduisant les coûts de transaction entre l'offre et la demande de travail. Quand une agglomération grandit, il devient rentable d'installer sur place les entreprises qui produisent les biens de consommation. Si les producteurs de biens finaux se regroupent, ils multiplient les emplois et les consommateurs, et encouragent les producteurs de biens intermédiaires à faire de même. Des phénomènes d'entraînement et de boule de neige se déclenchent.

Le calcul vaut tant pour l'offre que pour la demande. Les entreprises ont intérêt à se fixer en ville tant que le coût des terrains et les taxes prélevées pour payer les charges imposées par l'urbanisation n'excèdent pas les bénéfices tirés de la proximité de la main-d'œuvre, des capitaux, des nœuds de communication et de la clientèle. Les demandeurs de travail, de biens et de services augmentent leurs chances de rencontrer les offres correspondantes. Ces facilités expliquent qu'il n'a jamais été nécessaire, à aucune époque et dans aucun pays, de forcer les gens à venir s'installer en ville. Ils y accourent, parce que les chances de toutes natures y sont plus abondantes. Le même calcul explique l'urbanisation monstrueuse et anarchique dans les pays sous-développés modernes : la situation est encore pire et plus désespérée dans les campagnes.

Les aspects fonctionnels des villes ont subi des transformations tout aussi profondes. Les villes prémodernes ont presque toujours des fonctions politiques dominantes. C'est le lieu de résidence du pouvoir politique et là où sont dépensés en bonne partie les revenus fiscaux. On rencontre, sans doute, des exceptions, dont les plus notables sont des cités urbaines et marchandes, dans l'Antiquité et au Moyen Âge. D'autre part, ces villes sont généralement isolées dans un environnement non urbain. Les liaisons privilégiées sont bilatérales et s'établissent entre la ville et ses campagnes. Les villes modernes assurent avant tout des fonctions économiques. Les activités de production, de distribution et de consommation justifient sinon leur existence, du moins leur importance. Ces activités suivent évidemment les transformations imposées par l'industrialisation, au sens étroit : elles tendent, aujourd'hui, à se désindustrialiser et à se reconvertir dans les services financiers, culturels, ludiques, de santé... New York et la banlieue parisienne en seraient des exemples frappants. On note, comme toujours, des exceptions. Certaines villes modernes existent pour des raisons purement politiques. Ainsi les capitales, dans des polities fédérales, créées de toutes pièces pour symboliser la réalité fédérale au-dessus des états ou des provinces : Washington, Ottawa, Canberra, Brasilia...

D'autre part, les villes modernes s'organisent spontanément en réseaux, où les relations privilégiées ne sont plus établies avec les campagnes, mais entre les villes. Ces réseaux ne sont pas quelconques. Ils ont des formes déterminées. Il se peut que, à l'échelle des polities européennes produites dans le cadre du système transpolitique, la forme dominante soit un réseau d'hexagones assez réguliers[1]. Il est certain que les réseaux sont hiérarchisés en une structure fédérale à quatre ou cinq niveaux, depuis la petite ville locale, qui maintient la tradition du marché au service des campagnes environnantes, jusqu'à la ville mondiale comme New York, Londres, Paris, Tōkyō, en passant par les niveaux régional, provincial et métropolitain.

Les raisons d'être sont ici évidentes. La spécialisation économique des villes est la transcription spatiale et géographique du développement économique et de l'importance prise par les activités économiques dans le monde moderne. Quant au réseau urbain de structure fédérale, il peut être rapporté lui aussi à la réduction des coûts de transaction ou à la gestion des problèmes de communication au niveau permettant de minimiser leurs coûts. Cette logique autorise à soulever la question des conséquences spatiales de l'informatique. Une de ses conséquences majeures est déjà et sera encore plus un effondrement du coût des communications. Si ce coût devient négligeable,

1. Voir W. Christaller, *Die zentralen Orte in Süddeutschland*, Darmstadt, Wissenschaftliche Buchgesellschaft, 1968 (1re éd. 1933).

l'urbanisation cesse d'être une solution obligée. Peut-on, en conséquence, prédire la désertification des villes et l'apparition d'un habitat nouveau, fondé sur une plus grande dispersion en unités discrètes, mais reliées en réseaux hiérarchisés, où les informations circuleraient instantanément, multilatéralement et à des coûts négligeables ? Personne ne connaît l'avenir. Celui-ci est certainement possible. Mais il n'est pas certain. La transmission des informations n'est qu'un aspect des coûts de transaction. De toute façon, l'informatique permet le travail décentralisé aussi bien en ville qu'à la campagne : elle devrait être plutôt neutre par rapport à l'habitat. Surtout, elle n'affecte pas — ou elle affecte peu — d'autres coûts de transaction, comme les chances d'emploi, les rencontres, les loisirs de toutes sortes, que la ville continue à minimiser.

Retenons encore les aspects sociaux de l'urbanisation. Les villes prémodernes, en général mais surtout en Europe, présentent trois traits marqués. La différenciation fonctionnelle est peu accentuée, par exemple entre zones économiques et zones résidentielles. En gros, on habite et on vit où l'on travaille. La différenciation est aussi peu soulignée entre beaux quartiers et quartiers pauvres. Chaque quartier tend à regrouper des éléments de toutes les strates sociales, soit dans des immeubles séparés, soit dans les mêmes immeubles, mais à des étages ou dans des éléments différents. Enfin, la ville tend à se composer de la juxtaposition de quartiers distincts et autosuffisants. En un mot, la structure générale est de type segmentaire : elle juxtapose un nombre variable de segments/quartiers à peu près équivalents, sauf à distinguer un centre politique et/ou religieux. La ville moderne en est le contraire exact. Elle a une structure organique, faite d'éléments hétérogènes mais interdépendants. D'où la distinction entre le centre et la périphérie, la distribution entre zones de résidences, de commerces, d'usines, d'entrepôts, de transports... et la ségrégation entre beaux quartiers — généralement à l'ouest, parce que les vents dominants sont d'ouest et qu'il vaut mieux avoir les odeurs et les poussières à son orient ! —, quartiers populaires, taudis...

Les raisons de cette mutation sont variées. Un facteur a été la baisse du coût des transports, grâce aux omnibus, puis au métro, au tramway, au train, puis au vélo, à l'auto, au bus, à la mobylette. La baisse a permis un élargissement de l'espace occupé et la disjonction entre la résidence, le travail et le loisir. La possibilité a été saisie, pour échapper à l'encombrement, à la pollution et à l'augmentation du prix des terrains : le phénomène de la banlieue en est une conséquence directe. Le plus instructif, pourtant, est la transcription spatiale de la structure et de la stratification sociales. La ville prémoderne, en Europe, reflétait une société à pyramides multiples, chacune centrée sur un lignage aristocratique et sur des réseaux de parenté. Chaque quartier tendait à être occupé et peuplé par une de ces pyramides. La ville moderne transcrit spatialement une société atomisée et individualisante. Le point de chute de chaque activité et de chaque individu résulte d'un tri, où le prix des terrains et des constructions joue le rôle décisif. Ce tri tend spontanément à faire vivre ensemble les gens qui ont les mêmes moyens et sont du même monde.

L'urbanisation et la ville sont des phénomènes si complexes et si riches qu'il serait difficile de trouver un seul aspect de la condition humaine qui n'en soit pas affecté. Un petit échantillon raisonné peut en donner l'idée. L'urbanisation capitaliste a eu des conséquences démographiques inattendues. Les villes prémodernes, du moins celles pour lesquelles nous disposons de chiffres, étaient en déficit démographique. Les décès excédaient régulièrement les naissances, si bien que, pour maintenir leur chiffre de population, les villes devaient bénéficier d'une migration régulière à partir des campagnes. Migration et déficit étaient dans une certaine mesure liés, parce que la migration sélectionne une majorité d'hommes jeunes et célibataires, et creuse un déficit de jeunes femmes. D'où, au demeurant, le développement de la prostitution et de la criminalité, d'autant plus voyantes qu'elles sont plus concentrées et davantage sous le regard des observateurs intéressés ou affolés.

Ces remarques doivent inciter à accepter avec

prudence et après examen les lamentations habituelles sur la corruption par la ville. Les réserves, pourtant, ne doivent pas aller jusqu'à nier l'évidence, à savoir des symptômes manifestes de pathologie sociale dans les grandes métropoles de la première moitié du XIXe siècle, comme Paris et Londres[1]. Le déséquilibre démographique des villes prémodernes provenait aussi et surtout d'un excès de décès. Les villes étaient mortifères, à cause de la promiscuité, de la saleté, de la vermine, de la pollution, et parce que le renouvellement perpétuel des effectifs les empêchait de s'habituer à « leurs » microbes, comme c'est le cas dans des populations stables et peu ouvertes sur l'extérieur. Bref, les villes étaient soumises à la virulence des maladies contagieuses.

Au contraire, la ville moderne est un lieu de santé et de longévité. Les nouveautés les plus radicales apportées par la modernité à l'hygiène ont été l'adduction d'eau potable non contaminée et le tout-à-l'égout. Les statistiques de la seconde moitié du XIXe siècle révèlent un effondrement de la mortalité dans les mois qui suivent l'installation de l'eau courante. La ville est mieux placée pour se doter de ces nouveautés, parce que le coût des installations par tête est beaucoup moins élevé. D'autre part, le « zoning » fonctionnel permet de rejeter à la périphérie les activités sales, pol-

1. Voir L. Chevalier, *Classes laborieuses et classes dangereuses à Paris, dans la première moitié du XIXe siècle*, Paris, Plon, 1958 (rééd. Paris, Hachette-Pluriel, 1978).

luantes, désagréables, dangereuses, et de les entourer d'une manière de cordon sanitaire. Auparavant, ces activités prospéraient en pleine ville, et l'on raconte que la coutume de porter un œillet à la boutonnière vient du Paris du bas Moyen Âge, où les élégants cherchaient par ce moyen à couvrir la puanteur des abattoirs ! Enfin, grâce à la baisse du coût des transactions, qui est au cœur même du phénomène urbain, l'accès aux soins et à tout ce qui favorise une meilleure santé est plus facile et plus immédiat.

L'urbanisation a eu et a toujours des conséquences économiques heureuses. Elle est à la fois un produit et un facteur du développement économique, pour la même raison, mais prise à deux moments logiques distincts. L'urbanisation résulte de la contrainte exercée sur les agents économiques par le marché et la concurrence d'avoir à baisser le coût des transactions. Par un échange de bons procédés, la ville contribue en retour à cette même baisse. Elle le fait par trois canaux principaux.

Le développement capitaliste, avons-nous plaidé, est aussi une gigantesque exploration continuée d'un immense champ de possibles économiques. Toute exploration procède, par nature, en résolvant les problèmes au fur et à mesure qu'ils sont soulevés. Cette proposition générale vaut pour toutes les activités humaines, que l'on peut toujours interpréter à partir du binôme fondateur du problème et de sa solution.

On peut postuler qu'un problème trouvera d'autant plus sûrement sa solution que plus nombreux seront les talents rassemblés et plus intenses les confrontations de leurs points de vue. La ville remplit cette condition. Un autre canal est le marché, encore, mais en tant qu'il échange. Dans une très grande ville, la probabilité croît exponentiellement qu'une demande quelconque trouve une offre correspondante, et réciproquement. Cette facilité est procurée notamment dans le domaine des qualifications et du travail : plus un marché du travail est étendu et peuplé, plus est grande la chance que soit satisfaite une demande de compétence. Le dernier canal est l'incitation à entreprendre, que la ville ne peut qu'encourager, en multipliant les occasions de profit, en les rendant plus visibles et en stimulant l'imitation de la réussite.

Ces contributions urbaines au développement économique sont structurelles. D'autres sont plus conjoncturelles. Grâce à la diversité de ses activités, une grande ville amortit les crises et leurs répercussions, et facilite les adaptations qui permettent d'en sortir. Cette vérité ressort mieux d'une comparaison avec des situations antérieures. Dans les économies agraires prémodernes, une mauvaise récolte avait des conséquences périlleuses, et deux mauvaises récoltes consécutives les rendaient catastrophiques. Cette fragilité était due à l'insuffisance des réserves — elle-même induite par la faible productivité — et à l'absence d'amortisseurs proposés par des activités alternatives. Même après les pires catastrophes, la peste au XIVe siècle ou les guerres au XVIIe siècle, les campagnes finissaient toujours par renaître, parce que la vie, jusqu'ici, a toujours triomphé de la mort. Les villes prémodernes, elles, pouvaient mourir définitivement.

Beaucoup étaient des capitales tirées du néant par des dynasties éphémères : le Moyen-Orient et encore plus l'Inde sont des tombeaux de villes mortes. Kaifeng, en Chine du Nord, était jusqu'au début du XIIe siècle, très précisément jusqu'en 1126, une ville millionnaire, siège d'une des expériences capitalistes prémodernes les plus authentiques et les plus conséquentes. Cette année-là, la capitale Song est prise et détruite par des nomades Xin, la dynastie se réfugie dans le sud, et Kaifeng devient une bourgade, peuplée, aujourd'hui, de 100 000 habitants peut-être.

Les conséquences sociales de l'urbanisation sont particulièrement nombreuses et complexes. La principale, du moins pendant les premières décennies de la modernisation, a été peut-être sa contribution à la « société de classes », et plus précisément à la « lutte de classes », pour reprendre un vocabulaire vieilli. Nous traiterons dans le chapitre prochain les expressions du capitalisme dans la composition sociale. Nous avons, antérieurement, esquissé une théorie de la stratification sociale[1]. Il faudrait encore expliquer,

1. Voir ci-dessus, IIIe partie, chap. III (t. I, pp. 364 *sqq.*).

après les avoir décrits, les différents états que peuvent connaître la sociabilité et la solidarité humaines, depuis la population, composée d'éléments discrets qui n'entretiennent entre eux aucun lien, jusqu'au groupe le plus étroitement soudé en unité d'action, en passant par le réseau, le public, l'audience, la foule, le quasi-groupe... Si l'on tient compte de ces distinctions et si l'on est disposé à se contenter des formulations les plus générales et les plus vagues, on peut oser les affirmations suivantes :

— toutes les stratifications sociales, depuis leur apparition, au néolithique, en conséquence de l'enrichissement et de la concentration du pouvoir, sont tendanciellement des tripartitions en élites, peuple et canaille ;

— la composition sociale des strates varie selon les sociétés, dans la dépendance principale de l'économique et du politique ; la modernité bouleverse de fond en comble les compositions prémodernes ;

— la démocratisation favorise la transformation des populations en publics et en audiences. En certaines circonstances, ces publics et ces audiences se transforment en quasi-groupes, susceptibles d'action : les notions confuses de « classe sociale » et de « conscience de classe » doivent être rapportées à ces phénomènes de « mobilisation sociale » de segments déterminés de la « composition sociale » et surdéterminés par la « stratification sociale ».

Ces phénomènes sont à rattacher, d'un côté, à la sociabilité humaine en général et, de l'autre, à la modernisation politique et économique. La contribution propre de l'urbanisation peut être repérée et appréciée par la considération de deux faits. Le premier naît de ce que, dans la ville moderne, les élites et le peuple ne vivent plus ensemble dans les mêmes quartiers, mais se retrouvent dans des zones distinctes, qui communiquent si peu qu'elles en deviennent étanches les unes par rapport aux autres. Cette tendance — qu'il faut rapporter, répétons-le, à un tri spontané, et non pas à un complot ni à un aménagement délibéré — à faire vivre ensemble les acteurs sociaux apparentés par leur position dans la stratification sociale, par leurs occupations, par leur genre de vie, par leur participation à des publics et à des audiences communs, cette tendance à la contiguïté spatiale devait contribuer à la consolidation éventuelle des phénomènes de classe et de conscience de classe, surtout dans les villes déjà agitées de convulsions révolutionnaires, à Paris, à Saint-Pétersbourg, à Berlin, à Vienne... Contrairement à ce qu'affirment les thèses marxiennes et marxistes, ces convulsions n'étaient pas le produit, mais, dans une large mesure, le producteur de la lutte de classes.

En période normale et plus paisible, le seul lieu où les élites et le peuple ont l'occasion de se rencontrer et de se côtoyer est l'entreprise. En dehors de l'entreprise — et du service militaire pour les jeunes mâles —, les différents segments d'une société moderne n'ont jamais l'occasion de se retrouver face à face et dans la nécessité de s'adresser les uns aux autres. Cette circonstance suffit à expliquer pourquoi l'entreprise est le lieu privilégié des tensions sociales et pourquoi c'est en son enceinte que les acteurs tendent à en prendre conscience. La ville y joue un rôle en tant que telle — et non pas simplement parce qu'il se trouve que les entreprises sont en ville —, que l'on peut repérer, sinon peser, par le biais suivant : quand *une* entreprise est installée sinon aux champs, du moins dans une bourgade, sa composition professionnelle transcrit aussi la composition sociale du lieu, mais, sauf crise aiguë circonstancielle, les rapports entre strates et groupes sont plus détendus et plus confiants. Cette situation est due au fait que les gens se connaissent et se côtoient déjà hors du lieu de travail, et qu'ils manquent, en quelque sorte, chacun d'appuis extérieurs. Dans une grande ville, au contraire, une fois sortis de l'usine et de l'entreprise, on ne se voit plus, chacun est inséré dans des réseaux extérieurs, qui n'ont aucune chance de recouper des strates sociales distinctes. En retour, ces réseaux de « classe » pénètrent dans l'entreprise et durcissent les relations personnelles et sociales qu'elle établit. À dire vrai, il conviendrait, d'une part, de parler au passé, parce que les derniers développements du capitalisme ont apporté de grands changements, et, d'autre part, d'introduire les nuances les plus appuyées de pays à pays et d'aire culturelle à aire culturelle, ne serait-ce qu'entre l'Europe et les États-Unis.

Terminons sur une dernière conséquence, plus subtile et difficile à apprécier, sur les rapports de l'urbanisation moderne avec l'individuation, et même l'individualisme, qui sont des caractères si marqués de la modernité. Les campagnes et les villes prémodernes opposaient des obstacles presque équivalents à l'individu. En un mot comme en cent, l'individu isolé était perdu et n'avait que des chances très faibles de se faire une place au soleil. Qu'il appartînt aux élites ou au peuple, l'individu, pour survivre et prospérer, devait s'insérer dans des groupes et des réseaux étroits, où il pouvait compter sur les appuis d'une solidarité réciproque. Cette solidarité était familiale et se déployait dans le cadre de lignées et de lignages, ou bien professionnelle et s'exerçait dans des corporations et des confréries, ou bien religieuse, au niveau des paroisses, ou de voisinage et mobilisait le quartier, le village ou le canton.

La modernité a complètement inversé la situation, et cette inversion est poussée à ses extrêmes dans les grandes villes. Le phénomène est une fois encore trop complexe pour ne pas exiger une étude distincte. On peut, néanmoins, en donner une idée dans les termes suivants. Convenons d'appeler, avec Max Weber, « chance sociale » la probabilité qu'un acteur social, individu ou groupe, atteigne un objectif fixé, quel qu'il soit.

Dans le monde prémoderne, les chances de l'individu étaient presque nulles, sauf pour quelques aventuriers du crime et de la politique. Dans le monde moderne, le nombre des objectifs proposés aux individus et aux groupes augmente démesurément. On ne sait littéralement plus où donner de la tête.

Cette situation favorise l'individu de deux manières. D'abord, un individu à l'affût des chances qui se présentent peut mieux les saisir au passage qu'un groupe astreint à consommer une part de son attention et de son énergie pour maintenir sa cohésion. Ensuite, l'individu détaché du groupe n'a plus à partager avec ses membres les avantages que ses efforts ont pu lui acquérir. Il les garde pour lui et pour ses proches, ce qui est une incitation vive à multiplier les efforts. D'un autre côté, la grande ville multiplie les chances de nouer des relations personnelles et sociales de toutes sortes. Par conséquent, l'individuation ne signifie pas la déréliction. C'est un des mythes les plus tenaces et les plus en vogue dans les rangs de l'antimodernité que celui de la solitude de l'individu dans la masse et dans la foule, alors que tout indique qu'il se débrouille fort bien, tout en profitant de la possibilité de respirer librement, s'il en a envie, sans avoir constamment à supporter un carcan social pesant.

Il reste vrai que tous ces avantages se paient par les chances d'échec, par le risque de se retrouver seul et isolé, sans l'avoir recherché. Autrement dit, si la modernité en général et la ville en particulier n'imposent pas la déréliction désespérée à la majorité, elles en réservent le risque à une minorité qui, dans les mondes prémodernes, aurait trouvé des recours proches, aujourd'hui abolis.

V

LA COMPOSITION SOCIALE

L'analyse de la composition sociale combinée à celle de la stratification sociale a constitué sur un siècle et demi environ le fonds de commerce de la sociologie engagée et idéologisée, et par ricochet de la sociologie en général. Le sujet est donc miné ou l'a été. En fait, il suffit d'adopter la position du savant, dont le rôle n'est pas d'être conseiller du prince ni sauveur de l'humanité, et d'introduire quelques distinctions simples, pour que les mines soient désamorcées et l'objet mis dans l'état d'être perçu dans ses traits essentiels. Nous avons déjà avancé les distinctions utiles :

— la *stratification sociale* est le rangement des acteurs sociaux sur une échelle graduée par les parts de pouvoir, de richesse et de prestige. Universellement, les barreaux de l'échelle sont distribués en trois strates fondamentales, que l'on peut — mais rien n'y oblige, ce ne sont que des mots — nommer par commodité classificatoire les « élites », le « peuple » et la « canaille » ;

— la *composition sociale* désigne ce dont une

société est faite, non pas les individus dans leurs idiosyncrasies personnelles, mais les populations définies par des rôles sociaux. Comme les rôles sociaux sont nombreux et divers, l'observateur peut définir des populations nombreuses et variées dans une même société ; toutes les définitions et toutes les classifications peuvent être réelles et pertinentes, selon la problématique conduite par l'observateur : il peut être utile, en certains cas, de retenir une composition en hommes et femmes, jeunes et vieux, Noirs et Blancs, chrétiens et juifs, aristocrates et paysans, et ainsi de suite ;

— les populations peuvent connaître tous les degrés de *consistance sociale*, depuis la dispersion complète et une réalité purement statistique — par exemple, l'ensemble des individus atteignant une certaine taille ou affectés d'une même maladie — jusqu'à la constitution en un groupe institué, capable d'agir comme acteur collectif ; une même population peut, selon les circonstances, passer par tous les degrés.

Nous avons à traiter, dans cet essai historique, de la modernité et du capitalisme. En conséquence, dans ce chapitre, nous devons repérer, cerner et expliquer les contributions du capitalisme à la stratification, à la composition et à la consistance sociales. Le programme paraît précis dans sa définition, mais ce n'est qu'une illusion. Il est, en effet, à peu près impossible d'isoler, dans tous ces aspects sociaux, ce qui doit être rapporté à l'économique et ce qui doit l'être à d'autres facteurs. L'économique capitaliste, de son côté, a des liens si étroits, en Occident du moins, avec le politique démocratique, qu'il paraît arbitraire et dommageable pour l'explication de les séparer. Par exemple, dans une démocratie moderne, le marché politique joue un rôle décisif dans la répartition du pouvoir, du prestige et de la richesse. Comme, pour pouvoir agir efficacement sur ce marché, les acteurs doivent avoir un poids politique conséquent, c'est une incitation vive, adressée à toute population définie par un intérêt bien circonscrit, de se constituer en groupe de pression organisé. Mais cet intérêt bien circonscrit peut être purement économique, comme le niveau des salaires. Aussi bien, dans le mouvement syndical ouvrier, les contributions respectives du politique et de l'économique ne peuvent ni ne doivent être séparées.

Or les aspects les plus intéressants et les plus nouveaux des sociétés modernes sont dans une dépendance très atténuée de l'économique. Des phénomènes de grande ampleur comme la constitution des « jeunes » et du « troisième âge » en populations distinctes, et des femmes en groupe de pression autonome ne sont pas des expressions directes de l'économie capitaliste, comme le fut naguère la « classe ouvrière », même si, bien entendu, ils en sont marqués indirectement. Mais nous ne pouvons pas, ici et en un court chapitre, traiter de la modernité sociale dans son ensemble.

Pour repérer le moins mal possible la contribution propre du capitalisme, une solution commode sera de prendre comme fil conducteur la stratification et de préciser pour chaque strate les modifications décisives imposées par le développement capitaliste à la composition sociale et, éventuellement, à la consistance des populations. Comme toujours, un changement ne peut être perçu que par rapport à un état antérieur. Cet état prémoderne, il nous suffira de le rappeler en deux mots, puisque nous avons déjà eu l'occasion d'en traiter plus au long[1]. Comme, d'autre part, le capitalisme est par nature en mouvement perpétuel, il convient aussi de se demander si, sur près de deux siècles, il n'est pas possible d'observer des altérations substantielles.

En Europe, les élites sociales prémodernes étaient soit aristocratiques soit dans la mouvance aristocratique, en ce sens que les élites religieuses, séculières et régulières, étaient issues des rangs de l'aristocratie ou dans leur dépendance et que les élites roturières, apparues dans les cités et les villes médiévales, aspiraient à s'aristocratiser et y réussissaient avec le temps, par le biais de la robe et du service public. Les élites avaient un degré de consistance élevé. La reconstitution des royaumes et des pouvoirs monarchiques, à la fin du Moyen Âge, fut accompagnée d'un mouvement d'institutionnalisation de l'aristocratie en une noblesse

1. Voir en particulier, ci-dessus, IIIe partie, chap. III et IV (t. I, pp. 363 *sqq.*).

reconnue légalement et idéologiquement. Ce mouvement exprimait le sentiment que les dynasties et leurs noblesses participaient de la même essence sociale et partageaient, chacune à sa place, une communauté de destin. La monarchie et la noblesse étaient convaincues d'avoir des intérêts communs à défendre et des sorts liés. La noblesse avait donc à la fois l'intérêt objectif et la possibilité de se constituer en groupe de pression, quand elle avait l'impression que ses positions étaient menacées. La « réaction nobiliaire » en France, dans les décennies qui précèdent la Révolution, en est un bel exemple.

La modernité et le capitalisme ont bouleversé cette situation assez simple, dans deux directions distinctes. La composition des élites a été transformée de fond en comble. Sauf en Angleterre, l'aristocratie a perdu sa position, pour des raisons principalement politiques de démocratisation. Mais les aristocrates ont fort bien survécu, en adoptant les rôles offerts à leurs compétences spécifiques dans la politique, l'administration publique, la diplomatie, l'armée, l'entrepreneuriat agricole, les conseils d'administration... La nouveauté est l'éclosion et l'accession de nouvelles élites venues du monde des affaires — des entrepreneurs et des cadres très supérieurs — et des mondes politique, universitaire, scientifique... Cette diversification des élites modernes, où l'économique et le capitalisme ne sont qu'un facteur parmi d'autres, est assez évidente et connue pour qu'il ne soit pas nécessaire d'insister.

Pour en prendre la pleine mesure, il vaut peut-être mieux se détourner des livres d'histoire et de sociologie, et s'attacher à des sources littéraires. On comparera utilement, par exemple, la société avec laquelle Voltaire était en correspondance, et celle que Balzac met en scène moins d'un siècle plus tard, ou encore celle qui apparaît dans *Les Hommes de bonne volonté*, de Jules Romains. Ou bien l'on pourra mettre en parallèle les salons du XVIIIe siècle et les salons Guermantes et Verdurin de Marcel Proust. Le contraste le plus symptomatique, peut-être, est, pour la France, celui de la Ville aristocratique du XVIIIe siècle et du Tout-Paris du XXe siècle. Tout ce beau monde est devenu si mêlé, si segmenté et si divers que la comédie sociale moderne repose en grande partie sur deux questions cruciales : qui est de quel monde ? et quel est le beau monde ? Les réponses varient d'époque en époque, de capitale en capitale et entre le centre et la périphérie.

La seconde modification substantielle imposée aux élites modernes est la baisse de leur consistance. Cet état de décomposition est dû d'abord à la diversification elle-même. Plus une population est hétérogène, moins elle peut s'unir en un groupe. Or les élites modernes tendent à être définies comme des populations purement statistiques : tous ceux qui dépassent un certain revenu, ont atteint un certain niveau d'études, ont le plus de chances de fréquenter assidûment les expositions et les festivals, et ainsi de suite. Pour que tous réussissent à se sentir emportés par un destin commun, il faut imaginer des conflagrations sociales extrêmes, très improbables et même impossibles en démocratie. Cette dernière contribue pour son compte à la dispersion, par le biais politique et idéologique : les élites peuvent s'entendre sur les règles du jeu fondamentales, mais il n'y a aucune chance qu'elles acceptent de jouer les mêmes parties. Les contributions propres du capitalisme sont difficiles à mesurer. On peut retenir l'hypothèse qu'un régime économique reposant sur l'esprit d'entreprise et la concurrence doit plutôt favoriser l'individualisme et la méfiance qu'inciter au regroupement. Mais, d'un autre côté, les producteurs n'aiment pas la concurrence et ont intérêt à se regrouper, pour obtenir des pouvoirs publics des protections contre les concurrents intérieurs et extérieurs. Des syndicats patronaux, formels ou informels, sont probables, mais leur fonction est trop étroitement spécialisée pour pouvoir servir de noyaux d'accrétion à une « classe capitaliste ou bourgeoise » putative.

En un mot, la diversification et la dispersion des élites modernes renvoient au rayon des mythes idéologiques toute tentative de les constituer en « classe sociale », sauf à donner au mot le sens vague de strate ou de population. La situation actuelle ne varie guère par rapport à celle qui a régné de 1850 à 1950 environ. La diversification s'est encore accentuée sous la pression des changements, et la dispersion aussi, sous l'effet d'une acceptation très large de la démocratie et de la modernité : l'unité idéologique des élites a encore baissé depuis les années 1960. En sens contraire, il est peut-être possible de noter une certaine uniformisation des genres de vie, imposée par la standardisation des produits et par la diffusion d'une culture commune, née de la multiplication des contacts et de l'approfondissement de l'inculture.

Le peuple des anciens régimes européens était composé, pour l'essentiel, de paysans, propriétaires ou locataires d'une exploitation agricole, groupés en ménages qui la gèrent et en ont la responsabilité, et organisés en une petite république, dont ils assurent eux-mêmes les intérêts communs. Les rangs du peuple sont complétés par des artisans, des commerçants, le bas clergé, des notaires..., peu nombreux par rapport à la masse paysanne, mais tous réunis en corps organisés et institués, ce qui leur donne la capacité d'agir et une forte conscience de soi. Mais, dans tous les cas, qu'il s'agisse des paysans ou des autres corporations, la consistance sociale élevée est pour ainsi dire annulée par une grande dispersion géographique. Si tel village ou telle corporation de métiers dans telle ville forment un groupe capable d'agir, la consistance ne s'applique pas au groupe de villages, et encore moins à tous les villages, de même que tous les drapiers ou tous les bouchers d'un royaume ne composent pas un syndicat à cette échelle. Cette combinaison de consistance locale et de dispersion géographique explique l'allure des mouvements populaires. La mobilisation est spontanée, mais elle s'organise sans délai au niveau local, parce que l'organisation est donnée. Cependant, le mouvement ne peut se généraliser que de deux manières, soit en tache d'huile à partir d'un noyau et dans un milieu homogène, soit par la mise en place délibérée d'un réseau qui diffuse des mots d'ordre. En France, 1789 combine les trois possibilités, dans le surgissement des comités et des sections, dans la Grand'Peur et dans le réseau des « sociétés de pensée » et des clubs.

Ce peuple a subi dans la modernité une transformation encore plus radicale que les élites, puisqu'il s'est agi d'un remplacement à peu près complet. Les paysans ont disparu, remplacés par des ouvriers, et les services tant privés que publics ont multiplié les commerçants, les employés, les fonctionnaires, les enseignants... Ces généralités sont connues. Notre propos doit s'attacher non pas à développer cette autre évidence que les mutations dans la composition du peuple sont dans la dépendance directe du capitalisme et du développement économique, mais à marquer certaines particularités qui ont eu leur importance historique.

La première précision à apporter concerne le monde rural. Le capitalisme n'est pas né de l'expropriation des paysans, ni de la désertification des campagnes[1]. La première n'a jamais eu

1. Voir ci-dessus, IVe partie, chap. II et V, pp. 36 *sqq.* et 107 *sqq.*

lieu, mais les campagnes se sont effectivement dépeuplées. Plus précisément, l'industrialisation a tellement intensifié la demande de main-d'œuvre et à ce point multiplié les emplois que, une fois le développement enclenché, le croît démographique n'a plus suffi, et qu'il a fallu puiser plus profond dans les campagnes et aller parfois chercher à l'étranger. Si les paysans ont accepté de se transformer en ouvriers, c'est qu'ils y trouvaient leur compte, en termes de niveau de vie et de chances sociales. Mais il faudrait nuancer ces affirmations. La désertification des zones rurales est un phénomène français, qui se retrouve partout où les densités sont faibles et la population stagnante ou déclinante. Ailleurs, en Angleterre, en Allemagne, en Belgique, aux Pays-Bas..., tous pays aux densités très élevées, les villages n'ont pas été abandonnés, mais leurs habitants ont changé d'emplois.

La particularité la plus intéressante, historiquement, est le surgissement du monde ouvrier. Elle l'est d'abord par sa nouveauté radicale. Avant le XIXe siècle et l'industrie, il n'y a pas d'ouvriers, mais des artisans, des compagnons, des apprentis, très différents des cohortes d'ouvriers peu ou non qualifiés qui peuplent par centaines et par milliers des usines géantes, et sont logés par dizaines et centaines de milliers dans des villes nouvelles et des banlieues surgies du jour au lendemain. L'émergence d'une population radicalement nouvelle est très rare dans les histoires humaines.

Avant le XIXe siècle, on ne voit qu'un précédent : l'apparition du bourgeois au XIe siècle, du citoyen des villes nouvelles et libres, dont l'occupation concerne la marchandise. Au XXe siècle, et même, plus précisément, après la Seconde Guerre mondiale, on enregistre deux émergences remarquables de populations, la « jeunesse » et le « troisième âge ».

La nouveauté du monde ouvrier n'aurait pas suffi à lui donner la notoriété politique et idéologique qu'il a connue pendant un peu plus d'un siècle, des années 1840 aux années 1960 environ. Dans cette notoriété, il faut faire la part des illusions et celle des réalités. Les illusions sont surtout le fait des observateurs extérieurs, presque tous originaires des élites sociales, il ne faut jamais l'oublier. Trois illusions frappent, rétrospectivement, l'observateur des observateurs. La nouveauté et l'ampleur du phénomène de remplacement des paysans par les ouvriers ont conduit certains à l'« illusion de l'exponentiel », c'est-à-dire à la conviction que le mouvement ne s'arrêterait que lorsqu'il n'y aurait plus de paysans et plus que des ouvriers. La disparition tendancielle des paysans était une perception réaliste, même si elle a été plus lente et plus heurtée que prévu : en France, elle ne s'achève qu'en ce moment même. L'erreur du pronostic était dans la croyance que les ouvriers allaient constituer le peuple tout entier, comme les paysans étaient à peu près tout le peuple prémoderne. Cette myopie — ou plutôt ce strabisme divergent — a empêché certains de percevoir que le peuple non paysan et non ouvrier connaissait simultanément une expansion considérable, et que le pronostic devait être en faveur d'une diversification sociale croissante. Il suffisait de faire la même erreur de diagnostic et de pronostic sur les élites, et de ne voir que les « bourgeois » et les capitalistes, pour se rallier à l'idée de la polarisation sociale en ouvriers et en bourgeois comme caractère distinctif de la modernité sociale.

Une deuxième illusion a déjà retenu notre attention. L'industrialisation a produit l'urbanisation. L'urbanisation a concentré des masses ouvrières sous le regard direct des élites sociales. Comme il se doit, la plupart n'ont rien vu, car l'on ne voit pas ce que l'on n'a pas envie de voir. Les Anglais ont trouvé tout de suite en Charles Dickens un témoin littéraire de la nouvelle pauvreté. Les Français ont dû attendre longtemps la venue d'Émile Zola. En pleine phase de « décollage » de l'économie française, pendant le Second Empire, Gustave Flaubert n'a vu que les insanités intellectuelles du « Développement » et du « Progrès » : la misère ouvrière lui a échappé. Ceux à qui elle n'a pas échappé se sont trompés sur elle deux fois. Tous se sont trompés, en la jugeant plus profonde qu'elle n'était aux yeux des intéressés eux-mêmes. Nous l'avons déjà souligné, ces derniers comparaient leur sort d'ouvriers à leur sort de paysans dans des campagnes surpeuplées, alors que les observateurs le rapportaient au leur propre. La même erreur de perspective guette aujourd'hui le touriste occidental qui s'égare dans un bidonville du tiers monde. Une seconde erreur a consisté à en tirer la conclusion que des gens si misérables ne sauraient jamais supporter leur misère. Ils *devaient* se révolter. Les uns recevaient ce pronostic comme un message d'espoir. Les autres en demeuraient terrorisés.

Cette réaction contradictoire d'espoir et de terreur résultait de la troisième illusion, de nature idéologique. Pour les idéologues, le monde ouvrier émergent n'était pas un phénomène social à accepter, à analyser et à traiter, c'était le point d'application de rêveries idéologiques. Pour les uns, la classe ouvrière était le sauveur de l'humanité, pour les autres elle était son fossoyeur. L'idée était saugrenue, car il n'y a pas de bon sens à attribuer un rôle historique central à une population dont le propre est de n'occuper aucune position stratégique dans le dispositif général de l'ordre social.

Ces illusions — qui, combinées, revenaient à craindre ou à espérer que le peuple devenu ouvrier et misérable se soulèverait en masse pour détruire l'ordre bourgeois et le remplacer soit par le bonheur soit par la désolation — n'auraient guère été possibles, du moins en revêtant l'ampleur qu'elles ont connue, si le phénomène ouvrier n'avait pas bénéficié d'une consistance sociale plus grande que la paysannerie d'antan.

L'urbanisation y est pour beaucoup, par le seul fait de la concentration spatiale de masses d'individus, à qui l'industrialisation impose des marques distinctives et communes. L'entreprise y a contribué peut-être plus encore. Du fait de la segmentation sociale de l'espace moderne, elle était le *seul* lieu où les élites et le peuple pouvaient se rencontrer face à face. Or ils s'y retrouvaient comme ouvriers et comme patrons et cadres : la polarisation pronostiquée par les idéologues était ici une réalité. D'autre part, il n'y avait aucune chance pour que les deux pôles s'aimassent, pour la raison très humaine que les pauvres, les faibles et les obscurs n'aiment généralement pas les riches, les forts et les prestigieux, qui le leur rendent bien, les uns par envie et les autres par crainte ou par suffisance. D'autre part, ces ouvriers, en tant qu'offreurs de compétences sur le marché du travail, ont des intérêts à défendre dans la négociation des contrats de travail, des intérêts de salaire, de conditions de travail, de sécurité dans le travail, de stabilité de l'emploi, de dignité dans les relations humaines au sein de l'entreprise... Ces intérêts, du fait même que les marchés capitalistes sont en extension continue, débordent de plus en plus l'entreprise et la localité, pour se définir au niveau national et à celui de la branche, ou même de l'économie globale.

Si l'on rassemble toutes ces remarques en un argument unique, on doit percevoir le monde ouvrier comme une population homogène — ou tendant à l'homogénéité —, rassemblée spatialement et en nombre, partageant des passions et des intérêts communs. Une population ainsi définie par les réalités des phases initiales de l'industrialisation capitaliste se transforme facilement en public où se diffusent des informations intéressant chacun et en audience sensible aux mots d'ordre lancés par des minorités organisées. De là à franchir un degré ultime dans la consistance et à prédire l'organisation du monde ouvrier en un groupe capable d'agir unitairement, parce qu'il s'est organisé et institué, les idéologues n'hésitent pas.

L'histoire a déjoué les pronostics des idéologues, parce qu'ils reposaient sur des diagnostics faux et sur des élucubrations perverses. Tant que le monde ouvrier a maintenu son homogénéité, la consistance dont il bénéficiait a été transcrite, comme il est normal dans un régime politique démocratique, par sa constitution en groupe de pression, poursuivant successivement, alternativement ou simultanément, selon les périodes et les pays, deux stratégies fondamentales : le syndicalisme ou le parti politique. Les ouvriers américains ont plutôt suivi la voie syndicale, les ouvriers allemands la voie politique de la social-démocratie, et les ouvriers anglais la voie politique et syndicale du parti travailliste, organe des syndicats. Quant aux ouvriers français, l'idéologie a réussi à les fourvoyer dans les utopies révolutionnaires. L'histoire permettrait d'expliquer ces différences sensibles.

Elles tendent à s'estomper, parce que le développement capitaliste est entré naguère dans une phase nouvelle, qui semble devoir imposer au peuple une mutation de sa composition tout aussi inouïe. De même que les paysans ont disparu, de même les ouvriers sont en train de s'évanouir en ce moment même. Ils sont remplacés par les « nouvelles classes moyennes », par les employés, les cadres, les ingénieurs, les commerciaux, les publicitaires... Les facteurs sont évidents. La mécanisation et l'automation font disparaître les emplois non ou peu qualifiés. L'augmentation du coût du travail incite à exporter les activités où le facteur travail compte vers les zones où il demeure bon marché. Et surtout, l'industrialisation consomme de plus en plus d'informations et remplace l'huile de coude par de la matière grise. Des pans entiers d'activités industrielles disparaissent, que l'on avait accoutumé d'identifier avec la modernité économique, les mines de charbon et de fer, les hauts fourneaux et les aciéries, les forges et la métallurgie, demain peut-être l'automobile. Cette mutation donne lieu à de nouvelles illusions d'optique, qui conduisent à identifier la « désindustrialisation » avec l'appauvrissement et le chômage, alors que les bonds de la productivité créent plus de richesse et multiplient les emplois ailleurs. Le nouveau peuple travailleur se distingue aussi de l'ancien en ce que son hétérogénéité devient aussi grande que celle des élites, et sa consistance aussi réduite que la leur. En un mot, la dispersion du peuple rejoint celle des élites, et toutes deux deviennent conformes à la diversité propre à la modernité. Les conséquences politiques et idéologiques de cette convergence dans la dispersion sont déjà sensibles aujourd'hui.

Dans le monde prémoderne, la source principale et presque exclusive de déclassés sociaux, désignés par le terme classique de « canaille », était le peuple paysan. Une partie de ce peuple était en position précaire, les sans-terre qui vivaient de la location de leurs bras et de la jouissance des droits communaux. Il suffisait d'un accident quelconque de la vie pour les précipiter dans la misère et les éjecter de la société paysanne. Que faire ? Les issues étaient variées : l'armée, le vagabondage, la mendicité, le brigandage et le banditisme de grand chemin, la prostitution, la petite délinquance urbaine... La modernité économique a remplacé les paysans par les ouvriers. La modernité politique a radicalement modifié la gamme des issues. Les armées modernes, professionnelles ou de conscription, cessent de recruter dans le rebut social et sont hautement disciplinées. La pacification intérieure et le contrôle du territoire ont fait disparaître le banditisme de grand chemin. La démocratisation et la laïcisation ont développé les secours aux pauvres et imposé la disparition tendancielle de la mendicité. Il ne reste guère que deux issues, outre l'émigration aux Amériques et les aventures coloniales : la prostitution et la criminalité urbaine. L'urbanisation de la criminalité a les mêmes conséquences que celle de la misère : beaucoup plus concentrées, elles sont plus visibles et ne peuvent pas laisser l'environnement indifférent. La société a réagi à la criminalité par la peur, le développement et la rationalisation de la police, par le roman des bas-fonds et par le roman policier. Puis le phénomène a subi à son tour l'empreinte de la ville, en se concentrant en certains quartiers « chauds » bien délimités et en devenant, de ce fait, de nouveau moins visible.

Sur cette toile de fond grossière, peut-on repérer le dessin des contributions propres du capitalisme ? Une contribution est évidente, mais difficile à peser précisément. En multipliant indéfiniment les richesses, le capitalisme multiplie également les occasions de voler. Et plus il y a d'occasions de voler, plus il doit y avoir de voleurs ! Des voleurs de toutes sortes, à l'étalage, à la tire, des escrocs à l'envergure la plus variée. Si la relation était directe entre le niveau des richesses et celui de la criminalité appliquée aux biens, cette dernière devrait avoir tout submergé. C'est le sentiment de beaucoup, surtout de ceux qui ont été volés. Mais les statistiques, en ce domaine, sont moins pessimistes. Il est vrai que les statistiques, par définition, enregistrent les délits et les crimes repérés, si bien que l'on ne sait jamais précisément si les variations des chiffres expriment celles de la délinquance ou celles de l'efficacité de la police et de la rigueur des tribunaux.

Une seconde contribution est putative. Dans le monde prémoderne et les premières phases du capitalisme, les miséreux étaient recrutés un peu au hasard et reliés à des destinées individuelles et familiales. Il est *possible* que les phases plus récentes du capitalisme aient imposé une nouveauté, par le biais suivant : nous avons plaidé, parce que la réalité nous y encourage, que le capitalisme, à la poursuite de gains de productivité toujours plus élevés et soulevés par des injections croissantes de savoir scientifique, est marqué, depuis deux générations environ, par une cérébralisation croissante du travail. Cette pression se traduit par une demande accrue adressée à l'instruction de distribuer des qualifications plus élevées. Plus simplement : les études s'allongent, et le diplôme obtenu joue un rôle de plus en plus décisif. Or la poursuite des études, la réussite scolaire et la gestion professionnelle des diplômes dépendent étroitement du milieu familial. Plus le niveau de la famille est déprimé, plus celui de la génération suivante risque de l'être tout autant. En dessous d'un certain niveau, celui qui marque le seuil, même indécis, entre le peuple et la canaille, les chances d'un individu de s'en sortir sont faibles. Le raisonnement est plausible. Si, en plus, il est exact, il conduit à conclure que les miséreux ne se recrutent plus, de génération en génération, parmi les malchanceux du peuple, mais sont devenus une population qui se reproduit elle-même de génération en génération. Il faudrait compléter le raisonnement, en tenant compte, pour expliquer la reproduction d'un « quart monde » apparemment incompressible, de la quasi-disparition de la mortalité infantile, ce qui facilite la simple reproduction biologique, et de la disponibilité des aides publiques, qui sont une incitation vive à ne rien faire pour s'en sortir.

VI
LE TRAVAIL

Au point où nous sommes rendus, nous devrions examiner une expression du capitalisme qui pourrait s'appeler les « genres de vie ». Le thème est vague et pourrait recueillir une multitude de phénomènes. Même en ne prenant comme fil conducteur que le capitalisme et les genres de vie qu'il affecte directement, sinon exclusivement, l'on pourrait multiplier les chapitres et réécrire la seconde partie de *La Démocratie en Amérique*, où Tocqueville rapporte à l'égalisation des conditions sociales une myriade de développements dans les sociétés modernes.

Si l'on est pressé par l'obligation de choisir le plus essentiel, un critère commode consiste à retenir quelques aspects centraux et massifs de l'économie moderne et à repérer leurs conséquences sur les genres de vie. Trois fils conducteurs se proposent d'eux-mêmes à l'attention. Le premier pourrait être l'enrichissement général et moyen ; il conduirait à examiner les bouleversements qu'il a introduits dans les niveaux de vie et dans la manière dont les gens les ont aménagés. Un deuxième fil s'attacherait davantage aux produits consommés et étudierait ce que l'on a nommé le « consumérisme » ou la « société de consommation », généralement pour les déplorer. Je préfère me laisser guider par un troisième fil, le travail, parce qu'il me paraît plus important.

La « sociologie du travail » a été, jusqu'à il y a peu, un département distinct et reconnu des sciences sociales. En raison des inclinations idéologiques de la sociologie au XXe siècle, après la révolution bolchevique de 1917, conduite au nom du prolétariat industriel, l'intérêt s'est porté avant tout sur le travail industriel en usine, sur le travailleur à son poste de travail et dans ses rapports avec les autres. D'autre part, le travail industriel connaissait, à peu près au même moment, le développement et l'adoption de l'« organisation du travail ». L'expression la plus célèbre en a été le taylorisme, dont on a retenu surtout l'idée d'une rationalisation du travail, par quoi l'on entendait la recherche de gains de productivité par l'exploitation systématique de la division du travail. La rencontre de ces deux développements a produit le thème, dominant jusque dans les années 1960, du « travail en miettes »[1]. Pour expliquer la popularité du thème, il ne faudrait pas négliger Charlie Chaplin et *Les Temps modernes*, dont l'influence a dû être bien plus large que l'ensemble des écrits

1. Voir, notamment, G. Friedmann, *Le Travail en miettes*, Paris, Gallimard, 1964.

des sociologues et des idéologues. Nous ne parlerons pas du « travail en miettes », parce qu'il n'est pas une expression adéquate et essentielle du capitalisme, mais une forme transitoire et dépassée de l'organisation du travail industriel. Au demeurant, même si l'on s'en tient au secteur secondaire, le taylorisme n'a jamais touché guère plus de 20 % des ouvriers, principalement dans l'industrie automobile et mécanique. Il sera plus instructif de s'attacher à des phénomènes plus profonds, plus généraux et plus permanents, en prenant toujours soin de préciser par rapport à quoi le capitalisme a été innovateur et si des nouveautés surgissent au sein même du capitalisme.

Le *temps et ses rythmes* sont probablement ce qui affecte le plus profondément la vie des gens. Les rythmes prémodernes — et dans ce prémoderne il faudrait inclure sans doute aussi la période paléolithique — avaient universellement en commun quelques caractères prégnants. Le plus frappant était la grande conformité du temps humain au temps de la nature, à la succession des saisons et des jours aux nuits. L'inclinaison de l'axe de la terre sur le plan de l'écliptique et le fait que la terre parcourt une ellipse autour du soleil imposent des saisons en tout point du globe, sauf à l'équateur même. Des chasseurs, des cueilleurs, des éleveurs, des agriculteurs et des pêcheurs étaient placés sous la contrainte étroite de l'alternance des saisons, à un point qu'il nous est peut-être devenu impossible d'imaginer aujourd'hui.

Un éclairage rare, parcimonieux et coûteux condamnait à veiller le jour et à dormir la nuit. Comme, sauf entre les tropiques, la durée respective du jour et de la nuit varie très considérablement dans l'année aux latitudes moyennes, où l'humanité est concentrée, ces variations imposaient aux organismes et aux psychismes des périodes prolongées de quasi-hibernation, auxquelles succédaient des phases d'intensité dans l'éveil et les activités.

Tous ces facteurs avaient pour résultat d'imposer au temps une hétérogénéité élevée. Dans le monde agricole, l'année était scandée par des épisodes d'effort intense, au moment de la préparation des champs, du repiquage du riz, de la moisson, où toute l'énergie humaine disponible était mobilisée, et des phases de détente relative. En moyenne, une année de céréaliculteur-éleveur européen lui prenait aux alentours de 250 jours de travail. Un riziculteur était encore moins occupé par la rizière inondée, la moitié de l'année peut-être, mais la dépense d'énergie était beaucoup plus élevée. Les densités de population portées par le blé et le riz reflètent fidèlement ces différences de quantité de travail exigée par les deux régimes agraires. Au demeurant, les jours que l'agriculture n'occupait pas l'étaient par une infinité de travaux d'entretien et de fabrication. Des développements capitalistes prémodernes et même modernes, notamment dans le textile, ont trouvé là le travail salarié dont ils avaient besoin.

Enfin, le temps prémoderne avait un caractère concret. L'absence de montres — elles apparaissent, comme des curiosités rares, précieuses et même scandaleuses aux yeux des conservateurs, au soir du Moyen Âge — fait que les points de repère pour découper le temps en portions discrètes étaient le soleil, la succession des travaux, les repas, les veillées, les fêtes. Chaque portion discrète était elle aussi concrète, parce qu'elle avait un contenu distinct. Pour le paysan, le temps des labours n'était pas homogène et abstrait, parce que chaque parcelle a sa personnalité propre, conférée par la situation, la disposition, les anecdotes qui lui sont rattachées, les circonstances de son entrée dans le patrimoine... Comme le nombre des particularités qui peuvent déterminer un contenu concret est à peu près infini, ou peut plaider que chacun meublait son temps à sa guise ou, mieux, à sa mesure.

Les rythmes modernes et le temps moderne ont subi les mutations les plus radicales qui soient. Les rythmes sont devenus artificiels, en ce sens qu'ils sont complètement détachés de la nature. Comme l'on peut postuler — et vérifier par les progrès de la physiologie et de la psychologie expérimentale — que les rythmes biologiques étaient en conformité avec les exigences de la nature, l'artificialité du temps moderne éclate aussi par rapport aux exigences de la nature humaine. Les contraintes prémodernes, étant d'origine naturelle, étaient en quelque sorte préadaptées aux exigences humaines. Les contraintes de la technique et de l'économie capitalistes ont complètement rompu cette harmonie spontanée. Le symbole de cette rupture pourrait être le veilleur de nuit ! Pensez aussi au rythme des trois-huit, imposé uniformément tout au long de l'année et pendant une vie entière de travail. Une machine et un mécanisme sont détachés de la nature, ce sont des artifices par essence, qui créent leur rythme et leur temps propre. Comme, d'autre part, ils sont coûteux et que l'on intègre leur coût dans les produits, l'équipement inactif fait perdre de l'argent. Le marché et la concurrence contraignent le travail humain à se conformer aux exigences de la machine, en ignorant celles de sa propre nature.

Le temps moderne est aussi rigide. Les mêmes rythmes sont imposés à tous dans le même contexte. Cette rigidité est encore accrue par des circonstances contingentes. Si les contrats de travail s'orientent vers le salaire au temps, le temps de travail et sa mesure précise deviennent cruciaux et le rite du « pointage » rationnel. L'urbanisation a exigé et rendu rentables les transports de masse. Ces derniers ne sont possibles que par une gestion minutieuse et rigide du temps dans des horaires pointilleux à la minute près. Ces horaires doivent être respectés par tous, sinon tout s'effondre. Comme, d'autre part, l'ensemble de l'économie est relié par des réseaux complexes, où les échanges se font dans tous les sens et en respectant un certain sens, les rythmes de chacun s'imposent à tous : tout le monde part au travail en même temps et en revient à la fois.

Enfin, le temps est devenu abstrait. Le capitalisme a imposé aux hommes un temps mathématique, géré par les horloges et par les calendriers.

Il est fort possible que cette situation moderne n'ait été l'expression que d'une phase transitoire du capitalisme, et que tout soit en passe de changer, par un retour à des rythmes plus naturels, non par une résurgence du passé, mais par un saut qualitatif vers l'inédit. La demande est certaine, de la part des femmes mais aussi de la part de travailleurs de plus en plus instruits, pour des horaires beaucoup plus souples et des rythmes de travail plus diversifiés, non seulement dans la journée et la semaine, mais dans l'année et la vie tout entière. On pressent une orientation vers la gestion par les travailleurs eux-mêmes de leur temps de travail, en fonction de la définition que chacun donne de la « bonne vie ». Les développements nouveaux de l'industrialisation, la diversification extrême des productions, la complexité infinie des dispositifs productifs, le rythme intense de l'innovation, les premiers symptômes d'un passage possible à l'état stationnaire, tous ces développements en cours plaident en faveur de l'invention nécessaire d'une gestion renouvelée du temps. Plus simplement et plus directement, la place croissante de la matière grise dans la production et l'automatisation de tout ce qui est artifice rendent possible et inévitable une souplesse dans le travail qui pourrait dépasser de loin celle qu'ont connue les temps prémodernes.

L'examen de la *formation professionnelle* exigerait des développements allant bien au-delà de l'étude des incidences du capitalisme sur elle. La liberté humaine impose à toute société de reprogrammer culturellement les générations successives. La reprogrammation a deux branches principales. Il faut éduquer les jeunes, en hissant chacun, autant que possible, à la capacité de se comporter comme un acteur autonome dans un contexte social donné. Il faut aussi les instruire, en leur transmettant les savoirs et les savoir-faire exigés par les rôles sociaux à remplir. L'éducation a pour objet l'agir, alors que l'instruction porte sur le connaître et le faire.

On peut définir la formation des jeunes dans les mondes prémodernes d'un mot : la distinction entre éducation et instruction n'est pas établie pour la plupart. La formation du caractère, le contrôle des instincts et des passions, l'apprentissage des mœurs vont de pair avec l'assimilation des rôles sociaux et des cognitions et des « factions » qui leur sont associées. Tout se fait dans la famille, étroite ou élargie, de manière progressive, du plus jeune âge jusqu'à la maturité sociale, dont la définition varie avec la composition sociale. Pour un paysan européen, par exemple, la maturité était définie par le mariage et la prise en charge d'une exploitation par le nouveau ménage, soit de vingt-six à vingt-huit ans pour les filles et de vingt-huit à trente ans pour les garçons. La formation est une évolution progressive, scandée non par des ruptures mais par des passages, soulignés symboliquement par des rites. L'intégration au monde des adultes se fait progressivement pour chacun. On pourrait caricaturer cette situation en avançant que les sociétés prémodernes s'occupent des jeunes, mais tendent à ignorer la jeunesse.

La modernité a introduit ici aussi des modifications radicales, où l'économique et le capitalisme ne sont pas les seuls responsables, ni les premiers dans le temps. On peut faire partir l'innovation du XVIIe siècle et des élites sociales en Europe. Elle traduit la conviction qu'il importe à l'individu d'être instruit, au sens où être pleinement homme — la conviction est appliquée plus aux garçons qu'aux filles — suppose l'assimilation d'un certain bagage de connaissances, ce que l'on appellera plus tard la « culture », au sens d'être cultivé. Si l'on prétendait retracer la généalogie de la conviction, il faudrait sans doute remonter à la Renaissance et à l'humanisme, qui fait redécouvrir les humanités dispensées dans les écoles de rhétorique de l'Antiquité romaine, à la Réforme et à la Contre-Réforme, dont les polémiques croisées ont aiguisé les besoins et les capacités d'argumentation informée, et à la naissance des sciences, qui a excité la curiosité rationnelle.

La conséquence est la création d'institutions spécialisées dans l'instruction, dont les collèges de Jésuites en pays catholiques deviennent le modèle.

Ces institutions sont très différentes des universités médiévales, qu'il faut plutôt considérer comme des écoles professionnelles à l'usage des clercs, des légistes et des médecins. Elles s'adressent à l'ensemble d'une classe d'âge des élites sociales et prétendent leur instiller une culture générale, quels que soient les rôles sociaux adoptés par chacun au sortir de l'institution. Le prêtre, le soldat, le parlementaire, le littérateur, l'oisif, tous auront reçu la même empreinte et transporteront dans la vie et le monde le même bagage de connaissances.

Il en résulte deux traits fondamentaux nouveaux. L'instruction et l'éducation tendent à être disjointes. L'accent est mis sur la première, ce qui, joint au prestige croissant de la raison, incite à confondre l'éducation dans l'instruction. Il suffit d'adjoindre à cette tendance l'illusion « sociologiste », présente dès le XVIIIe siècle, que l'homme est ce que son milieu le fait, pour obtenir ce trait distinctif de la modernité qu'est la « pédagogite » : l'homme est ce qu'on lui enseigne, et il suffit d'enseigner juste et bien pour que le progrès des lumières soit traduit dans le progrès du genre humain et de ses représentants. Le premier monument littéraire et idéologique de ce courant est l'*Émile* de Jean-Jacques Rousseau (1762).

Le XIXe et le XXe siècle ont vu la généralisation du phénomène aux rejetons du peuple. Les raisons premières ne sont pas économiques. La motivation fondamentale est la valorisation illuministe, positiviste et démocratique de l'instruction par les élites placées en position stratégique. Très tôt, dès les années 1830 et 1840 en Angleterre, des pressions syndicales se sont exercées contre le travail des enfants — et des femmes —, ostensiblement au nom de l'humanité, mais, en fait, hier comme aujourd'hui, pour limiter la concurrence sur le marché du travail et accroître le prix de ce facteur en le rendant plus rare. Le capitalisme a joué un rôle décisif par un biais microsociologique. En augmentant la richesse générale et moyenne, il a permis aux parents de ne plus compter sur les revenus de leurs enfants pour survivre. Il leur a rendu aussi possible d'investir dans l'instruction de leurs enfants, en leur en donnant les moyens et en rendant cet investissement rentable. En effet, le développement technique a exigé une main-d'œuvre de plus en plus instruite, aux niveaux primaire et secondaire surtout.

Pendant un siècle environ a régné une certaine harmonie entre « pédagogite », développement économique et investissement dans l'instruction par les familles. L'harmonie, relative certes mais réelle, a été rompue à partir des années 1960. L'idée saugrenue est apparue que, pour atteindre enfin à l'égalité parfaite, il fallait donner à tous une instruction égale. Deux détails ont été omis. Le premier est cette contrainte, qui pèse sur tout ce qui est susceptible d'être ordonné et rangé sur une échelle de la qualité, qu'on ne peut égaliser les rangs vers le haut, mais seulement vers le bas :

une instruction égale pour tous conduite de manière suivie et systématique s'aligne logiquement et irrésistiblement au niveau du plus bête et du plus ignorant. Comme cette issue est absurde, ceux qui en ont les moyens se débrouillent pour faire instruire leurs rejetons ailleurs et autrement, ce qui a toutes chances de creuser les inégalités scolaires. Le second détail est que, si le nombre des emplois n'augmente pas au rythme des diplômés, la seule issue est de prolonger les études et d'actionner les « pistons » sociaux pour distribuer les emplois. Cette issue accentue elle aussi les inégalités et jette les familles dans la confusion[1].

Il est très possible que les nouveaux développements du capitalisme imposent déjà une sortie de l'idéologie et des impasses. Deux développements sont particulièrement prometteurs pour l'instruction. Le premier est le fait qu'une économie moderne ne peut plus se contenter d'une main-d'œuvre qui a reçu une instruction moyenne et générale : elle a besoin des compétences les plus diversifiées possibles. L'instruction est appelée à devenir les instructions. Mais un second développement vient traverser le premier. Le rythme des changements est tel qu'il est de moins en moins plausible qu'une instruction reçue vaille pour toute la vie. Il est plus rentable du point de vue et des employeurs et des employés d'envisager une instruction prolongée tout au long de la vie active,

1. Voir R. Boudon, *L'Inégalité des chances*, Paris, Armand Colin, 1973.

soit en parallèle continu soit en alternant le travail et la formation. Ces deux développements, déjà visibles et repérables, adressent conjointement une demande d'instruction que l'enseignement hérité du XIXe et du XXe siècle est incapable de satisfaire. Son offre est trop rigide, homogène et uniforme pour répondre à la demande. La solution théorique est simple et évidente : organiser un marché de l'instruction, privé et ouvert, où toutes les demandes puissent s'exprimer et susciter toutes les offres correspondantes. À la limite, que chacun puisse rencontrer son précepteur. Par lui-même, le capitalisme est ou sera très à même de rendre la demande solvable. Le vrai problème sera de surmonter l'opposition et l'inertie des syndicats d'enseignants et des bureaucraties scolaires publiques.

Le travail féminin pose des problèmes au moins aussi amples, dont on peut saisir les solutions à grands traits. La norme, dans les situations prémodernes, qui incluent ici aussi le paléolithique des prédateurs, est le travail des femmes dans les activités de production, au-delà de leurs fonctions ménagères et maternelles. Universellement, l'on constate une répartition stricte des tâches entre les sexes, sauf peut-être chez les cueilleurs purs, où les rôles économiques masculins et féminins sont à peu près interchangeables. Si le partage sexuel des tâches est universel, il n'est pas invariant : les solutions retenues diffèrent selon les sociétés. Il n'y a guère que les gros travaux exigeant de la force physique, notamment le défrichage dans les agricultures itinérantes, qui incombent régulièrement aux hommes. Dans l'Europe agricole, les femmes reçoivent en charge une partie des travaux de la ferme, la basse-cour et le jardin potager principalement, participent aux phases intenses des travaux des champs et occupent les phases de détente par des travaux de filage et de tissage. En un mot, les femmes travaillent beaucoup, et cette proposition a une validité universelle.

Les élites européennes, comme partout, font exception. Les filles non mariées n'ont pas de rôle social propre : elles sont destinées au mariage ou au couvent. Dans l'aristocratie et la haute bourgeoisie vivant noblement, les épouses sont déchargées de tous les soins ménagers, abandonnés à une domesticité rendue abondante par les liens de clientèle et par le faible coût du travail. La pratique de la mise en nourrice, à demeure ou à la campagne, les dispense même des soucis maternels. Le trait original en Europe, c'est même une de ses exclusivités les plus remarquables, est que, dès la période féodale et courtoise, ces épouses sont mêlées étroitement au monde et à la société, par l'entremise des cours et des salons. Dans les élites plus modestes, dans la bourgeoisie des villes en particulier, les femmes sont épouses et mères, s'occupent de leurs enfants et de leur ménage, et sont confinées à la maison.

Ce dernier modèle, bourgeois et petit bourgeois, de la femme au foyer devient au XIXe siècle et dans la première moitié du XXe siècle l'idéal social, celui que l'on impose ou que l'on choisit, dès qu'un ménage en a les moyens. Cette restriction conduit à constater que, en fait, la plupart ne les ont pas. Dans les campagnes, le travail des paysannes continue à peser sur elles comme auparavant. Dans le peuple ouvrier, les filles et les femmes travaillent en usine, dans le textile par exemple, parce que leur salaire est indispensable pour joindre les deux bouts. Malgré tout, les cohortes augmentent régulièrement, de ceux dont les revenus franchissent le seuil permettant de se passer d'un salaire féminin, et qui accèdent à l'idéal. Les conséquences sont notoires sur les sociétés européennes. D'un côté, l'urbanisation et l'organisation nouvelle de l'espace imposent aux hommes la séparation entre le domicile, le travail et les loisirs. Ces derniers sont goûtés soit dans les cafés par le peuple soit dans les cercles et les clubs par les élites[1]. Le père est, en conséquence, à peu près constamment absent du domicile, du moins il l'est assez pour n'avoir plus le temps de s'occuper de l'éducation ni de l'instruction de ses enfants, qui tombent entièrement à la charge de leur mère et de l'école. L'exclusivité réservée au lien maternel et la féminisation de l'enfance et de l'adolescence ont dû avoir des conséquences sur la maturation et la socialisation tant des garçons que des filles. Les études manquent, comme font peut-être

1. Voir M. Agulhon, *Le Cercle dans la France bourgeoise (1810-1848)*, Paris, Armand Colin, 1977.

défaut les documents et certainement les théories à même d'en rendre compte.

La segmentation de l'espace social et la distribution des segments entre les sexes et les âges ont eu des conséquences infinies sur la sociabilité européenne, tant dans les élites que dans le peuple. Maurice Agulhon a souligné cette nouveauté du XIXe siècle que sont le cercle et le club, explicitement réservés aux hommes. Les femmes se rencontrent de leur côté, pour broder et prendre le thé. Cette sociabilité dédoublée contraste singulièrement avec la situation prémoderne, où hommes et femmes se rencontraient sur un pied d'égalité dans les cours, les salons, les châteaux, les hôtels particuliers, les maisons de campagne. De même, dans le peuple paysan, hommes et femmes se rencontraient le soir à la veillée, alors que le peuple ouvrier se partage entre les hommes, qui fréquentent les cafés, et les femmes, qui restent à la maison. Paradoxalement, la modernisation a tendu à effacer ce qui faisait l'originalité de l'Europe en matière de rapports sociaux entre les sexes et a imposé un alignement sur la norme prémoderne, qui insiste sur l'éloignement des femmes de tout ce qui est public. Le capitalisme a paru « orientaliser » la condition féminine et introduire la culture du gynécée, en la soulignant encore par la diffusion des maisons closes et la pratique des concubines entretenues.

Ce modèle triomphe, sinon dans les statistiques de l'emploi féminin, du moins dans la représentation que les sociétés occidentales ont d'elles-mêmes, entre 1850 et 1950. Paradoxalement, le grand bond en avant du capitalisme entre 1950 et 1973 renverse complètement le mouvement. Le développement économique accéléré a provoqué une demande insatiable de main-d'œuvre, que le capitalisme a cherché et réussi à satisfaire par la mécanisation, l'immigration et l'appel au travail féminin. Les femmes ont répondu massivement à l'appel, avec une soudaineté et une unanimité qui, même rétrospectivement, ne vont pas de soi. Deux explications se proposent à l'attention. Toutes deux ont un enracinement psychologique. La première se fonde sur cette « loi » psychique qui veut que, lorsqu'une situation matérielle s'améliore *brutalement*, les attentes et les espérances augmentent encore plus vite que les satisfactions : plus on a, plus on désire avoir. Ce mécanisme est lié à l'indétermination naturelle des désirs humains et à leur compression de fait par les contraintes du milieu. On a les désirs de ses moyens, quand ces derniers sont stables. Dès qu'ils baissent brutalement, le mécontentement naît avec l'inconfort, et l'explosion sociale menace pour peu que l'inconfort devienne aigu ; inversement, quand les moyens augmentent brutalement, les aspirations n'ont plus de bornes, faute de points de repère stables. Les Trente Glorieuses ont incité les ménages à fixer leurs attentes à des niveaux croissants, inaccessibles à un seul salaire. Un deuxième salaire est utile, puis indispensable, parce que revenir en arrière serait trop inconfortable. La seconde explication avance que le confinement des femmes pesait probablement à la plupart, parce qu'il était trop récent et trop contraire aux mœurs ancestrales et que, simultanément, la modernisation avait démesurément élargi et ouvert les horizons et les possibilités. Quand les frères pouvaient partir à la découverte d'un monde inédit, comment les sœurs auraient-elles accepté indéfiniment de faire le tour de leur chambre ?

Cette mutation a eu et a les conséquences les plus variées. En termes de charge de travail, les femmes se retrouvent dans une situation prémoderne. Elles en font beaucoup, et probablement trop pour beaucoup. Mais la modernité leur propose des issues inédites. La principale est la maîtrise de la fécondité. Elle a permis l'effondrement du nombre d'enfants par femme, pour réduire les charges ; le retard de l'âge au mariage jusqu'à des niveaux européens prémodernes, pour achever une instruction ; le retard de l'âge au premier enfant, pour entamer et asseoir une carrière. Une autre issue est le célibat définitif et la stérilité volontaire, par le refus d'additionner des rôles sociaux trop pesants. D'autres encore sont l'achat de travail pour assurer les tâches ménagères, du travail incorporé dans les appareils ménagers et les plats cuisinés, et du travail vivant, avec les nourrices et les garderies. Contentons-nous de signaler les conséquences de tous ces développements sur les rapports à l'intérieur du couple et de la famille, sur la solidité ou la fragilité des liens, sur tout ce qui a trait à l'affectivité, sur l'incertitude qui pèse sur la distribution même des rôles masculins et féminins.

Malgré tous les changements et toutes les adaptations, le travail féminin ne se confond pas avec le travail masculin. Les salaires et les carrières des femmes sont frappés de handicaps. Ils scandalisent les idéologues, mais paraissent rationnels aux économistes, et encore plus aux employeurs. En moyenne, les femmes peuvent moins se consacrer à l'entreprise, parce qu'elles ont d'autres tâches et d'autres centres d'intérêt. Leur absentéisme est accru par les soins aux enfants. Leur *turnover* est plus élevé, car il est plus probable que la femme suive le mari dans sa carrière que l'inverse. Tout cela rend sans mystère le fait que les femmes gagnent moins et ont accès à des positions moins élevées. L'injustice naît avec le fait que ces handicaps pèsent sur toutes les femmes en tant que telles, même sur celles qui ont choisi de se consacrer entièrement à leur carrière.

Au total, on peut plaider que les changements introduits en une génération, entre 1950 et 1975 environ, ont multiplié les problèmes proprement féminins et imposé une situation malsaine et instable. Le féminisme en est un symptôme évident. Comme le retour à la situation antérieure manque de plausibilité, on ne risque guère de se tromper en avançant que le travail féminin et la condition féminine sont encore en phase de transition et d'adaptation, et que la modernisation est encore à venir. Risquons deux pronostics : pour rendre la gestion des tâches féminines plus facile et plus supportable, la solution de bon sens est dans l'assouplissement des horaires et des temps de travail. Par exemple, il n'y a pas de raison ni technique ni économique pour qu'une caisse de grand magasin soit tenue par une caissière : une solution simple consisterait à prévoir un budget salarial pour le service des caisses et à laisser à des caissières le soin de le gérer à leur guise, en imposant comme seule contrainte que les caisses soient tenues de telle heure à telle heure.

Le second pronostic est démographique. L'effondrement de la fécondité au-dessous du seuil de remplacement des générations condamne les populations occidentales à l'extinction biologique. Cette issue est improbable, parce qu'elle est absurde. La solution de bon sens serait la disjonction complète entre une population féminine qui choisirait de faire carrière et une autre qui choisirait les rôles maternels. Au lieu de viser 2,1 enfants par femme, on pourrait viser et atteindre, par exemple, 4,2 enfants pour 50 % des femmes. On peut encore supposer une troisième population, qui chercherait des compromis variables entre les deux choix extrêmes. La condition économique de cette solution est que, du point de vue du niveau de vie des ménages, le choix des femmes devrait être neutre. Concrètement, elle suppose quelque chose comme un « salaire maternel » versé par la collectivité. Le capitalisme est assez efficace pour financer cette dépense.

Ces solutions de bon sens correspondent à la diversification et à l'assouplissement de l'économie qui caractérisent la phase actuelle du capitalisme, et proposent un usage sensé des richesses nouvelles créées par l'accélération du progrès technique. Quoi qu'il en soit, on peut parier que la condition féminine est en route vers autre chose, que l'on ne connaît pas encore.

VII
L'ANTICAPITALISME

L'anticapitalisme est aussi ancien que le capitalisme. Il l'accompagne comme son ombre tout au long de son développement. On peut soutenir, sans rechercher le moindrement le paradoxe, que l'anticapitalisme est l'expression du capitalisme la plus importante aux yeux de l'histoire, parce qu'il peut avoir des aboutissements politiques qui dépassent de loin le cadre de l'économique. Les perversions jumelles du fascisme et du communisme, qui ont fait du XXe siècle un enfer et la honte de l'espèce humaine, sont des produits de l'anticapitalisme.

À dire vrai, on serait bien en peine de trouver des thuriféraires du capitalisme. La plupart de ses défenseurs se recrutent dans les rangs capitalistes eux-mêmes, mais ils sont muets et font comme ceux qui démontrent la marche en marchant. Il est symptomatique que les partisans explicites du capitalisme ne revendiquent pas le capitalisme pour lui-même. Saint-Simon et les saint-simoniens ont cru bon de s'accoler ou d'accepter l'étiquette

« socialiste », alors que leur exaltation de l'entrepreneur, du savant et de l'ingénieur comme les porteurs de la modernité et les agents du bonheur humain était ni plus ni moins une défense et une illustration du capitalisme, accompagnées de la conviction naïve, et même sotte, que l'humain peut être identifié au technique et à l'économique. Leurs successeurs lointains, même s'ils militent sous une bannière différente, les libertariens, eux non plus ne réclament pas le capitalisme pour lui-même, mais en tant que preuve de la faisabilité d'un ordre social dont le politique aurait complètement disparu. C'est oublier qu'un ordre social est par nature politique et que la politique est la matrice de tous les régimes politiques possibles, y compris les pires. Plus simplement : un marché réglé et autoréglé implique un certain régime politique, qui suppose certaines conditions, dont l'absence peut faire verser dans la pire tyrannie.

En fait, force est de constater que, depuis à peu près deux siècles, l'anticapitalisme occupe seul la scène idéologique. S'il était vrai que les idées mènent le monde et que l'économique est au fondement de la condition humaine, la quasi-unanimité anticapitaliste aurait dû donner raison au pessimisme de Joseph Schumpeter, qui pronostiquait la mort du capitalisme, vaincu par la *lumpen-intelligentsia*[1]. Jusqu'ici, le capitalisme a survécu

1. Voir J.A. Schumpeter, *Capitalisme, socialisme et démocratie*, Paris, Payot, 1972 (1re éd. amér. 1942).

et prospéré, parce que, et uniquement parce que, ses conditions politiques de possibilité ont été maintenues, grâce au miracle américain d'abord, puis au môle occidental[1]. Il est vrai que le camp anticapitaliste a été affaibli quelque peu par ses dissensions. En effet, les arguments avancés sont variés. Les uns sont indignés et soulevés par la misère vécue ou observée, dont ils attribuent la responsabilité au capitalisme. D'autres sont poussés par des préjugés aristocratiques et tiennent pour peu honorable le monde de la fabrique, de la finance, de l'échange marchand. Une autre troupe recrute parmi ceux que les inégalités affolent. Certains sont travaillés par une hostilité générale à l'égard de la modernité, qu'elle soit capitaliste, démocratique, séculière, technicienne, scientifique...

Plutôt que de dresser un catalogue de nature compilatoire des anticapitalismes, il est possible d'aller à l'essentiel en procédant par la voie déductive. Il faut partir des quatre définitions légitimes du capitalisme et montrer comment chacune a pu servir de prétexte et de repoussoir à des ardeurs anticapitalistes entretenues par certaines passions. Il apparaît aussitôt un partage entre deux courants fondamentaux. L'un est un rejet global et total du capitalisme moins comme régime économique que comme civilisation supposée : son repoussoir privilégié est le capitalisme

1. Voir J. Baechler, *La Grande Parenthèse (1914-1991)*, Paris, Calmann-Lévy, 1993.

comme chrématistique. L'autre courant prend appui sur les trois définitions du capitalisme comme régime de l'économique assis sur la propriété, le marché et l'entrepreneur. Ses points d'appui étant variés, ce courant se subdivise en écoles et en sectes distinctes. Mais toutes ont en commun une conviction double, que le capitalisme, tel que transcrit dans ses expressions historiques du XIXe et du XXe siècle, est une déviation pathologique par rapport à la normalité économique, et qu'il est possible de restaurer la normalité sans sortir de la modernité et en conduisant l'économique à un point de perfection satisfaisant.

Le capitalisme comme propriété est devenu le point d'application de la dénonciation du partage social entre riches et pauvres. Le procès a quelque chose d'universel dans les sociétés stratifiées, c'est-à dire dans toutes les sociétés néolithiques dès le stade morphologique de la chefferie. Plus précisément, le ressentiment, l'envie et, à l'occasion, la révolte des pauvres contre les riches se rencontrent partout. En revanche, une argumentation en bonne et due forme contre le partage semble être une spécialité européenne, devenue une sorte de manie idéologique pendant cette phase du développement du capitalisme qui va, nous a-t-il semblé, de 1848 à 1973, pour prendre deux dates symboliques.

La généalogie du phénomène est complexe, mais il est assez facile d'en repérer les moments cruciaux, dans des développements morphologiques, politiques et religieux. Les ingrédients morphologique et politique sont la cité antique et son régime politique oligarchique. C'est un trait universel des cités, qu'elles soient rurales ou urbaines, que de se doter d'un tel régime. Les riches tendent à composer le corps des citoyens effectifs et occupent le pouvoir, parce qu'ils y ont intérêt et en ont les moyens, alors que les pauvres n'en ont pas les moyens et en retireraient peu de bénéfices. Le régime est stable, à condition que les riches gouvernent correctement, en n'oubliant pas le bien commun. Comme il arrive tôt ou tard qu'ils gouvernent mal, les tensions sociales et politiques sont à peu près inévitables. L'Antiquité nous a transmis les épisodes célèbres de la crise sociale en Grèce archaïque, liée à l'endettement des paysans et réglée par Solon, de la guerre civile entre oligarques et démocrates aux débuts de la guerre du Péloponnèse et subséquemment, et du conflit entre le patriciat et la plèbe dans la Rome archaïque. Ce thème de l'opposition entre riches et pauvres[1] était un *topos* de l'historiographie et de la philosophie, quand le christianisme est venu apporter à la dénonciation sinon des riches du

1. Au demeurant, seul exemple plausible de « lutte des classes », car l'exiguïté spatiale et numérique des cités favorise la coagulation des populations en publics, puis en audiences et finalement en groupes organisés par des meneurs ; voyez les pages célèbres de Thucydide sur la guerre civile à Corcyre : *Guerre du Péloponnèse*, III, 69-75.

moins de la richesse et à l'exaltation des pauvres, et encore plus de la pauvreté, une dimension eschatologique. Mais le monde des cités avait disparu, et bientôt allait s'effondrer l'Empire latin lui-même.

C'est au XIe siècle, en Italie du Nord d'abord, puis un peu partout jusqu'au XVe siècle, que la résurrection des cités dans une aire devenue profondément chrétienne entre-temps a relancé la lutte des classes, dès lors transfigurée idéologiquement. Dès la moitié du XIe siècle, à Milan, explose le mouvement socio-politico-religieux des *Patarins*. Les mouvements des pauvres et de la pauvreté vont accompagner tout le Moyen Âge. Mais les insurrections populaires, les hérésies à contenu social et les millénarismes ne sont pas les seules formes que prennent ces mouvements. Ils donnent lieu aussi à des développements ascétiques et mystiques, dont les plus beaux fleurons seront François d'Assise et, à travers des médiations un peu compliquées, les différents courants de la mystique rhénane[1].

C'est ce terreau, d'une fertilité inépuisable — ici aussi, il faudrait avoir le loisir de le contraster avec les aires indienne et chinoise, où il manque à peu près totalement —, que la sécularisation et la démocratisation modernes trouvent dans leur héritage. La démocratisation fournit des arguments et des troupes, en dénonçant dans le par-

1. Voir H. Grundmann, *Religiöse Bewegungen im Mitteralter*, Berlin, Verlag Dr. Emil Ebering, 1935.

tage entre riches et pauvres les blessures qu'il inflige à l'égalité, à la justice, à la fraternité, à l'équité, à la solidarité. La sécularisation ferme toutes les issues ascétiques et mystiques, et pousse toute révolte vers des expressions politiques et idéologiques. Toutes reposent sur la conviction première et dernière que le partage est contre nature et ne peut, de ce fait, résulter que d'un vol perpétré par les riches aux dépens des pauvres. La conviction ouvre logiquement deux possibilités générales. Ou bien les pauvres sont pauvres du fait de la richesse des riches. Selon la formule célèbre de Proudhon, « la propriété, c'est le vol » : les riches se sont partagé un trésor commun à tous. Ou bien les riches sont riches de la pauvreté des pauvres. C'est la position de Marx, qui aurait pu inverser Proudhon, qu'il exécrait, et proclamer que « le vol, c'est la propriété », parce que les riches accumulent des propriétés en volant et en exploitant les prolétaires.

Le remède auquel conduit le procès est inscrit dans l'acte d'accusation. Il faut et il suffit de confisquer toutes les propriétés, de les redistribuer et de supprimer la propriété pour éviter tout partage futur. Le remède peut répondre à deux formules très différentes. Soit on insiste sur le caractère individuel de la propriété d'antan, et l'on aperçoit le salut dans des appropriations collectives, ce qui fait déboucher sur les contre-sociétés, sur le fédéralisme proudhonien, sur les coopératives, sur l'autogestion... Soit on souligne la dimension privée de la propriété, et l'on trouve la délivrance dans l'appropriation publique, dans la nationalisation et l'étatisation.

La dénonciation du capitalisme comme marché ne peut pas se réclamer d'une généalogie aussi vénérable. Elle en appelle plutôt au sens commun et aux apparences de la rationalité. On peut isoler trois arguments principaux. L'un s'attache au thème de l'aliénation. Les mécanismes de marché, étant aveugles et anonymes, imposent aux acteurs des contraintes dont la maîtrise leur échappe entièrement. Donc le marché prive l'humanité de sa liberté, ce qui est odieux et insupportable pour une humanité en voie de déification depuis la Renaissance. Les intellectuels qui ont perdu leur naïveté et trouvé le secret des affaires humaines savent que, en fait, le marché n'est ni anonyme ni aveugle, mais un « truc » inventé par les capitalistes pour plumer le prolétariat sans qu'il s'en rende compte. Le marché est manipulé : la preuve en est que certains en ressortent plus riches que d'autres !

L'argument du gaspillage rapproche tant le sens commun du bon sens qu'il convainc le plus sûrement. Tout le monde admet comme évident que, pour réussir dans quelque entreprise que ce soit, il faut fixer des objectifs clairs et distincts, réunir les moyens appropriés et appliquer avec détermination les moyens aux objectifs. Or le marché ne vise aucun objectif, il se contente de faire se rencontrer des acteurs qui ont chacun leur objectif propre. Il en résulte des mouvements browniens dépourvus de sens, l'élimination d'innombrables projets, des compromis qui n'en font aboutir proprement aucun, en un mot des gaspillages de ressources et d'énergie humaine.

Le troisième argument est celui de la myopie. Il paraît aussi frappé au coin du bon sens. Le marché procède par agrégations instantanées d'offres et de demandes. Chaque capitaliste, dont le profit est le seul mobile et motif, cherche à le maximiser en tournant à son avantage ces instantanés. Il se doit de négliger le long terme, d'abord parce qu'il est trop incertain et ensuite du fait que le marché fonctionne dans le présent ou le futur immédiat. Donc le marché et le capitalisme sont condamnés, par leur logique intrinsèque, à ignorer et à négliger le long terme, par exemple les investissements à rentabilité lente et incertaine, la gestion des ressources non renouvelables, la protection de l'environnement.

Ces trois maux connaissent le même remède : le contradictoire du marché, qui s'appelle le « plan ». Il faut et il suffit de confier à un centre éclairé par l'intérêt général le soin de définir des objectifs et le souci de réunir les moyens appropriés, pour que la rationalité des individus et des groupes agissants devienne celle de la société transformée elle aussi en groupe agissant et — pourquoi pas ? — celle de l'humanité tout entière, une et unie dans la poursuite de son destin délibéré.

Le troisième procès intenté au capitalisme ne s'est pas porté sur les entrepreneurs, parce que le mot pouvait difficilement recevoir une acception péjorative dans une civilisation prométhéenne et faustienne depuis la Renaissance italienne. Les accusés ont donc été rebaptisés « capitalistes » et « bourgeois ». L'acte d'accusation est fourni en crimes dont ils sont les coupables. D'abord, ils sont riches, ce qui est l'indice certain que eux-mêmes ou leurs ancêtres ont volé et exploité les pauvres. Ensuite, ce sont des profiteurs du marché, soit qu'ils le manipulent à leur avantage soit qu'ils aient gagné dans une loterie, auquel cas leur mérite est nul. De toute façon, et même sans aller chercher aussi loin, ce sont des individus méprisables, parce qu'ils sont animés par ces passions basses que sont l'avarice et la cupidité. Qui plus est, en s'abandonnant à ces passions, ils perdent de vue et négligent l'intérêt général. Ils sont les exemples les plus pervers de ce vice dénoncé par Rousseau, qui consiste à substituer son intérêt particulier à l'intérêt général. Sans doute, on ne peut pas tout à fait exclure qu'il y ait de « bons » capitalistes, selon les critères de la décence humaine. Même ceux-là ne peuvent pas, en tant que capitalistes, éviter d'exploiter, de gaspiller, d'être trompés par la myopie du marché. Leur bonté est, en fait, un défaut, car elle retarde chez leurs victimes la prise de conscience de la réalité telle qu'elle est.

La cure est donnée dans le diagnostic. Il suffit d'éliminer les entrepreneurs/capitalistes/bourgeois, en les tuant ou en leur interdisant d'entreprendre. Comme, malgré tout, il faut bien produire les biens et les services réclamés par la « société », il ne suffit pas de les éliminer, il faut encore les remplacer. Deux solutions sont de nouveau possibles logiquement. Ou bien la société explose, en quelque sorte, en une myriade de microsociétés auto-organisées et autogérées, qui produisent ce qu'elles consomment et n'échangent que marginalement avec l'extérieur. L'image du monastère sécularisé est ici manifestement présente. Ou bien l'État prend en charge la production et la distribution, ce qui revient à remplacer les entrepreneurs par des fonctionnaires.

Au total, cet anticapitalisme appliqué aux trois définitions techniques du capitalisme est tellement nourri de sens commun que le procès est compréhensible même au plus borné. D'autre part, les remèdes sont simples et évidents, puisqu'ils sont donnés dans l'acte d'accusation lui-même. Le plus important est leur transcription politique, tout aussi évidente et spontanée, puisque la combinaison d'appropriation collective, de planification et de gestion collective impose un changement de régime politique hors de la démocratie. Il suffit de rebaptiser cette dernière « bourgeoise » et le nouveau régime « vraie » démocratie pour que les susceptibilités modernes soient apaisées. Sur ce fond anticapitaliste et antidémocratique commun, notre analyse a repéré deux sectes anticapitalistes distinctes, l'une qui recherche le salut dans de petits collectifs locaux et autonomes, l'autre qui le voit dans l'étatisation au sein d'une politie, que rien n'interdit d'élargir à la planète entière. C'est cette distinction réelle qui fut caricaturée dans celle entre « socialisme utopique » et « socialisme scientifique ». C'est ce dernier que nous retrouverons, devenu « socialisme réel »[1].

Le capitalisme en tant que chrématistique a fait, comme il est normal, l'objet d'une attaque plus frontale et d'un rejet plus global. Le procès qui lui a été intenté dès le début et qui continue aujourd'hui développe l'idée générale que le capitalisme est une anticivilisation ou un antihumanisme, c'est-à-dire un type de civilisation intrinsèquement pervertie, parce que l'homme ne peut pas ne pas y être dénaturé. Selon les époques et les phases du développement capitaliste, l'accent a été mis plus ou moins sur trois thèmes fondamentaux. On peut les ranger chronologiquement dans l'ordre suivant : la première accentuation a porté sur le déshonneur que le capitalisme inflige à l'espèce ; la deuxième sur les malheurs dont il frappe ses représentants ; la troisième, la plus récente et la plus actuelle, insiste sur le fait que le capitalisme compromet l'avenir de l'espèce dans son existence même. Tous ces thèmes, saisis dans leur formulation la plus générale, révèlent avec une grande évidence un caractère distinctif du

1. Voir ci-dessous, VIe partie, chap. III, pp. 335 *sqq.*

phénomène idéologique. L'idéologie est foncièrement « hérétique », en prenant le mot en son sens étymologique et originel de « saisie » d'un aspect de la vérité et de la réalité, et de son développement unilatéral jusqu'au point de verser dans l'erreur et la fiction. Alors que les anticapitalismes attachés à dénoncer la propriété, le marché et les entrepreneurs doivent être réputés, du point de vue de la science et du bon régime, stupides et criminels, l'antichrématistique retient, dans tous ses thèmes, un fond de vérité peu contestable, mais traité de telle manière que l'on sort des réalités humaines.

Ces affirmations valent notamment pour le premier thème, où le capitalisme déshonore l'espèce. Saisi dans son noyau de vérité, l'argument se présente à peu près comme ceci : le capitalisme, en mettant l'accent de manière unilatérale sur les fins économiques, non seulement abolit ou opprime toutes les autres fins, mais encore, par un comble de perversité, il pervertit la fin même de l'économique. Cette fin, en effet, est la prospérité, définie comme le montant de ressources exigées par la « bonne vie ». Le capitalisme, lui, ne vise pas cette prospérité, mais la croissance *indéfinie* des ressources. Une prospérité in-définie est une contradiction logique et une absurdité, puisque la prospérité suppose la définition de la « bonne vie ». La conséquence de cette absurdité initiale est d'obliger ou d'inciter les hommes à poursuivre la chimère d'une prospérité indéterminée et d'oublier toutes les autres fins, religieuses, spirituelles, intellectuelles, héroïques, ludiques, esthétiques... Ceux qui ont la décence de retenir ces autres fins se trouvent pénalisés en termes de reconnaissance sociale, ce qui est désagréable et, plus gravement, compromet le recrutement des talents au service de ce qui illustre l'humanité. Qu'est-ce qu'une civilisation qui multiplie les surgelés et le papier hygiénique, mais qui ne construit plus de temples, ne produit plus de poésie ni de musique, abolit l'aventure... ? Bref, le capitalisme transforme les sociétés humaines en ruches ou en termitières, sans doute efficaces, mais privées d'âme et de sens.

Or une humanité sans âme n'est plus l'humanité. Le capitalisme déshumanise parce qu'il est contre nature, et il est contre nature parce qu'il existe une hiérarchie naturelle des fins. Dans cette hiérarchie, la place naturelle de l'économique est non pas la première ni la dernière, elle est la servante de toutes les autres fins, en ce sens qu'elle leur procure leurs ressources, de la manière la plus économique possible : le plus avec le moins. Comme la rareté est la contrainte la plus irréductible qui pèse sur l'humanité et le vivant en général, l'économique occupe une place décisive, peut-être la plus décisive qui soit, dans le dispositif humain. Mais cette position stratégique n'en fait pas une fin dernière dans la hiérarchie des fins. Les fins dernières sont celles qui permettent de donner un contenu défini à la « bonne vie », ce sont les fins religieuses et/ou éthiques. Le capitalisme est contre nature parce qu'il consiste à transformer une fin intermédiaire en fin dernière et que, ce faisant, il subvertit la hiérarchie naturelle des fins. Comme cette subversion est intrinsèquement absurde, le primat de l'économique et sa perversion en chrématistique enlèvent tout sens à l'aventure humaine, car qu'est-ce qu'une civilisation fondée sur l'obsession individuelle et collective d'augmenter chaque année le produit national brut par tête d'un certain pourcentage ?

Le deuxième thème antichrématistique développe l'idée très vraie que la subversion des fins n'est pas seulement un sujet de conversation et de déploration pour philosophes ; elle se traduit très concrètement par des malheurs très réels infligés aux êtres humains. Ces malheurs, nous les avons rencontrés dans les « expressions » du capitalisme. Le traitement idéologique de ces expressions consiste à ne voir qu'un seul côté des choses. Ainsi, l'injection de toujours plus de savoir dans la production, qui est la condition des gains de productivité, devient la mise en place d'un gigantesque système technique, qui a deux caractères déshumanisants. D'un côté, il enserre les individus dans ses engrenages implacables et les transforme en pièces interchangeables de la machine. Par le fait, les hommes cessent d'être des personnes, pour devenir des choses « unidimensionnelles » : ils sont victimes de la « réification » — comme toujours, cela se dit bien mieux en allemand :

Verdinglichung ! D'un autre côté, le système technique, qui n'est qu'une gigantesque machine hautement complexe, est animé par un dynamisme propre, qui échappe aux hommes et aux créateurs de la machine. Comme le marché, la machine est un produit humain qui se détache des hommes et les emporte dans un mouvement aveugle et incontrôlable. Les hommes tombent victimes de l'« aliénation », au sens de l'allemand *Entäusserung*, d'une expression qui s'objective au point de s'imposer à son producteur.

Le capitalisme rend encore les hommes malheureux en transformant toutes les valeurs d'usage en valeurs d'échange. Il ne respecte rien, il attribue un prix à tout, tout s'achète et se vend, même ce qu'il y a de plus saint et de plus sacré. La vie elle-même est « appréciée », puisque l'on calcule la valeur des soins à donner aux malades en fonction de leur âge et de la probabilité que leur état s'améliore d'une valeur définie. On va même jusqu'à tarifer l'amour maternel, en évoquant la possibilité d'un « salaire maternel ». En un mot, le capitalisme dépouille les hommes de leur dignité humaine.

Ils ne la retrouvent pas, bien au contraire, elle se perd corps et biens dans cet univers d'objets marchands que crée le capitalisme, vidés de toute substance et réduits à l'état de signes. Des signes de quoi ? D'appartenance sociale ou de distinction sociale, ce qui les rend autoréférentiels : un signe est un signifiant qui n'a de signification et ne devient un signifié que dans le système des signes où il entre ! Le philosophe est atterré. Le moraliste, lui, est scandalisé de voir les consommateurs happés par la compétition envieuse des désirs et menés par le bout du nez par la publicité. Le capitalisme transforme ainsi les hommes en marionnettes, dont les fils sont tirés non plus par des hommes, parce que les capitalistes font partie du système et sont eux aussi déshumanisés, mais par des zombies. Des zombies agités par des zombies, telle est l'aliénation infligée, en un autre sens du mot — *Entfremdung*, en allemand.

Pour comble de malheur, le mouvement perpétuel instauré par le capitalisme rend précaire toute position, quelle qu'elle soit. L'insécurité psychique est l'envers de cette précarité objective. Elle aussi est contre nature, car les êtres humains ont besoin de stabilité et de sécurité pour se sentir un peu moins malheureux. Ainsi, le capitalisme — et non pas les capitalistes, car, une fois encore, c'est le système qui est responsable de la situation déplorée, et il emporte tout le monde dans la tourmente, y compris ses bénéficiaires apparents, qui sont encore plus malheureux, puisqu'ils ne savent même pas qu'ils le sont ! — attaque, mine et ruine les assises psychiques de l'espèce, ce dont résultent des maux psychiques, somatiques et psychosomatiques : dépressions, tensions, irritabilité, mal de dos, troubles du sommeil, libido perturbée...

Le dernier thème part de cette vérité que le

propre du capitalisme est de transformer des ressources naturelles en produits artificiels, dont la destination inévitable est d'être d'abord consumés dans la consommation, puis rejetés, pour ce qu'il en reste, sous forme de déchets. En termes plus brutaux, produire et consommer, c'est détruire et polluer. Comme la nature est la source et le réceptacle ultimes, produire et consommer, c'est épuiser et salir la nature. Avant le capitalisme, cette manière de décrire la réalité pouvait passer pour une exagération littéraire ou hypocondriaque. Avec le capitalisme, la description devient réaliste et saisit le problème dans sa vérité. En effet, la nature — c'est-à-dire, pour ce qui nous concerne, la planète Terre — est un système *fini*, alors que le capitalisme, étant incontrôlable tant de l'intérieur que de l'extérieur, est un système *infini*. Il en résulte une contradiction ingérable, qui se résoudra, tôt ou tard, par l'épuisement des ressources et une pollution léthale.

Pendant à peu près deux siècles, les conséquences de la contradiction ont été locales et régionales, ce qui a permis de les ignorer ou de les minimiser. Mais elles deviennent globales, à cause de la prolifération humaine, de l'expansion mondiale du capitalisme, des cumulations successives et d'effets de seuil. Il se peut que ce diagnostic alarmiste soit faux, mais il ne peut pas l'être absolument ; il ne saurait être que prématuré, au mieux, parce que la contradiction entre la finitude de la nature et l'infinitude du capitalisme est réelle. Le jour où la contradiction éclatera, l'humanité risque fort de se retrouver dans une situation sans issue. Un diagnostic prématuré aujourd'hui vient peut-être tout juste à son heure pour nous permettre de préparer un demain vivable par des mesures immédiates.

Quelles mesures ? Le fait est que les anticapitalistes ont toujours été remarquablement discrets sur ce qu'il convenait de faire. On ne les voit jamais aller au-delà de la tautologie qui consiste à dénoncer une situation et à exiger l'instauration de son contradictoire. La pollution est scandaleuse, il faut supprimer la pollution ! Les solutions que propose le capitalisme, sous l'égide de la démocratie et du bon sens, sont simples et directes. La première consiste à prendre au sérieux la proposition que l'économique et le capitalisme sont des moyens, et rien que des moyens, et à considérer qu'il revient à chaque citoyen, considéré comme un acteur libre, raisonnable et responsable, de définir pour lui-même la « bonne vie » : c'est un problème éthique, qui intéresse et regarde chacun, et sur lequel l'économique et le capitalisme doivent rester muets. La seconde solution revient à respecter la rationalité économique et à faire en sorte que les prix incluent tous les coûts, y compris ceux imposés par la finitude de la nature, qui n'est, après tout, qu'une rareté fondatrice de l'économique lui-même. La manière la plus efficace d'obtenir la vérité des prix est une combinaison de taxations et de licences transitant par des marchés.

Les anticapitalistes ne se rallient pas aux solutions du bon sens, sinon ils ne seraient pas des idéologues. Dès l'origine, ils se sont partagés en deux camps. Les uns croient trouver une issue en se débarrassant non seulement du capitalisme, mais aussi de tout ce qui l'accompagne, c'est-à-dire de la modernité en gros et en détail, de la démocratie, de l'individualisme, de la science, de la sécularisation. Ces réactionnaires antimodernes prônent le retour aux « vraies » valeurs d'antan. Les autres sont, en quelque sorte, ultramodernes. Ils acceptent la modernité, tout en détestant le capitalisme et en cherchant à l'éliminer. Certains voient le salut dans la mise à mort du capitalisme selon ses trois premières définitions : sans propriété, ni marché, ni entrepreneurs, la chrématistique sera vaincue, au sein de l'abondance. Une cohorte différente chercherait plutôt à vaincre le capitalisme en le développant jusqu'à l'épuisement de ses possibilités : parvenu à l'état stationnaire, il dispensera l'abondance par une efficacité infinie, qui résoudra tous les problèmes. Les antimodernes ont trouvé des expressions idéologiques et politiques dans le fascisme, le gauchisme, l'écologisme... Les ultramodernes ont produit le socialisme et le communisme, et des utopies technico-scientifiques variées.

SIXIÈME PARTIE

LE CAPITALISME MONDIAL

I

L'UNIVERSALITÉ DU CAPITALISME

Le capitalisme est né et a été adopté spontanément sur une aire géographique très restreinte, dont l'on énumérera vite les provinces principales : l'Angleterre, le Pays de Galles et l'Écosse, la France du Nord, la Belgique, les Pays-Bas, l'Allemagne, l'Italie du Nord, la Suisse, la Catalogne, les Asturies. Ajoutons-y des transplantations en Amérique du Nord, et nous obtenons l'aire capitaliste émergée entre 1848 et 1914, pour prendre encore des dates symboliques. Cette aire n'est pas un continuum, il faut la percevoir comme une surface traditionnelle selon l'économie, tachetée de développements modernes plus ou moins étendus, mais en extension croissante, si bien que l'on peut considérer que, à la veille de la catastrophe, la modernité économique a triomphé et est installée.

Dès l'époque, que l'on peut prolonger jusqu'en 1929 et à la Grande Dépression pour les zones non touchées directement par la guerre, des développements économiques de type capitaliste apparaissent ailleurs. On repère trois zones de développement. L'Amérique latine en est une, parfois brillante, comme l'Argentine et l'Uruguay, ailleurs plus hésitante et plus localisée, au Mexique, en Colombie et au Brésil. Il est d'autant plus permis de considérer cette zone comme une dépendance ou une extension économique de l'Europe que les capitaux viennent d'Europe, avant tout d'Angleterre et de France ; ce n'est qu'en fin de période que les capitaux américains prennent en partie le relais. Une deuxième zone est la Russie, qui connaît, dans les années qui précèdent 1914, la croissance économique la plus rapide, si intense qu'elle pouvait laisser prévoir l'émergence de la Russie comme une puissance économique — et non seulement militaire — de tout premier plan, n'eût été le doute semé par une histoire économique chaotique, marquée de phases de progrès inspirés par l'Europe et imposés par l'appareil tsariste et de phases d'assoupissement et de régression, faute d'une société civile dynamique. Quoi qu'il en soit, ce pôle capitaliste russe doit être rattaché à l'aire européenne, du seul fait, non pas que la Russie soit européenne, mais que la géographie l'ait intégrée à l'espace transpolitique européen depuis le XVIIIe siècle. Il reste une troisième zone, franchement exotique, le Japon et, moins marquée, des portions de la Chine méridionale et côtière, centrées sur Shanghai et Canton. Mais l'exotisme est frelaté en Chine, parce que les zones gagnées au capitalisme sont au contact direct ou même sous la coupe immédiate de l'Europe et des États-Unis. Il n'y a guère que le Japon qui fasse exception sur la planète, mais son histoire politique, sociale, morphologique et même économique est, comme nous l'avons vu, si étrangement parallèle à celle de l'Europe occidentale que l'exception perd toute valeur dans une argumentation éventuelle.

Car l'interrogation s'impose à l'attention de l'historien, du sociologue et du philosophe : le capitalisme est-il un produit culturel européen, susceptible de se diffuser seulement dans une aire culturelle européenne ou européanisée ? Ou bien le capitalisme est-il un produit culturellement neutre, capable d'être adopté par n'importe quelle aire culturelle ? Le capitalisme a-t-il plutôt le statut des églises romanes et gothiques, dont la transplantation en terre indienne ou chinoise ne pourrait être qu'artificielle et sans conséquences esthétiques durables, ou celui de l'arc et de la flèche, apparus il y a une douzaine de millénaires, quelque part dans une bande de chasseurs de la toundra et de la taïga bordant la périphérie méridionale des glaciers d'Eurasie, et diffusés presque instantanément de l'Atlantique au Pacifique ?

Les trois parties consacrées aux conditions qui ont présidé à la naissance du capitalisme en Europe ne permettent pas de répondre. En effet, il peut se faire qu'un produit historique quelconque ait exigé des conditions infiniment précises pour émerger à l'existence, que la réunion des conditions ait dépendu de rencontres infiniment improbables, et que, malgré tout, ce produit, une fois né à l'existence, puisse se répandre partout ou à peu près. L'exemple le plus fameux et le plus troublant d'un tel phénomène est la naissance de la science en Europe dans le premier tiers du XVIIe siècle : une fois inventée, elle peut être diffusée et adoptée dans toutes les cultures, parce que toutes produisent des individus exercés à utiliser rationnellement leurs facultés naturelles. Pour tenter de résoudre le problème, il faut suivre une procédure nouvelle. Elle repose sur la combinaison de deux angles d'attaque distincts et complémentaires. Le plus facile s'attache à décider du caractère universel ou non du produit historique lui-même, en l'occurrence le capitalisme. Le plus délicat cherche à se prononcer sur l'universalité des conditions de l'adoption du produit.

La première stratégie argumentative porte très précisément sur le point de savoir, non pas si les produits du développement capitaliste en Europe, les biens et les services qu'il offre aux gens, ont valeur universelle, mais si le capitalisme lui-même, comme régime distinct de l'économique, est universalisable. Par « universalisable », il faut entendre très précisément la capacité d'un produit à être adopté dans un contexte culturel étranger, sans que celui-ci ait eu à se transformer *préalablement* dans le sens du contexte culturel d'origine du produit. Plus brièvement : le capitalisme est universalisable si une aire culturelle exotique peut l'adopter sans *commencer* par s'européaniser. Ces deux sous-linéations sont importantes, car elles réservent la possibilité que le capitalisme, une fois adopté et installé, développe des conséquences analogues à celles constatées en Europe, si bien qu'une convergence générale apparaisse dans les expressions du capitalisme et dans les conséquences éventuelles de ces expressions[1].

Pour résoudre ce premier problème, il faut et il suffit d'isoler des caractères ultimes du capitalisme et de se demander s'ils sont universalisables ou non. On devrait être conduit à bon port, en scrutant trois caractères seulement : la productivité croissante, le niveau de vie croissant, les mécanismes de marché. Nous avons défini la productivité comme le rapport entre les « intrants » nécessaires pour obtenir une quantité définie de produits d'une qualité définie et les « extrants » que sont ces produits. La productivité est faible ou forte, selon que le rapport a un produit fort ou faible. Si avec 10 on obtient 2, la productivité sera plus faible que si l'on extrait 5 de 10 : de l'un à l'autre cas, le rapport a baissé de 5 à 2 et la productivité a été multipliée deux fois et demie. La productivité peut être faible relativement à une productivité forte, mais elle ne saurait l'être par un propos délibéré, parce que ce serait se mettre en infraction avec le principe d'économie, qui impose de chercher à obtenir le plus avec le

1. Voir ci-dessous, chap. V et VI, pp. 380 *sqq.*

moins. Vu sous cet angle, le capitalisme se présente comme un ensemble de dispositifs et de procédures permettant de pousser toujours plus loin le principe d'économie.

Assise sur ces définitions, la question devient facile à résoudre. Elle est, en fait, double. À la première question — le principe d'économie est-il humain en général ou européen en particulier ? —, la réponse n'est pas douteuse : il est humain. Nous l'avons établi en son temps[1], en fondant la démonstration sur un raisonnement par l'absurde : un animal rationnel ne peut pas vouloir le moins avec le plus, car ce serait choisir de n'avoir rien en donnant tout. On peut même plaider, avec Aristote, que la nature tout entière respecte le principe d'économie, en choisissant toujours les solutions les plus parcimonieuses dans un contexte donné de paramètres. Mais il pourrait se faire que l'homme respectât le principe d'économie, mais que ses représentants actualisés en cultures définies fussent empêchés de le faire, pour des raisons circonstancielles quelconques. Voilà une hypothèse que l'on ne pourra jamais soutenir avec des documents à l'appui. Au contraire, toutes les économies, dans le cadre des techniques disponibles et compte tenu de toute une série de contraintes, cherchent et réussissent à maximiser leur efficacité, qu'il s'agisse de prédation, d'élevage, d'agriculture ou d'artisanat. Il

1. Voir ci-dessus, Ire partie, chap. III (t. I, pp. 70 *sqq.*).

peut se faire qu'un observateur extérieur soit enclin à conclure, de l'examen d'un régime économique primitif et traditionnel, qu'il pourrait « mieux » faire avec les moyens disponibles, mais il convient de ne recevoir ces conclusions qu'avec la plus grande circonspection et après s'être demandé si les acteurs avaient intérêt à mieux faire, compte tenu de tous les paramètres. Le point qui nous importe, au-delà de ces discussions de détails entre spécialistes, est la validité de la proposition générale : le principe d'économie est humain et universel, il n'a pas à être inventé, ni enseigné, ni acculturé.

On donnera la même réponse à la seconde question : les dispositifs et les procédures capitalistes permettant de pousser toujours plus loin le principe d'économie sont-ils humains/universels ou européens ? La réponse est qu'ils sont humains. Ils le sont parce qu'ils sont rationnels et que l'espèce est rationnelle. La productivité capitaliste repose sur des percées scientifiques. Les sciences sont les produits de l'intelligence humaine, et l'intelligence humaine est partout la même. Mais on sent bien que la situation n'est pas ici la même qu'à propos du principe d'économie. Si l'homme est rationnel, ses représentants le sont plus ou moins, en fonction de leurs dotations naturelles, et, surtout, l'application de la rationalité aux procédures proprement scientifiques suppose un apprentissage et une conversion, dont il n'est pas assuré que toutes les cultures les favorisent au même degré. Par conséquent, il peut se faire qu'une aire culturelle freine la conversion à la rationalité scientifique et entrave l'adoption du capitalisme, sans que celui-ci cesse pour autant d'être universalisable ni que l'aire considérée ne puisse pas produire des savants ou accéder un jour à la rationalité scientifique.

On peut appliquer le même raisonnement aux dispositifs techniques adoptés par le capitalisme et à ses modes d'organisation et de gestion. Dans tous ses dispositifs et toutes ses procédures, il mobilise toujours des facultés et des capacités qui font partie de la dotation naturelle de l'espèce en général. Cette proposition autorise à conclure que le capitalisme est virtuellement et non pas actuellement universalisable, car l'on ne peut pas exclure *a priori* — bien au contraire, le bon sens incite à supposer — que certaines conditions culturelles déterminées soient exigées, pour que les dotations naturelles puissent être mobilisées par le capitalisme. Aussi bien une nouvelle argumentation doit-elle traiter cet aspect de la question.

Le deuxième caractère retenu pour décider si le capitalisme est universalisable est l'augmentation du niveau de vie. La question peut être amenée par le raisonnement suivant, qui résume des développements antérieurs. Les gains de productivité réalisés par le capitalisme se traduisent irrésistiblement par l'augmentation des quantités de biens et de services acquis et consommés. La liaison se fait par la conjonction de la baisse des prix relatifs, elle-même conséquence directe des gains de productivité et conséquence indirecte de la concurrence, et de l'augmentation des revenus, du fait de la valeur accrue du facteur travail, déterminée par le fait que productivité et matière grise ont partie liée, et de la croissance des profits dégagés sur le marché par les innovations conduisant aux gains de productivité. En un mot : une économie plus efficace fournit en produits moins chers des consommateurs plus riches. Il est évident qu'il convient, pour que la liaison se fasse, que les consommateurs soient disposés à dépenser leur argent dans l'achat des produits offerts. La question est celle-ci : la propension à consommer est-elle européenne ou humaine et universelle ?

La bonne réponse est évidemment la seconde. Il suffirait de renvoyer à l'argumentation proposée antérieurement[1], si l'évidence n'avait été constamment niée. Le déni naît du sens commun et de l'idéologie. Le sens commun répugne à accepter la croissance indéfinie de la propension à consommer, d'une part parce que toute croissance à l'infini heurte, à juste titre, le bon sens, et, de l'autre, parce que l'imagination humaine est très limitée : on extrapole la situation présente, en la complétant là où des manques sont *perçus,* et l'on demeure incapable d'imaginer des consommations radicalement autres. Une enquête fran-

1. Voir ci-dessus, IVe partie, chap. VI, pp. 131 *sqq.*

çaise avait jadis révélé que chaque niveau de revenus s'estimait satisfait par la perspective d'un pouvoir d'achat augmenté du tiers : chaque population de consommateurs calculait dans les bornes de ce qu'elle avait déjà. De même Marx, quand il daignait prévoir la société d'abondance ou quand il cherchait à estimer la plus-value volée aux prolétaires, en estimant la valeur monétaire du « panier de la ménagère » naturel, voyait comme le comble de la consommation celle de la petite bourgeoisie anglaise de son temps.

L'idéologie a développé, chez Marx lui-même, les indications du bon sens, en cherchant à démontrer que, l'offre capitaliste croissant indéfiniment d'un côté et la demande populaire étant naturellement limitée de l'autre — à moins que l'on crût aux thèses de la « paupérisation absolue » et, dans ce cas, la demande *solvable* baissait inexorablement —, le capitalisme devait succomber à des crises de surproduction de plus en plus aiguës. Comme, au début du XXe siècle, ces crises se faisaient cruellement attendre, un certain Hobson, relayé par Lénine, inventa la théorie de l'impérialisme : la surproduction était évitée parce que les pays capitalistes exportaient dans leurs empires et se faisaient la guerre. Dans notre jeunesse encore, on nous expliquait que l'impérialisme américain ne survivait que grâce à la course aux armements fomentée contre le pacifisme soviétique.

La réalité est moins dramatique. Les biens et les

services sont des ressources consommées par les acteurs sociaux, dans la poursuite des fins que leur assignent leur nature et leur condition. Les acteurs consomment, individuellement et en groupes, pour se nourrir, se vêtir, se loger ; pour satisfaire leurs besoins d'absolu dans la construction de lieux de culte, dans l'entretien d'un clergé, dans des sacrifices ; pour se protéger contre des ennemis extérieurs ou les attaquer ; pour faire partie du même monde et se distinguer des autres ; etc. Toutes ces consommations de ressources sont déterminées culturellement dans leurs actualisations concrètes, ce qui leur confère un très haut degré de liberté. D'autre part, les ressources sont toujours rares, car elles sont l'objet de besoins et de désirs culturellement définis et, conséquemment, libres. On n'en a jamais assez, et l'on est toujours disposé à en avoir plus, sauf choix éthique ou religieux délibéré, mais rare. Donc la propension à consommer est universellement ouverte, parce que telle est la nature humaine. Est-il besoin d'ajouter que toutes les expériences historiques vérifient invariablement la conclusion et que l'on n'a jamais été obligé d'obliger les gens à consommer plus ?

Le troisième et dernier caractère retenu doit peu nous arrêter. Le capitalisme est une économie de marché, au sens où les activités économiques sont régulées par des confrontations réglées — c'est-à-dire soustraites à la violence et à la ruse — d'offres et de demandes, selon trois modalités :

des échanges, des partages et des explorations[1]. La question est à nouveau : le marché est-il une découverte européenne étroitement liée à la culture européenne ou bien est-il une institution humaine en général ou universalisable spontanément ? Il n'est pas douteux que la bonne réponse favorise la deuxième branche de l'alternative : le marché est une procédure universelle, qui a été inventée par personne et par tout le monde. Il est aussi naturel à l'espèce humaine qu'est naturelle aux abeilles la danse pour indiquer aux ouvrières la position des sources de nourriture. L'universalité de la procédure lui vient de ce qu'elle est la solution la plus simple et la plus efficace que l'on puisse apporter aux problèmes d'échange (d'idées, de mots, de femmes, de biens, de services, d'insultes, de coups...), de partage (du pouvoir, du prestige, de la richesse) et d'exploration (de tous les problèmes qui se posent à l'homme, aux sociétés et aux individus). La procédure du marché est si universellement humaine qu'elle ne fonctionne pas seulement dans l'ordre économique. Toutes les activités humaines, politiques, religieuses, ludiques, même éthiques, l'utilisent. On peut même plaider qu'elle n'est pas originairement économique, parce que, pendant des dizaines de millénaires, les occasions de faire fonctionner des marchés économiques étaient marginales. L'on a pu plaider de manière convaincante

1. Voir ci-dessus, Ire partie, chap. III (t. I, pp. 71 *sqq.*).

que l'invention de la monnaie en Ionie a son origine dans des besoins non économiques, mais religieux[1]. C'est pourquoi il serait utile d'adopter un mot à la sémantique moins étroitement économique que celui de marché. Je propose « agorie ».

La conclusion à tirer de cette première argumentation est qu'il n'y a aucune raison d'affirmer que le capitalisme soit un produit culturel européen, susceptible de rencontrer des obstacles culturels à son adoption, insurmontables dans des contextes non européens. Mais ne tombons pas victimes d'un piège trop évident. Ce n'est pas parce que le capitalisme présente des traits essentiels universels, qu'il pouvait être inventé n'importe où. En examinant les origines du capitalisme, il nous est apparu, bien au contraire, qu'il exigeait des conditions très précises et contraignantes et que ces conditions ne se sont trouvées réunies qu'en Europe occidentale et nulle part ailleurs. Il pourrait se faire que le capitalisme fût dans la situation de la démocratie. C'est le régime politique naturel de l'humanité, celui qu'elle adopte spontanément, dès que les conditions lui sont favorables, mais elles ne le lui sont pas toujours, loin s'en faut, et l'on peut même concevoir

1. J'ai esquissé un examen historique et sociologique de ces problèmes dans une série d'articles inédits en français : voir J. Baechler, « Mercato e democrazia », *Mondoperaio*, 38, n° 12, déc. 1985, pp. 64-73 ; 39, n° 1, janv. 1986, pp. 82-90 ; 39, n° 2, févr. 1986, pp. 86-94. Voir aussi B. Laum, *Heiliges Geld. Eine historische Untersuchung über den sakralen Ursprung des Geldes*, Tübingen, J.C.B. Mohr (P. Siebeck), 1926.

un état futur de l'humanité, où son régime naturel lui serait à jamais interdit. Le capitalisme oppose une difficulté différente, puisque, loin d'être le régime économique naturel de l'espèce, il en est plutôt, à certains égards, une déviation. Pourtant, le capitalisme demeure universalisable, parce que ses caractères centraux sont humains en général ou font appel à des capacités humaines générales. Pour résoudre la difficulté, tentons une seconde argumentation, qui consisterait à repérer les principales conditions de l'*adoption* — et non plus de l'*invention* — du capitalisme et à supputer les probabilités qu'elles soient remplies hors d'Europe.

Nous pouvons limiter notre enquête à quatre conditions. La première est celle des ressources. La question est la suivante : y a-t-il partout sur la Terre assez de ressources pour soutenir une économie capitaliste ? La réponse est oui, mais il faut la qualifier d'une manière inattendue. La proposition qui est à la base de l'économique même, est qu'il n'existe nulle part de richesses naturelles, parce que les seules richesses existantes sont celles produites par les hommes. Or nous savons que les hommes produisent des richesses avec des facteurs, c'est-à-dire avec des matières premières, du travail, des capitaux, des initiatives... Par nature et par définition, des richesses naissent de la combinaison de facteurs et avec elle. Le pétrole et le gaz naturel étaient présents depuis des millions d'années dans le sous-sol de la péninsule arabique : ils sont devenus des richesses, quand des compagnies occidentales ont commencé à les extraire, pour les vendre ailleurs. La question se présente donc dans les termes suivants : y a-t-il des facteurs partout sur la Terre ? La réponse générale et de principe est à nouveau oui, mais elle conduit à des applications plus nuancées. On peut affirmer que, partout sur le globe, existent des richesses virtuelles ou des ressources latentes, qui attendent d'être transformées en richesses actuelles par l'ingéniosité humaine. Telle contrée recèle des matières premières en abondance, telle autre est tellement peuplée qu'elle ne sait plus comment employer les bras disponibles. Une troisième a des capitaux à l'affût d'occasions profitables. Des endroits désolés selon les apparences ont du soleil à offrir, ou des plages, ou de l'air pur, ou des occasions d'aventures. Même les lieux où l'on serait bien en peine aujourd'hui de repérer le moindre facteur dormant, peuvent demain bénéficier d'une initiative inattendue. Qui aurait prédit Las Vegas, en plein désert du Nevada ? Le propre du capitalisme est de susciter des initiatives imprévues par quelque côté, puisque le profit est la récompense promise à qui pensera avant les autres à une nouvelle combinaison de facteurs.

Mais l'on aperçoit immédiatement la faille dans cet optimisme. Des facteurs sont présents partout, ce qui ne veut pas dire que partout sont présents les facteurs exigés par une combinaison donnée.

Plus généralement, les facteurs sont dispersés et inégalement répartis, et ils ignorent superbement les partages politiques. Là se trouvent des capitaux, et ici du travail ; ailleurs, la matière grise est abondante et l'esprit d'entreprise pétillant, mais les matières premières ou l'énergie manquent, et ainsi de suite. Comme la richesse repose sur la combinaison la plus efficace des facteurs, on peut postuler que la planète considérée comme un ensemble unique peut connaître le développement capitaliste, à condition de devenir un marché unique, sur lequel les facteurs puissent circuler librement et sans frottements excessifs. S'il est vrai que des ressources sont présentes partout, leur transformation en richesses suppose un libre-échange planétaire. Cette condition pose un problème politique, qui n'est ni européen ni extra-européen, mais qui s'adresse aux polities et aux groupes de pression assiégeant le pouvoir politique. Mais les responsables politiques pourraient se convaincre qu'il est de leur intérêt d'augmenter la richesse nationale en participant aux échanges transpolitiques. Par conséquent, cette première condition de l'adoption du capitalisme *peut* être remplie hors d'Europe.

Une deuxième condition doit être la garantie donnée aux acteurs économiques qu'ils peuvent devenir titulaires de droits de propriété et qu'ils trouveront des recours efficaces, si ces droits sont violés. Cette condition est exigée, si chaque propriétaire d'un facteur doit chercher à en tirer le plus possible. Si les droits de propriété sont ignorés ou ne sont pas raisonnablement protégés, l'initiative est découragée, le travail languit, l'épargne est thésaurisée, et les énergies les plus ardentes sont encouragées à satisfaire leur avarice et leur cupidité dans le parasitage des richesses produites. La garantie des droits de propriété est un autre problème politique, car elle dépend de la présence ou non, réelle ou fictive, d'un État de droit. C'est un problème politique, au sens où la solution de principe est procurée par la nature du régime politique en place dans la politie.

Un chapitre antérieur[1] nous a conduits à distinguer deux régimes politiques polairement contradictoires, à tout point de vue et notamment à celui de la propriété. Le régime démocratique donne à celle-ci une garantie légale pleine et entière, et prévoit des recours efficaces, pour faire respecter la loi et le droit. Le régime autocratique, dans ses variantes tyrannique et surtout idéocratique, compromet radicalement les droits de propriété, qui ou bien sont purement et simplement niés et abolis ou bien mis à la merci des caprices des gouvernants. Tous les autres régimes sont intermédiaires : aucun n'est résolument hostile à la propriété, mais ils la respectent et la garantissent plus ou moins bien. Les hiérocraties du monde traditionnel sont généralement favorables à la propriété — d'autant plus qu'elles sont plus

1. Voir ci-dessus, Ire partie, chap. II (t. I, pp. 49 *sqq.*).

tempérées et moins absolues —, parce qu'elles ont intérêt à ménager la matière fiscale, qu'elles n'ont pas les moyens de tout contrôler ou que la société civile est capable de se défendre contre les exactions politiques. Les régimes autoritaires modernes peuvent aussi garantir la propriété et le font souvent, parce qu'ils se contentent du monopole politique et que la manière « autoritaire » de s'enrichir par le pouvoir politique est la corruption, non seulement très compatible avec la propriété, mais qui encore la suppose, car on ne peut se faire acheter que par les riches.

Il faut en conclure que toutes les aires culturelles ont eu, grâce à leurs régimes hiérocratiques, l'expérience, plus ou moins solide mais réelle, de la propriété, et que toutes sont susceptibles de la connaître dans le contexte moderne d'un régime autoritaire.

La troisième condition de la diffusion du capitalisme doit être la présence d'entrepreneurs, d'individus ardents à réunir des facteurs de production, parce qu'ils espèrent tirer un profit du pari que leur initiative rencontrera une demande solvable. Leur présence repose sur plusieurs conditions. Il faut des individus, dont le tempérament est d'être attiré par le profit et d'avoir le goût du risque. Il nous a semblé raisonnable de retenir l'hypothèse que ce sont des tempéraments naturels présents partout[1]. Il faut que ces indivi-

1. Voir ci-dessus, IVe partie, chap. IV, pp. 85 *sqq.*

dus soient à peu près assurés que la propriété des profits dégagés leur restera acquise, et qu'ils soient libérés de la crainte d'être volés ou spoliés, illégalement par des racketteurs et légalement par le percepteur. Cette condition rejoint la précédente : des droits de propriété garantis par un régime politique décent. Il convient, enfin, que ces entrepreneurs soient libres d'échanger, de partager et d'explorer de nouvelles combinaisons de facteurs. Ils doivent être libres d'entrer sur des marchés libres, aussi exempts que possible de monopoles légaux, de privilèges, d'exemptions, de protections. En un mot, ils ont besoin d'une sphère privée, raisonnablement à l'abri de la mainmise étatique et des limitations légales imposées par les groupes de pression. Cette dernière condition vaut pour l'intérieur comme pour l'extérieur de la politie. Un entrepreneur est d'autant plus incité à entreprendre que le marché intérieur lui est plus ouvert, mais aussi les marchés extérieurs, non pas seulement pour y écouler ses produits, mais aussi pour y acheter et y investir, bref il doit pouvoir prendre des initiatives n'importe où. Comme chaque entrepreneur a les mêmes exigences sur l'ouverture des marchés intérieurs et extérieurs, cette condition rejoint la toute première, un marché mondial aussi global que possible.

Toute cette argumentation converge vers la délimitation d'une condition ultime et décisive, de nature politique. Nous retrouvons, après des détours immenses, notre intuition initiale, que l'économique est dans la dépendance du politique en tout ce qui lui est essentiel et structurel. L'universalisation putative du capitalisme met le politique à contribution dans ses deux branches. La branche interne du politique exige une politie dotée d'un régime politique qui, au minimum, tolère les droits de propriété et les garantisse convenablement — ils le sont, quand les acteurs conviennent par leurs comportements économiques qu'ils le sont —, et qui assure une fluidité convenable — même remarque — des marchés. En un mot, il faut que le régime politique admette et respecte la distinction du public et du privé. La branche externe du politique impose que les relations transpolitiques soient aussi pacifiques que possible, aussi favorables au libre-échange que possible et aussi respectueuses d'un droit transpolitique ou « droit des gens » que possible.

Cette conclusion permet de mettre en place la clef de voûte de notre théorie. De même que l'invention du capitalisme en Europe et sa perpétuation en Occident ont reposé ultimement sur la réunion des conditions politiques de possibilité du phénomène, d'une part, par un système transpolitique oligopolaire et, d'autre part, par des régimes démocratiques ou très modérément autoritaires, de même le problème de sa diffusion et de son adoption hors d'Europe et d'Occident se pose en termes politiques doubles. La première question porte sur le libre-échange. Est-il concevable qu'il soit étendu à l'ensemble de la planète et que celle-ci devienne un marché économique global et intégré ? La réponse est évidemment oui. Ce n'est pas un problème de culture, mais de calcul politique. Plus précisément, l'humanité est une en tant qu'espèce distincte, ce qui habilite tous ses représentants, individuellement et en groupes, à entretenir tous les commerces humains, y compris les commerces économiques. Ces rapports sont une réalité depuis l'apparition de l'espèce au paléolithique, une réalité ténue, sans doute, pendant des dizaines de millénaires, mais là n'est pas la question. La question est de savoir si le capitalisme est universali*sable* : la réponse est positive, en ce qui concerne la possibilité d'un marché planétaire. Nous pouvons même dès maintenant plaider sa plausibilité et même sa réalité émergente.

La question suivante est double. Quelles sont les chances de la démocratie dans les polities extra-européennes et extra-occidentales, du régime le plus favorable au capitalisme à tous égards ? La réponse doit être des plus circonspectes. Force est de constater que ces chances sont à peu près nulles. Heureusement pour le capitalisme, il a un recours politique dans les régimes autoritaires. D'où une seconde question : quelles sont les chances que s'installent, dans les polities non démocratisables, des régimes autoritaires, susceptibles de garantir les droits de propriété, d'encourager les initiatives et d'accepter la fluidité des marchés intérieurs et l'ouverture sur les marchés extérieurs ? La réponse peut varier selon les polities et les époques, mais l'essentiel est qu'elle puisse être positive. C'est l'essentiel, parce qu'il est ainsi démontré que le capitalisme est universalisable non seulement en droit, à titre de possibilité abstraite, mais encore en fait, comme phénomène historique concret. Dans les chapitres qui suivent, nous nous efforcerons de montrer que ce phénomène est en train d'émerger irrésistiblement en ce moment même, après des vicissitudes nombreuses et douloureuses, pour l'essentiel politiques, et qu'il gagnera la planète entière. Il nous restera à estimer ce que peut bien signifier, pour l'humanité et en termes de civilisation, le triomphe universel du capitalisme.

II

LE SOUS-DÉVELOPPEMENT

Le mot « sous-développement » a été on ne peut plus mal choisi. Il l'a été dans le contexte de la guerre froide et de la lutte entre deux « systèmes », le capitalisme et le socialisme, pour désigner les pays qui étaient censés n'être ni l'un ni l'autre. D'où l'expression tout aussi malheureuse de « tiers monde », lancée par Alfred Sauvy. L'expression est fautive à cause de son préfixe. Elle suggère que le « développement » est la norme et que certaines polities sont sous la norme, ce qui, d'une part, masque l'évidence du caractère exceptionnel du développement capitaliste dans l'histoire humaine et, d'autre part, paraît indiquer que c'est une pure affaire de taux et de chiffres, alors qu'il s'agit de déséquilibres profonds. Ajoutons que le mot ne semble pas marquer de différence entre « sous-développement » et « non-développement », ce qui induit les économistes peu frottés d'histoire à placer les économies prémodernes dans un même ensemble avec celles qui sont dites sous-développées. Sur la même pente, on court le risque de mal percevoir les différences, du seul fait que tous les cas sont rangés dans une case unique. Enfin, le mot est devenu très péjoratif. Après que les théories de l'impérialisme eurent échoué à persuader que le sous-développement des uns est un effet du développement des autres, il ne restait plus qu'à en rejeter la responsabilité sur les gens eux-mêmes : leurs pays sont sous-développés, parce qu'ils sont eux-mêmes sous-développés ! Pour apaiser les susceptibilités, on parle plutôt aujourd'hui de « pays en voie de développement », ce qui est optimiste et plus aimable, mais ne vaut guère mieux.

Plutôt que de nous perdre dans des querelles de mots, essayons de prendre du phénomène une vue d'ensemble, en la rattachant à notre théorie du capitalisme et de la modernité. Les symptômes du sous-développement sont assez généralement connus, pour que l'on puisse se contenter d'allusions à des faits éloquents par eux-mêmes, à condition de les contraster avec des situations prémodernes et modernes. Les données démographiques sont toujours soulignées et présentées de manière dramatique, parce que l'opinion mondiale est guidée, depuis la Seconde Guerre mondiale, par les Anglo-Saxons et que leurs élites doivent à leurs racines puritaines d'être malthusiennes. Les taux de natalité sont très élevés, de l'ordre de 30 ‰ à 50 ‰. Les plus élevés acceptent la comparaison avec les situations prémodernes. Les taux reflètent l'absence de contraception. Ils sont en contraste avec les taux modernes, qui tombent nettement en dessous de 20 ‰. Un examen plus précis révélerait des disparités considérables de zone à zone et de pays à pays, des disparités que l'analyse démographique ne réussit pas toujours à bien expliquer. D'autre part, sur une période de cinquante ans environ, on constate une baisse générale des taux, parfois spectaculaire et toujours plus rapide que celle constatée en Europe entre la moitié du XVIIIe siècle et la moitié du XXe siècle. La baisse peut être rapportée à l'introduction de méthodes efficaces, à des campagnes publiques de persuasion, à l'amélioration de la condition féminine et, peut-être surtout, à l'effondrement de la mortalité infantile.

Les taux de mortalité sont, en effet, intermédiaires entre les taux prémodernes, proches des taux de natalité et rendus périodiquement supérieurs par les famines et les épidémies, et les taux modernes très bas, inférieurs à 10 ‰. Cette situation intermédiaire vaut notamment pour la mortalité infantile et juvénile, de l'ordre de 1 sur 2 — un nouveau-né sur deux conduit à la maturité ! — dans le monde traditionnel et peut-être de 2 sur 3 dans le monde primitif, alors qu'elle est devenue négligeable dans le monde moderne, où presque tous les nouveau-nés survivent : moins de 10 ‰ meurent dans leur première année.

Le résultat est une explosion démographique, avec des taux de croissance annuelle de la population situés entre 2 % et 3,5 %. Mais la baisse relativement rapide des taux de natalité fait que cette explosion est moins intense que celle vécue par l'Europe jadis. Les conséquences sont une population très jeune et une espérance de vie moyenne qui se rapproche plus de la situation moderne que de celle qui sévissait dans les mondes prémodernes.

Les données économiques échappent difficilement à l'arbitraire dans la présentation, si l'on prétend énoncer des propositions valant à peu près pour tous les pays. En ce domaine, en effet, les différences sont les plus nombreuses et les plus profondes. Somme toute, deux caractères généraux émergent seulement. Le premier, le plus frappant et le plus marqué, est que l'on a partout affaire à des économies duelles, au sens où elles sont composées de deux secteurs distincts, plus ou moins mal ajustés l'un à l'autre. L'un des deux secteurs peut être déclaré moderne, au sens où il est industrialisé, en croissance, urbanisé et où il a toutes les apparences extérieures de ce que l'on trouve dans le monde moderne. Ce ne sont pas que des apparences, ce sont aussi des réalités, mais imitées, importées, parachutées de l'extérieur. Ce secteur moderne est en quelque sorte extérieur à la société, au moins au sens où il n'en est pas un produit spontané et endogène. D'autre part, ce secteur est presque toujours à la traîne des économies modernes, techniquement, parce que, ces pays n'étant pas les foyers de l'innovation, même les technologies importées les plus récentes sont condamnées à être rapidement dépassées, et économiquement, parce que, la productivité étant faible et les marchés intérieurs rétrécis, le principe d'économie est moins facilement respecté : les pays modernes font presque toujours et en tout mieux et moins cher, ce qui en fait des concurrents redoutables et incite au protectionnisme. Or c'est le moyen le plus assuré de manquer la modernisation[1].

Le second secteur ne peut être déclaré prémoderne qu'avec les plus grandes réticences. Il englobe l'essentiel du secteur agricole, mais aussi l'artisanat et le petit commerce des campagnes et des villes. En termes de techniques, l'agriculture est bien prémoderne, en ce que les agriculteurs continuent des pratiques ancestrales dans la préparation des champs, la fumure, la sélection réduite des semences, une irrigation limitée ou mal conduite, une mécanisation réduite... Mais l'agriculture a, presque partout, été l'objet des soins plus ou moins éclairés des gouvernements et des agences internationales, qui, à coup de subventions, ont réussi à introduire dans les campagnes des techniques modernes. C'est pourquoi presque nulle part le secteur prémoderne n'est une survivance pure et simple du passé. Il l'est d'autant moins que la pression démographique rejoint ici l'économie. Alors que l'explosion

1. Voir ci-dessous, chap. IV, pp. 357 *sqq*.

démographique européenne a pu être amortie par l'industrialisation au XIXe siècle et, plus secondairement, par l'émigration vers les Amériques, celle des pays non modernes du XXe siècle ne trouve pas dans le premier secteur un exutoire proportionné aux besoins ; les chiffres concernés, d'autre part, atteignent de tels sommets que, pour de simples raisons d'arithmétique, et sans parler des obstacles politiques opposés par les pays d'accueil éventuels, l'émigration ne peut être que marginale. Le croît démographique pèse directement sur les campagnes, en les soumettant à des défrichements excessifs, incontrôlés, inconsidérés et catastrophiques, à l'épuisement des sols et parfois à leur disparition physique, à un sous-emploi massif.

Le second caractère général a été rendu familier par les comptabilités nationales et par les organismes internationaux comme la Banque mondiale et le Fonds monétaire international. Si l'on compare les polities en fonction de leur produit national brut par tête, il en ressort une évidence, à savoir que les pays dits sous-développés se retrouvent loin derrière les pays développés ou en développement accéléré. Il faut se méfier des statistiques, pour trois raisons. La première est de bon sens. Les nombres donnent l'illusion que l'hétérogène est devenu homogène. Si les statistiques révèlent que le revenu moyen d'un Tchadien est de 200 dollars et celui d'un New-Yorkais de 20 000, il ne faut pas en conclure que le niveau de vie du Tchadien est celui du New-Yorkais divisé par cent : donnez au New-Yorkais 200 dollars seulement pour un an, et il meurt de faim au bout de peu de temps, alors que tous les Tchadiens ne sont pas déjà morts, que l'on sache ! La deuxième raison de méfiance est que, par définition, les statistiques n'enregistrent que ce qui a un prix, c'est-à-dire ce qui est passé par un marché : tout ce qui est autoconsommé est ignoré. Comme le second secteur est dans ce cas pour une bonne part et qu'il occupe souvent la majorité de la population, les chiffres deviennent des fictions. La troisième raison est plus facile à corriger, et l'a été récemment par l'introduction d'un nouveau mode de calcul, la « parité des pouvoirs d'achat ». Au lieu de traduire les prix intérieurs par leur conversion en dollars au cours du change, on estime le coût en monnaie locale d'un « panier » défini de produits de consommation, le même pour tous les pays, ce qui permet des comparaisons de prix réels de pays à pays. Les comparaisons deviennent plus réalistes, et l'on a vu, du jour au lendemain, le Chinois moyen bondir d'un revenu de quelques centaines de dollars à quelque chose comme 2 300 !

Malgré ces restrictions, le décalage entre les niveaux de vie est évident aux yeux du voyageur le moins attentif. Si l'on en prend une vue plus historique et si l'on s'essaie à des comparaisons en termes de croissance annuelle, on observe en général ceci — qui ne concerne pas certains pays d'Asie, que nous retrouverons plus tard[1] : les taux peuvent être et sont souvent supérieurs à ceux des pays anciennement modernisés, mais ils portent sur des quantités initiales bien inférieures. Les taux connaissent des variations considérables, avec des périodes longues de stagnation, comme l'Amérique latine dans les années 1980, et même de déclin, comme l'Afrique sud-saharienne depuis plus de dix ans. On ne peut pas parler ici de « cycles économiques » longs, moyens ou courts, comme dans les économies capitalistes. Enfin, les taux sont trompeurs, car ils peuvent ne toucher que le secteur quasi moderne.

Les données dites « sociales » sont variées. Retenons-en quelques-unes. La condition féminine est généralement effroyable, selon les critères non seulement modernes, mais encore prémodernes. La charge de travail est énorme : les enfants, le ménage, les champs, la corvée d'eau, le ramassage du bois... Elles subissent des grossesses répétées et mal suivies médicalement, des accouchements risqués, des maladies variées. Les femmes démentent ici qu'elles sont le sexe fort et résistant : elles vivent moins longtemps, en moyenne, que les hommes. Le préjugé en faveur des garçons est très largement répandu. La raison principale en est peut-être que les filles iront se marier ailleurs et sont, de ce fait, une perte sèche en termes d'investissement. Dans les cas extrêmes, le préjugé

1. Voir ci-dessous, chap. V, pp. 380 *sqq.*

conduit à l'infanticide des petites filles, qui semble ne pas être insignifiant en termes chiffrés en Chine et en Inde. Partout, il conduit les parents à négliger l'instruction des filles. C'est la conséquence la plus grave et la plus calamiteuse : démographiquement, on note une corrélation directe et puissante entre le niveau d'instruction des femmes et le nombre de leurs enfants ; économiquement, c'est exclure la moitié du facteur travail de la modernité ; affectivement, c'est déséquilibrer les couples et dissocier excessivement les images parentales ; socialement, c'est segmenter la sociabilité et accroître l'instabilité en facilitant la mobilisation des mâles, plus agressifs et plus aisément coalescibles en foules.

La stratification et la composition sociales reflètent la dualité de l'économie. D'un côté, on rencontre une société sur le modèle moderne, avec ses élites, son peuple et ses déclassés. Par leurs revenus sinon par leur fonction, des élites prémodernes peuvent s'y joindre, qui ont conservé des assises économiques prémodernes, par exemple dans la propriété de la terre. La collusion entre élites modernes et prémodernes peut bloquer indéfiniment des réformes indispensables pour la modernisation, ainsi une réforme agraire exigée par une agriculture moderne ou, plus important, la mise en place d'une sphère publique fidèle à sa vocation de gestionnaire du bien commun, en place de clientèles et de réseaux d'influences attelés à piller les caisses publiques.

De l'autre côté, on trouve un peuple prémoderne, mais désarticulé et déclassé, d'agriculteurs pauvres ou miséreux, de sans-travail, de vagabonds, de saisonniers, bref une masse en expansion, dont les perspectives d'accès à la modernité sont à peu près nulles. Des fractions croissantes de cette population sont attirées par des agglomérations gigantesques, que l'on hésite à qualifier de villes, non par l'espoir d'y être mieux, mais par celui de s'y trouver moins mal.

Terminons sur un dernier symptôme. La démographie produit des pyramides des âges à la base démesurément élargie. Même si les enfants consomment peu par tête et rapportent tôt à leurs parents par leur travail — ce qui, du reste, explique que les taux de natalité restent plus élevés que ne le voudrait l'effondrement de la mortalité infantile —, ils tirent sur des ressources collectives rares. Cette jeunesse surabondante ne reçoit, en majorité, aucune instruction ou une instruction limitée et médiocre, faute de ressources à consacrer aux enseignements primaire et secondaire ou parce que les ressources ont été détournées, comme en Amérique latine et en Afrique, vers l'enseignement supérieur, qui intéresse davantage les élites. Le résultat est une main-d'œuvre tout à fait inadaptée aux exigences d'une économie moderne. Comme, dans l'état actuel de l'économie, le nombre d'emplois créés et libérés est très inférieur à celui des nouveaux demandeurs, le chômage des jeunes est massif — jusqu'à

50 % en Algérie —, ce qui multiplie la délinquance, la criminalité, le désespoir, la révolte. Les plus dynamiques et les mieux formés s'en vont, parce que les perspectives sont bouchées et qu'ils trouvent mieux à tous égards dans les pays modernes. Leur calcul est une perte pour le pays de départ et peut devenir un problème pour le pays d'arrivée.

Les symptômes sont assez patents et convergents, pour qu'il soit permis de porter un diagnostic unique. Le sous-développement n'est pas un état stable parmi d'autres, c'est un déséquilibre profond et multiforme. Il affecte des sociétés qui ne sont plus prémodernes et pas encore modernes, et qui doivent leur déséquilibrage à un contact — brutal, artificiel, mal géré — avec la modernité. De nombreux symptômes rappellent des situations européennes et occidentales, dans les premières phases du capitalisme, mais ces analogies sont trompeuses et risquent de conduire à un diagnostic faux, où le déséquilibre est présenté comme une crise transitoire de l'adolescence. Le « décollage » européen au XIXe siècle a résulté d'un dynamisme endogène, qui a raccourci les transitions, et le dynamisme a, en quelque sorte, été celui de la société tout entière, ce qui a évité, sauf exceptions locales, les déséquilibres internes. Les sociétés européennes n'ont pas subi le choc de la modernité, puisqu'elles l'ont fait émerger en leur propre sein. Le développement capitaliste a été organique et a imposé une acculturation spontanée, alors que, dans le reste du monde, il est venu de l'extérieur comme un aérolithe.

L'impact a été sensible partout, mais ses ravages ont été très variables. Ils ne sont pas les mêmes en Afrique noire et en Asie méridionale ou orientale : ces différences doivent avoir quelque rapport avec les différences entre les aires culturelles. À l'intérieur d'une même aire et parfois au sein d'une même collectivité, on note des différences sensibles, entre les Corées du Nord et du Sud, entre la Bolivie et le Chili, entre la Guinée et la Côte-d'Ivoire. Il ne suffit donc pas d'attribuer les déséquilibres à l'impact de la modernité. Pour saisir l'étiologie du sous-développement, il faut rechercher des facteurs plus précis et plus fins et les trouver dans les terrains affectés eux-mêmes.

Jusque vers 1980, le problème a été intensément et âprement débattu, parce que le débat était hautement chargé en idéologie. Depuis lors, il semble que les vérités premières réussissent à s'imposer à peu près. Certaines fausses pistes peuvent être dénoncées, sans que l'on se retrouve épinglé comme suppôt de l'impérialisme. La principale et la plus néfaste a, d'ailleurs, été tracée par les théories de l'impérialisme[1]. Nous avons proposé au chapitre I de fermer la fausse piste expliquant la pauvreté des pays pauvres par leur pauvreté en richesses naturelles, en montrant que la notion de richesse naturelle est vaine et même

1. Voir ci-dessous, chap. IV, pp. 371 *sqq*.

contradictoire. Une autre fausse piste peut être étiquetée « culturaliste ». Elle avançait que le simple contact avec la modernité de sociétés extérieures à l'aire européenne les précipitait dans le sous-développement. Il se peut que cette explication fût rattachée à des souvenirs d'école sur les conséquences catastrophiques du contact des Européens avec les Caraïbes et les Amérindiens au XVIe siècle. Mais on avait perdu de vue des expériences beaucoup plus récentes. Jusqu'en 1914, et même, généralement, jusqu'à la grande dépression des années 1930, le développement économique gagne de nombreux pays et zones, sans, selon les apparences, soulever de problèmes qui ne puissent être rapportés à des crises de croissance juvénile. Toute l'Amérique latine est gagnée, et l'on souligne avec admiration les réussites exemplaires de l'Argentine et de l'Uruguay. La Chine, la Russie, la Perse, qui ne s'appelait pas encore l'Iran, sans parler du Japon, semblaient elles aussi promises à une transition et à une modernisation assez souples, pour correspondre à peu près aux modèles européen et américain, reçus, assimilés et transformés selon les possibilités et les exigences locales.

Il s'est manifestement passé quelque chose, qui a fait verser l'attelage de la modernisation et a précipité dans le sous-développement une bonne partie de l'humanité pendant des décennies. Dans ce qui suit, nous laissons délibérément de côté les expériences communistes d'antidéveloppement, pour les retrouver dans le chapitre suivant. La thèse générale sur l'étiologie du sous-développement peut s'énoncer en une proposition unique : de même que le développement économique occidental a reposé sur des droits de propriété, des marchés et des entrepreneurs et que ces conditions de possibilité ont été réunies par des régimes démocratiques ou démocratisables, de même le sous-développement économique a résulté des atteintes portées aux conditions par des régimes non- ou antidémocratiques et par des gouvernants entichés de thèmes idéologiques ennemis des conditions de possibilité. Pour l'essentiel et en son noyau d'irradiation, le sous-développement est l'ensemble des conséquences *économiques* de corruptions et de perversions *politiques*.

Ces dernières ont bénéficié de deux circonstances historiques majeures, l'une et l'autre des accidents. D'un côté, les régimes communistes — et fascistes, jusqu'à la Seconde Guerre mondiale — entretiennent l'illusion qu'il existe une voie non capitaliste, ou même anticapitaliste, vers la modernité. Cette illusion, entretenue par la propagande des intéressés et par une orchestration presque unanime de la part de l'intelligentsia planétaire, persiste jusque dans les années 1980, malgré les démentis les plus constants et les plus manifestes de la réalité. On a là, du moins en Europe, le cas le plus remarquable de disjonction radicale entre la réalité vécue par les hommes et la surréalité rêvée par les intellectuels. Il est vrai qu'ils ont été aidés et poussés par la crise économique qui s'ouvre en 1929. Elle résulte d'erreurs de manœuvre, notamment de la part des autorités monétaires américaines, erreurs qui ont transformé un retournement banal de la conjoncture en une panique incontrôlable. Il importe, aux yeux de l'historien, que les acteurs et les commentateurs en aient tiré des conclusions hostiles au capitalisme et même à la démocratie. Beaucoup y ont vu leur crise finale. Presque tous — au besoin en se réclamant de l'œuvre puissante et subtile de Keynes — se sont persuadés que les gouvernants doivent et surtout peuvent faire quelque chose. La plupart se sont encore convaincus que le protectionnisme était préférable au libre-échange. Ajoutons l'abandon de l'étalon-or — qui avait régné pendant tout le XIXe siècle et imposé une contrainte forte aux fantaisies gouvernementales —, les troubles monétaires et l'inflation, qui touchent et corrompent le noyau le plus sensible et le plus indispensable du capitalisme, le système des prix et les informations qu'il procure aux acteurs sur les raretés relatives.

Tous ces développements sont politiques et idéologiques. Pour vérifier la thèse qui en fait résulter des déséquilibres économiques appelés sous-développement, dans des pays frappés en pleine transition vers la modernité, il conviendrait d'entrer dans des analyses ponctuelles appliquées à diverses polities. Nous nous contenterons d'un échantillon assez édifiant, pour emporter les convictions. Commençons par quelques exemples d'atteintes à la propriété en tant que condition du développement économique. Beaucoup de polities ont hérité de leur passé prémoderne des distributions archaïques des terres agricoles, qui ont pour caractère dominant que la propriété en est attribuée à ceux qui ne la travaillent pas. Quand ceux qui la travaillent sont des métayers ou des ouvriers agricoles, ils ne reçoivent aucune incitation à travailler plus, et mieux encore moins, parce que l'essentiel des gains de productivité sera empoché par le propriétaire. Quand il s'agit d'immenses propriétés latifundiaires, généralement d'origine coloniale, comme en Amérique du Sud, le propriétaire, de toute façon incapable de gérer efficacement des milliers d'hectares, n'est pas poussé à augmenter la productivité, parce que, en termes absolus, il touche assez pour mener un genre de vie noble et fastueux, et que l'abondance et le bon marché de la main-d'œuvre l'en décourageraient. Si les propriétaires détiennent des parcelles menues et dispersées, comme en Inde ou en Chine, ils n'ont pas les moyens de se lancer dans des investissements assez efficaces, pour procurer des revenus nettement supérieurs aux rentes qu'ils touchent sans rien faire.

En un mot, dans tous ces cas, est posé un problème de réforme agraire. Rien n'est plus difficile à entamer et à réussir qu'une réforme agraire, pour la simple raison que les propriétaires occupent toutes les positions stratégiques, soit directement en incarnant l'oligarchie au pouvoir soit indirectement en incluant dans leur clientèle les politiciens issus des classes moyennes et passés par l'université, l'armée et l'administration. Au Japon, c'est l'occupant américain qui a imposé la réforme agraire après 1945. Au Mexique, il a fallu une révolution immense, de 1910 à la présidence Cárdenas en 1929, pour aboutir à une solution au moins aussi mauvaise aux yeux de l'économie, à la propriété collective des terres par les communautés villageoises : l'absence d'incitation se conjugue avec le manque de moyens, pour maintenir l'agriculture dans une inefficacité permanente.

Un problème peut naître aussi de l'absence de propriété, parce que des ressources laissées sans propriétaires sont considérées comme des biens « libres », ce qui conduit à des gaspillages insondables, puisque personne n'en supporte directement le coût. Les forêts, les friches, les fleuves, les mers, l'air même peuvent en tomber victimes. L'inflation joue de manière plus insidieuse. Elle pervertit le système des prix. Elle porte également atteinte à la propriété, en transférant de façon imperceptible des titres des créanciers aux débiteurs. Elle décourage l'épargne, ce qui peut avoir plusieurs conséquences fâcheuses. Une épargne insuffisante se traduit, pour les ménages, par l'insécurité ou l'absence des retraites : l'incidence est plausible sur les taux de natalité, car les enfants demeurent la seule retraite sur laquelle les parents puissent compter. Plus directement économique est la conséquence sur les investissements. Si ceux-ci ne sont pas alimentés par l'épargne privée, ils doivent l'être par l'épargne publique, c'est-à-dire par la fiscalité. Mais les prélèvements fiscaux peuvent décourager l'esprit d'entreprise, en pénalisant la réussite. Ils peuvent aussi encourager les fonctionnaires et les politiciens à investir eux-mêmes une partie du produit des impôts et à favoriser l'étatisation de l'économie. Au total, ce n'est pas que les pays pauvres n'aient pas les moyens d'épargner, mais les épargnants sont découragés d'épargner, ou bien ils sont spoliés par des gaspilleurs publics.

La perturbation, le grippage, la corruption et la subversion des marchés économiques sont autant de moyens assurés de fomenter le sous-développement. Les problèmes alimentaires des pays pauvres ne sont jamais le fait des conditions naturelles et même rarement celui d'accidents climatiques. La propriété y a la part que nous avons vue. Elle ne doit pas obnubiler un autre coupable, au moins aussi nuisible, la politique. Il suffit de créer des centrales publiques d'achat des produits agricoles, de les transformer en seuls acheteurs légaux et d'imposer des prix agricoles bas, pour ruiner l'agriculture la plus prospère ou la plus prometteuse, tout simplement parce que les agriculteurs sont détournés de travailler et d'investir. Ainsi ont été conduites à un naufrage très évitable à peu près toutes les agricultures africaines. Pourquoi ? Parce que les politiciens avaient subi des endoctrinements par la théorie de l'accumulation primitive, et surtout pour approvisionner les villes en produits à bon marché et éviter des émeutes urbaines, plus difficiles à contrôler que les émeutes rurales, parce que plus concentrées et plus faciles à organiser.

Les marchés ont aussi souffert des velléités d'industrialisation par les pouvoirs publics. L'influence communiste est ici directe. Quand les politiciens s'en mêlent, l'allocation des ressources ne se fait plus en fonction de leur rendement optimal, indiqué par les marchés et les prix, mais selon les lubies politiques et les groupes de pression intérieurs et extérieurs. Des usines sans clients potentiels sont livrées clefs en main, des hôpitaux dignes de la Californie sont construits dans une brousse sans infrastructure sanitaire ni médicale, des barrages géants créent des lacs de retenue gigantesques et dissipent en vapeur inutile une eau rare, etc. Les gaspillages et les dysfonctions sont innombrables, et leurs effets négatifs incalculables. Une idée peut-être plus saugrenue encore a fait des ravages en Amérique latine et en Inde, en particulier : l'industrialisation par substitution d'importations. Au lieu d'importer des produits, il faut les interdire, parce que le pouvoir d'achat intérieur s'adressera à des producteurs locaux. Il suffit, en un mot, de se couper des marchés extérieurs, pour que le développement économique se déclenche spontanément. Cette reformulation rustique du mercantilisme a conduit à des doubles emplois, à des gaspillages, à la protection de producteurs incapables, à des goulots d'étranglement, à des déséquilibres..., et a induit la corruption sur une grande échelle, en créant un marché politique des licences d'importation et d'exportation.

Les atteintes à l'esprit d'entreprise ont été tout aussi dommageables. Elles ont revêtu deux formes distinctes. D'un côté, tout a été fait pour empêcher l'entrée d'entrepreneurs venus du monde capitaliste. Il n'est probablement pas possible, pour expliquer cette attitude d'hostilité, de faire le partage entre les convictions idéologiques et les intérêts particuliers. Peut-être, comme c'est généralement le cas, l'idéologie a-t-elle servi à couvrir les intérêts, pour donner bonne conscience aux profiteurs et berner le bon peuple. Les thèmes idéologiques sont venus des théories de l'impérialisme et de la dépendance, comme quoi les investissements étrangers exploitent et pillent les pays qui les accueillent. Les intérêts étaient ceux des entrepreneurs indigènes, peu ardents à affronter des concurrents plus expérimentés et mieux armés, ceux des politiciens peu pressés de tuer la poule aux œufs d'or de la corruption et ceux des fonctionnaires peu enclins à abandonner leurs pouvoirs. En tout cas, tout a été fait pour tenir à distance les entrepreneurs étrangers, par des interdictions explicites, par un réseau si dense de réglementations qu'il décourage tout projet, par l'impossibilité ou la difficulté de rapatrier les profits... Il faut être juste : même les États-Unis ont eu du mal à accepter que les Japonais vinssent fabriquer chez eux des automobiles ! Les résultats ont été ceux que prévoyaient la théorie économique et le bon sens : des capitaux insuffisants, des transferts manqués de technologie, des compétences absentes... Un peu comme si, pour pratiquer une langue étrangère, on s'interdisait tout contact avec ceux qui la parlent !

Les entrepreneurs intérieurs n'étaient guère mieux lotis, et encore moins l'esprit d'entreprise. Ils étaient bridés et empêchés par toute une série d'entraves et d'obstacles, combinés en proportions variables selon les pays et les époques : une fiscalité punitive et spoliatrice ; une inflation qui fausse le calcul économique et encourage l'esprit de spéculation ; une jungle impénétrable de règlements et de contrôles ; la concurrence du secteur public, bénéficiant de crédits à taux préférentiels, de subventions directes, de protections. Dans une telle situation, les candidats à l'entreprise n'ont que trois issues. Ou bien ils s'obstinent à entreprendre et sont contraints d'entrer dans le jeu de la corruption : c'est malsain et c'est tomber victime d'une fiscalité occulte additionnelle, ce qui ne facilite pas l'efficacité. Ou bien ils émigrent personnellement ou par leurs capitaux, ce qui prive le pays de compétences et d'investissements. Ou bien, c'est le plus probable, ils renoncent et s'engagent dans les carrières de l'armée et de la politique, plus rentables en pouvoir, en prestige et en richesse.

S'il fallait prendre un exemple pédagogique de toutes ces folies et si nous en avions le loisir, il faudrait retenir le cas de l'Inde. Une combinaison d'exaltation nationaliste, de suffisance brahmanique et d'imprégnation fabienne des dirigeants du Congrès a conduit à la conviction politique que la route de la prospérité était tracée par l'étatisation et par la coupure des marchés extérieurs. Le résultat a été le sous-développement et une misère hallucinante pour des centaines de millions d'êtres humains. Rien ne justifiait cet aboutissement, ni les conditions naturelles ni le mysticisme hindou.

Je me suis exprimé au passé, dans ce florilège des absurdités économiques. L'emploi de ce temps est justifié non par la disparition du sous-développement et de la misère, mais par une conversion assez générale des esprits à des vues plus saines. On peut au moins lancer le pari qu'elle est assez complète pour être durable. On y est incité par la disqualification radicale et définitive des expériences communistes d'antidéveloppement.

III

L'ANTIDÉVELOPPEMENT

L'échec communiste a démontré par les faits qu'il n'y a pas de voie non capitaliste vers la modernité et le développement économique. Il faut aussi le démontrer théoriquement. Cette démonstration est presque superflue, car, si la théorie défendue ici est vraie, elle dénonce aussi la fausseté des théories qui seraient en contradiction avec elle. Au demeurant, nous n'avons pu éviter de semer en cours de route des allusions à ces positions[1]. Pourtant, il convient de les examiner de plus près, en raison des marques qu'elles ont imprimées à l'histoire du XXe siècle.

Il peut, pour commencer, paraître étrange que l'on se mît à chercher des alternatives. C'est l'interrogation naïve de quiconque adopte la modernité, sans trop se poser de questions. La démocratie a du bon, puisqu'elle distribue aux individus des libertés et des droits, et le capitalisme aussi, puisqu'il multiplie les biens et les ser-

1. Voir notamment, ci-dessus, Ire partie, chap. IV et V (t. I, pp. 193 *sqq.*), et V^e^ partie, chap. VII, pp. 268 *sqq.*

vices pour un nombre croissant de bénéficiaires. Si l'on s'en tient aux aspects purement économiques, le naïf se voit opposer deux séries d'arguments anticapitalistes. Les uns dénoncent le capitalisme comme injuste, inégalitaire, appauvrissant, déshonorant, dévalorisant..., dans les pays capitalistes eux-mêmes. Les autres voient en lui une peste envahissant le monde entier, pour y imposer soit les mêmes conséquences soit, au contraire, les misères du sous-développement. N'oublions pas que nous sommes ici dans le monde de l'idéologie, où les rapports avec la réalité et la rationalité se réduisent à des éléments de vérité développés unilatéralement et à une logique refermée sur elle-même. La même irréalité logique se retrouve dans les solutions avancées.

Nous savons qu'elles se distribuent entre deux grandes familles. La famille réactionnaire, ou contre-moderne, veut se débarrasser du capitalisme avec le reste de la modernité, pour retourner à un monde antérieur mal précisé. Entre les deux guerres, elle a produit les fascismes, qui ont développé des thèmes présents dès le XIXe siècle. Ils sont tous anticapitalistes, mais les exigences de la politique extérieure ont imposé la conservation et le développement d'une économie moderne. Mais ce n'était plus une économie capitaliste, parce que l'État et le parti la contrôlaient à ce point que les marchés et l'esprit d'entreprise avaient disparu et que la propriété avait été privée de substance. Les fascismes ont perdu la guerre.

La contre-modernité a ressuscité dans les gauchismes et les écologismes. Ils sont viscéralement antimodernes et anticapitalistes, mais au lieu de rêver à un retour vers les anciens régimes, le Moyen Âge ou l'Antiquité — perçus à travers des schèmes idéologiques, donc sans rapports notables avec les réalités historiques —, ils ont la nostalgie du paléolithique — même remarque. C'est pourquoi ils ne sont pas délibérément antidémocrates ; au contraire, ils aspirent à une démocratie directe ou à un état prépolitique mal explicité. À supposer que ces rêveries aient jamais un impact effectif sur la matière historique, ce ne pourra être que dans un siècle à venir.

La seconde famille est celle des ultramodernes, persuadés qu'il est possible de parvenir à l'abondance pour tous par des solutions anticapitalistes. Ce sont les socialismes et les communismes. Ils ont rencontré un bien plus large écho, hors du monde capitaliste et dans les cercles intellectuels et culturels du monde occidental. Ils le doivent d'abord au fait que l'ultramoderne reste moderne, ce qui libère une sympathie spontanée et réserve une grande indulgence chez tous ceux qui acceptent ou aspirent à la modernité. Mais le facteur principal de succès a été l'U.R.S.S., le fait qu'elle fût une puissance planétaire et la fascination qu'exerce la puissance. La Dépression, le New Deal et Keynes ont distillé la conviction que le capitalisme abandonné à lui-même tourne mal et que mieux vaut le mettre en tutelle auprès des politiciens. Enfin, la décolonisation s'est faite au nom de l'anticapitalisme, soit par haine de l'Occident pris en bloc soit par l'influence soviétique. Or, d'un point de vue moderne, il est impossible de se déclarer en faveur de la colonisation, un scandale aux yeux de la démocratie et de la liberté et une aberration à ceux du capitalisme et du marché.

Avec le recul réservé par l'histoire à l'analyste d'aujourd'hui, il est assez facile d'esquisser les traits essentiels de ce XXe siècle idéologique, commencé en 1914 et achevé en 1991. Pour notre démonstration, il est permis de négliger les anticapitalismes réactionnaires, parce qu'ils n'ont pas assez duré pour développer toutes leurs conséquences économiques ou qu'ils n'ont pas encore eu l'occasion de les mettre en route. Il nous faut examiner les expériences communistes, pour nous convaincre définitivement qu'il n'y a pas d'alternative au capitalisme et qu'il est bel et bien le régime normal de la modernité économique. L'examen est facile à conduire. En effet, la thèse centrale du socialisme est que la suppression de la propriété, du marché et de l'entrepreneur produit spontanément l'abondance pour tous. L'abondance pour tous fait disparaître par le fait même la chrématistique, puisque l'abondance est synonyme de l'extinction de toutes les préoccupations économiques. Dès lors, l'humanité et ses représentants pourront s'intéresser à des problèmes plus humains. Cette vision permettait à Marx d'identifier la mort du capitalisme et l'avènement du socialisme avec la « fin de la préhistoire de l'homme ». Il suffit de vérifier ce que signifie de fait chaque suppression, pour que ses conséquences économiques deviennent apparentes et l'échec des communismes évident et prévisible. Ses conséquences économiques et non pas politiques, parce que le thème choisi nous l'impose. Les conséquences politiques de l'anticapitalisme sont encore plus prévisibles et évidentes : la plongée dans la non-démocratie et l'idéocratie.

Pour saisir la signification et les conséquences économiques de l'abolition de la propriété, il faut partir de la définition même de la propriété. Sa définition générale la désigne comme le contenu du privé, c'est ce qui est propre à un individu ou à un groupe, dans un régime politique reposant sur et respectant la distinction du public et du privé. La définition économique est plus étroite, en ce que le propre visé est limité aux facteurs de production. En régime de propriété, tous les facteurs sont appropriés par des individus et des groupes, les terres, les matières premières, les capitaux, le travail, les techniques. Si l'appropriation privée des facteurs est abolie, la question se pose de savoir à qui ils seront affectés. Si les individus et les groupes, en tant qu'acteurs privés, sont interdits de propriété, il ne reste que deux possibilités théoriques générales.

Ou bien les facteurs ne sont attribués à personne. Dans ce cas, ils deviennent libres, non pas au sens économique où ils seraient devenus disponibles en quantités illimitées — on peut négliger comme sotte une opinion qui avancerait que la seule abolition de la propriété supprime la rareté et instaure l'abondance —, mais au sens politique, où ils sont à la disposition de qui veut et peut. Cette disposition ne débouche pas sur le droit du premier occupant, puisqu'il n'y a plus de propriété ni de droit. À chaque moment, les facteurs sont distribués à « qui veut », c'est-à-dire à tout le monde, parce que la suppression de la propriété ne se traduit pas par celle des besoins ni des désirs. Mais ni les désirs ni les besoins ne sont des critères pratiques de distribution de biens rares, parce qu'ils sont indéterminés. Par conséquent, la seule possibilité pour les facteurs est d'aller à « qui peut ». Il s'instaure de ce fait une lutte sauvage entre les demandeurs, et les attributions se font au profit des plus forts, tant qu'ils demeurent les plus forts. C'est la loi de la jungle, tenue universellement pour si insupportable, que cette solution pour remplacer la propriété n'a jamais été développée, ni exploitée idéologiquement.

Ou bien la propriété est attribuée à « tout le monde ». Il faut aussitôt introduire une restriction. « Tout le monde » ne peut pas être tous les représentants de l'espèce, car l'on retomberait dans le cas précédent : tout le monde serait personne. Ce collectif ne peut avoir de sens concret que dans le cadre d'une politie. Cette solution ouvre deux possibilités. Soit « tout le monde » est composé de groupes concrets, dont chacun gère en commun les facteurs qu'il détient. Mais on ne sort pas de la propriété. On se contente d'interdire la propriété individuelle au bénéfice de la propriété collective. Ni la démocratie ni le capitalisme n'y sont hostiles par principe, mais s'en détournent par souci d'efficacité et parce que l'état de la civilisation impose l'individu comme acteur effectif. Cette issue a été avancée par divers anarchismes et par les systèmes utopiques qui voient le salut dans la fondation de contre-sociétés loin du monde. Les uns et les autres ont été anathèmes aux communistes. Soit « tout le monde » désigne un collectif abstrait, l'État, la Nation, le Peuple, le Prolétariat. Selon la restriction ci-dessus, ces abstractions doivent être réduites aux dimensions d'une politie. Mais une abstraction ne peut pas posséder, sinon de manière fictive et verbale. Pratiquement, « tout le monde », ce sont les individus et les groupes qui occupent des positions stratégiques, ce sont les acteurs qui confisquent le pouvoir politique. Ce pouvoir est, du reste, absolu et infini, puisqu'il n'y a plus de sphère privée pour contrôler et arrêter la montée du pouvoir politique aux extrêmes. En un mot : les facteurs de production — et, bien entendu, les produits eux-mêmes — sont abandonnés à la discrétion de tyrans !

Pour prendre la mesure de la situation instaurée, il suffit de penser en termes concrets. Quand le travail n'est plus la propriété des travailleurs, chacun de ses compétences « propres » — le vocabulaire même est symptomatique, dans toutes les langues accessibles —, mais de tout le monde réduit aux gouvernants, on instaure, en termes clairs, la servitude politique. Elle peut être directe, quand il s'agit de concentrationnaires, qui sont, ni plus ni moins, des esclaves. Elle peut aussi être indirecte, si la population tout entière est attachée à des postes de travail que personne n'a choisis ni ne peut quitter : son sort est celui de serfs. Les capitaux, vus du côté de leur source, sont des produits de l'épargne, de la différence entre les revenus et la consommation. Là où la propriété est abolie, ce sont les gouvernants qui fixent le taux d'épargne et non plus les intéressés. Vus du côté de leurs emplois, les capitaux sont investis en fonction des lubies de ces mêmes gouvernants. De même, les ressources naturelles et la nature elle-même tombent à la discrétion des hommes au pouvoir : qu'on les suppose bons ou méchants, il n'y a pas le moindre contre-pouvoir pour les contrôler et les modérer. Bref, tous les facteurs sont mis à la disposition d'individus et de groupes, qui exercent par ailleurs un pouvoir politique absolu et total.

Les conséquences économiques d'un régime aussi aberrant sont faciles à tirer. Ce qui appartient à « tout le monde » n'appartient, en fait, à personne. Cette conclusion logique place chaque acteur économique dans un système de jeu, dont les règles implicites imposent aux joueurs une manière rationnelle de jouer. La première manière rationnelle est de laisser les autres se fatiguer et se dévouer. Si, en effet, personne ne bénéficie directement et exclusivement du fruit de ses efforts, il n'y a aucune incitation à s'efforcer. L'incitation ne peut venir que de l'extérieur : il faut forcer les gens à l'effort. Comme les gouvernants disposent d'un pouvoir absolu, ils peuvent menacer les gens de vie ou de mort. C'est pourquoi, le jeu parfaitement rationnel consiste non pas à ne rien faire, mais à en faire le moins possible, ce possible étant défini par la probabilité d'être pris à ne rien faire. Chacun est incité à faire semblant de travailler, à freiner, à négliger l'entretien du matériel, à se désintéresser de ce qui se passe au-delà de ce qui le concerne directement... Par simple agrégation de ces conduites rationnelles, on obtient un effondrement de la productivité.

Un deuxième jeu rationnel imposé par l'absence de propriété est de voler. En effet, ce qui n'appartient à personne appartient à tout le monde. Celui qui ne se sert pas, n'a rien. Comme la productivité s'est effondrée, « rien » peut se rapprocher dangereusement de « rien du tout ». On est obligé de voler non pas pour s'enrichir, mais pour survivre. Au demeurant, le bon sens populaire y inclinera d'autant plus que, si tout appartient à tout le monde, ce n'est plus du vol, puisqu'il est logiquement impossible de se voler soi-même ! Ici aussi, il ne faut pas se faire prendre. Mais si tout le monde vole, il est difficile que le vol passe inaperçu. Le vol n'est pas comme le freinage, qui peut revêtir une infinité de nuances. Une issue rationnelle se présente. Pour voler impunément, il suffit de corrompre ceux qui sont chargés de réprimer les vols, en les laissant voler un peu plus que les autres. Derechef, par agrégation des actions individuelles, les ressources collectives sont mises en coupe réglée. À dire vrai, les coupes sont déréglées, parce qu'elles sont décidées par le rapport des forces.

Une troisième conduite rationnelle impose de ne fournir aucun effort supplémentaire qui aille se perdre dans le fonds commun. Personne n'a intérêt à entretenir quoi que ce soit, à économiser, à prévoir, à se dévouer le moindrement. Ici, il n'y a pas lieu de craindre les surveillants, car ce « plus » qu'exige l'action collective pour réussir, ne peut pas être défini avec précision. L'on sait d'instinct et d'expérience qu'il ne suffit pas, dans un groupe tendu vers un objectif commun, que chacun se contente d'accomplir, même parfaitement, la tâche exacte que lui assigne l'organisation. Il faut, en plus, que chacun soit personnellement tendu vers l'objectif commun et demeure persuadé que sa tâche locale contribue au succès ou à l'échec, ce qui étend la localité de la tâche au-delà de son inscription matérielle. Mais cet au-delà ne peut pas être défini et objectivé, il ne peut être que senti et ressenti par chacun. En état de non-propriété, ce sens de l'ensemble disparaît et, avec lui et par agrégation, le souci de l'entreprise, au sens moral et matériel. Il en résulte le délabrement des équipements et le désintérêt pour les résultats.

Ce qui appartient à « tout le monde » d'un autre côté appartient aux hommes du pouvoir. Le nouveau régime provoque l'émergence spontanée d'une strate d'hommes de pouvoir, à tous les niveaux de la distribution de celui-ci. Ils ont un accès direct ou indirect — par les canaux de redistribution du clientélisme — aux richesses et se servent les premiers, d'autant plus volontiers qu'ils ne risquent rien[1]. À supposer que des scrupules de conscience les assaillent — on les attendrait chez des contempteurs du capitalisme, à condition d'ignorer la nature de l'homme et de l'idéologie —, une parade est facilement trouvée dans l'évocation des compensations dues à ceux qui se dévouent au bien commun. Comme, d'autre part, le régime anticapitaliste induit des pénuries généralisées, on voit naître une sorte de dimorphisme économique et social, entre une minorité de privilégiés et une majorité de miséreux. Il paraît reproduire des situations prémodernes, n'était que la modernité et le capitalisme ont démontré que l'on

1. Une analyse politique du phénomène conduirait à distinguer deux phases dans ces régimes. Dans la première, terroriste, les hommes de pouvoir courent tous les risques, parce que le tyran suprême a intérêt, pour les contrôler, à les isoler les uns des autres, à les faire se surveiller mutuellement et à se débarrasser d'eux par des purges en prétextant l'incompétence et la corruption. Dans la seconde phase, mafiosique, les survivants s'entendent entre eux, définissent des règles du jeu et s'y tiennent.

peut faire mieux. Ici, on a affaire à une perversion, là il s'agit d'une contrainte.

Supprimons présentement le marché, ce qui est une deuxième expression d'un régime anticapitaliste. Par nature et par définition, un marché économique opère des échanges, des partages et des explorations, en faisant se rencontrer et négocier entre eux des propriétaires offreurs et demandeurs. Si l'on abolit le marché, après avoir aboli les propriétaires, il n'y a plus ni échanges ni partages ni explorations, de même que disparaissent les offreurs et les demandeurs. Il n'y aurait plus rien du tout et l'humanité disparaîtrait physiquement, si une solution alternative ne se proposait à l'attention. Il faut que « quelqu'un quelque part » se substitue au marché et réussisse trois tâches distinctes, il faut :

— qu'il assigne aux producteurs désignés par lui pour produire (voir le point suivant) les parts de facteurs « estimées » nécessaires et suffisantes pour produire un bien ou un service défini. Estimées comment ? En termes physiques : il faut telle quantité de tel facteur pour obtenir telle quantité de produit ;

— qu'il décide la part des ressources — dont la rareté est une contrainte toujours présente — affectées aux divers usages possibles, dont nous savons que, au niveau des agrégats macro-économiques, ils sont distribués soit entre la consommation ou l'épargne/investissement, soit entre les administrations, les entreprises ou les ménages ;

— qu'il décide de la nature et de la quantité des biens et services tant intermédiaires que finaux à produire et se charge de les distribuer aux consommateurs intermédiaires et finaux.

Ce « quelqu'un », au vu des tâches qui lui incombent, doit disposer d'un pouvoir de décision. Mais seuls ceux qui occupent les positions politiques ont, dans ce type de régime, un pouvoir de décision. Il ne peut s'agir que des gouvernants et de ceux qu'ils délèguent, par en haut, pour les aider. Quant au « quelque part », ce ne peut être que le centre politique. Si, en effet, les opérations économiques destinées à remplacer le marché sont éclatées entre plusieurs centres autonomes ou indépendants, de deux choses l'une : ou bien la pluralité des centres de décision impose l'anarchie et la paralysie ; ou bien les centres négocient entre eux, et le marché est reconstitué ! Par conséquent, en vertu d'une logique imparable, inscrite non seulement dans la théorie, mais encore dans la réalité, la seule alternative au marché capitaliste est la planification centralisée. Il n'y a pas de troisième voie, sinon verbale. On en tire le corollaire, grave et décisif pour l'histoire des expériences communistes et post-communistes, que la planification ne peut pas être réformée. Le choix est fermé entre la garder ou l'abandonner.

Pour repérer les conséquences inévitables de la planification, il faut rappeler à quoi sert, au fond, un marché capitaliste. On peut lui assigner quatre fonctions distinctes, qui sont confondues dans le fonctionnement quotidien d'un marché, mais que l'analyse dissocie clairement. Toutes les quatre sont à la fois présentes et indispensables, ce qui interdit d'essayer de les classer par ordre d'importance. Une première fonction est de définir les raretés relatives, en les exprimant dans un système de prix ; ceux-ci contiennent les informations qu'il est possible de réunir sur ces raretés. Une deuxième fonction est d'exprimer et de satisfaire les préférences des acteurs économiques, qu'ils soient producteurs, consommateurs ou épargnants ; un marché économique peut être assimilé à l'action de voter en faveur de tel ou tel usage de raretés, un vote qui ne dégagerait pas des élus et des battus, mais qui enregistrerait toutes les nuances d'opinions. Une troisième fonction est de minimiser les coûts de transaction, imposés par les myriades d'offres et de demandes portant sur des milliards de biens et de services soumis à transaction. La dernière fonction est de contraindre les producteurs à produire toujours plus à des coûts décroissants pour des qualités toujours améliorées, sous la pression de la concurrence intérieure et extérieure.

La planification supprime ces quatre fonctions et conduit à des absurdités, que l'on peut résumer en une formule unique : les décideurs décident dans l'indécision la plus irréductible. Comme il n'y a plus de marché, pour produire des prix réalistes et que la rareté est toujours présente, les planificateurs doivent estimer les raretés relatives sans en avoir la plus petite idée et « administrer » des prix à l'aveuglette. Les gaspillages sont inévitablement colossaux, et d'autant plus incontrôlables qu'il n'y a aucun moyen rationnel de les estimer. Les décideurs sont dans l'ignorance complète des préférences des gens, qui eux-mêmes ignorent ce qu'ils préfèrent, avant qu'une gamme de choix leur ait été offerte. Les planificateurs préfèrent à la place des gens, sans savoir quoi préférer. Ils peuvent être conduits à commander des chaussures ou des brosses à dents de modèles dont les clients ne veulent pas. Mais les chaussures et les brosses à dents ont au moins l'avantage d'exister : comment commander des produits qui n'ont pas encore été inventés ? Faute de marché, les explorations sont bloquées et les innovations taries. L'information ne peut plus circuler, parce qu'elle est trop abondante, pour pouvoir être acheminée à travers les canaux de la planification. Il en résulte des incohérences, des goulots d'étranglement, des pléthores et des pénuries. Du côté des consommateurs, ils ont à subir des biens et des services plus rares qu'il ne faudrait, de plus mauvaise qualité qu'il ne conviendrait et à des prix excessifs.

Les conséquences de la planification sont si catastrophiques qu'une économie *purement* anticapitaliste, fonctionnant sans marché aucun, est tout simplement impossible et ne pourrait pas tenir plus de quelques mois. L'économique sans marché est une absurdité logique et une impossibilité pratique. Le marché que le planificateur abolit d'une main, il le récupère de l'autre, mais mal. Le principal correctif, de loin, est la présence, à l'extérieur, d'un marché capitaliste. Sans l'Europe et les États-Unis, l'expérience communiste était impossible. Elle en a tiré des prix un peu réalistes et surtout *quoi* faire. On tend à ne pas noter ou à oublier l'absence complète d'innovations en soixante-dix ans de communisme et la situation étrange où il s'est toujours trouvé d'avoir à imiter et à rattraper les pays capitalistes. Un correctif secondaire mais non négligeable était l'apparition spontanée d'un marché, créé par la seule présence d'un acheteur/consommateur en position de monopsone, à savoir l'armée. Celle-ci était en mesure d'exprimer ses préférences et de les imposer aux producteurs. Cette circonstance explique en grande partie l'énormité de la place occupée par la production militaire, bien au-delà des besoins d'une politique extérieure même très active : le régime économique n'était, littéralement, capable de produire que des chars, des missiles et des Kalashnikov ! Enfin, la corruption généralisée a produit un marché, d'abord « noir » ou interdit, puis « gris » ou toléré, mais un marché.

Ces correctifs permettent à une économie planifiée d'exister, ils ne lui laissent aucune chance de fonctionner convenablement. C'est probablement à la confusion spontanée entre l'existence et le fonctionnement d'une économie que l'on doit la surévaluation constante par les Occidentaux des performances des économies soviétiques. Il est apparu, après 1989 et 1991, que la situation était partout bien pire que ne l'avaient soupçonné même les plus pessimistes et les plus défiants.

La suppression des entrepreneurs n'a pas peu contribué à cette catastrophe économique. Un entrepreneur, comme acteur économique, fait plusieurs choses consécutivement : il prend une initiative ; il combine des facteurs de production, en s'en procurant des parts sur des marchés ; il fait le pari que son offre rencontrera une demande solvable sur un marché ; il gagne ou perd son pari et se retrouve soit plus riche ou moins pauvre grâce au profit qui récompense son initiative, soit ruiné. Cette définition vaut pour tous les offreurs, depuis le petit paysan gestionnaire de son exploitation jusqu'au plus grand capitaine d'industrie, avec la différence que le profit varie jusqu'à s'abolir, selon le degré de banalité ou d'originalité de l'initiative. Si un régime politique se résoud à une absurdité et décide simultanément d'encourager le développement économique et d'éliminer les entrepreneurs, il ne lui reste qu'une issue, remplacer ceux-ci par des bureaucrates, des fonctionnaires, des politiciens, en un mot par l'appareil de pouvoir et ses subdélégués.

C'est la mesure anticapitaliste et antiéconomique qui frappe le plus par son absurdité. Alors que le sens commun peut se laisser séduire par l'abolition de la propriété au bénéfice d'un patrimoine commun et par la suppression du marché et son remplacement par un plan débattu ouvertement et conduit prudemment, ni le sens commun ni le bon sens encore moins n'admettront jamais que l'esprit d'entreprise puisse s'exprimer sans entrepreneurs. À l'extrême rigueur, le sens commun pourrait se rallier à l'idée qu'un acteur public ne perd pas tout esprit d'initiative, du seul fait qu'il agisse sur la scène publique. Il le peut, tant qu'il ne se pose pas une question toute simple : quelles peuvent être les motivations d'un acteur *politique* pour prendre des initiatives *économiques* ? Ce ne peut pas être la recherche du profit, puisque, sans propriété ni marché ni prix, il ne peut pas y avoir de profit et encore moins de profit tombant dans des poches privées. Ce ne peut pas être non plus le bien-être du peuple, puisque, faute de marché et de prix, il est impossible de connaître ses préférences. Les seules motivations repérables sont d'abord idéologiques. Les gouvernants sont les porteurs d'une idéologie ultramoderne, ouvriériste, industrialiste, techniciste, « désarrolliste »... ; donc ils ont le développement économique à leur programme, qui peut, par exemple, leur révéler qu'il importe par-dessus tout de concentrer tous ses efforts sur l'industrie lourde. Comme les programmes idéologiques sont toujours vagues et avares en détails concrets, ils donnent lieu à une infinité de variations possibles. Ces variations prêtent la main à une nouvelle motivation, la rivalité entre les factions au sein de l'appareil, parce que les décisions économiques permettent de contrôler des ressources et des clientèles. Une troisième motivation est la lubie personnelle, ce qui définit la tyrannie au sens propre. Le plus bel exemple de lubie tyrannique est peut-être le « grand bond en avant » de Mao Ze-dong en 1958-1960, qui a ruiné l'économie chinoise et fait mourir de faim plusieurs dizaines de millions de Chinois !

Et la corruption, dira-t-on ? C'est certainement la motivation principale de l'entrée en politique et dans l'appareil du pouvoir. Mais elle se fonde sur le calcul sensé que le meilleur moyen de s'enrichir ou de ne pas rester pauvre est de se brancher par un biais ou par un autre sur les prélèvements imposés aux producteurs. La motivation est puissante, mais elle ne conduit pas à prendre des initiatives économiques dans le cadre du pouvoir politique. C'est comme si l'on considérait un voleur comme un entrepreneur, puisqu'il prétend s'enrichir !

Les conséquences économiques de la substitution de bureaucrates aux entrepreneurs sont celles que nous avons déjà vues. L'absence de profit abolit tout moyen de contrôler la rentabilité des établissements productifs. Il en résulte des gaspillages, d'autant plus ruineux qu'il n'y a même aucun moyen de les estimer. Les investissements sont incohérents, redondants, inutiles, absents... L'économique est détourné de sa fin propre, la prospérité, définie comme la situation où les fins de l'homme trouvent les ressources dont elles ont besoin, dans le respect du principe d'économie. Il est mis au service de l'idéologie, des rivalités intérieures et extérieures, des passions des gouvernants. La gestion, privée de la boussole des prix, ne peut raisonner qu'en termes de quantités physiques définies arbitrairement et doit négliger la qualité, les préférences, la rentabilité. Ce qui frappe surtout l'analyste extérieur ou rétrospectif, c'est ce comble d'absurdité que représentent des entreprises sans entrepreneurs, aussi kantiennement absurdes qu'une peinture sans peintres, une science sans savants, un enseignement sans enseignants...

Que devient la chrématistique dans ce cauchemar économique ? Elle est poussée aux extrêmes, à des extrêmes tels qu'elle révèle crûment toute son absurdité. Ce paroxysme est dû, d'une manière relativement contingente, au fait que l'idéologie communiste est une perversion de la modernité, elle-même inclinant à la chrématistique pour les raisons que nous avons vues. Cette perversion initiale s'est exprimée dans des développements ouvriéristes, productivistes, technicistes, économistes, par toute une série d'« -ismes », qui ont leur lieu géométrique dans l'idée que l'économique est la « dernière instance » des affaires humaines. Mais l'idéologie ne convertit à ses vues que les idéologues, quelques intellectuels vivant en vase clos, elle a peu d'influence sur le bon sens populaire. Pour que celui-ci bascule, il y faut des contraintes puissantes. Le système de l'antidéveloppement est cette contrainte, par les pénuries permanentes et changeantes qu'il induit. La pénurie a cette incidence psychique qu'elle force à penser de manière obsessionnelle au manque qu'elle impose. Quand elle change d'objet, les gens n'ont même pas le temps de s'adapter, comme ils le feraient même à un niveau très déprimé, pour peu qu'il fût défini et stable. Dans cette situation, l'économique devient une obsession personnelle permanente. Ajoutons une raison nationaliste. Les pays communistes étaient condamnés par leur régime économique à demeurer toujours à la traîne des pays capitalistes. Comme le communisme s'était installé dans des régions déjà retardataires avant 1917 et avant 1939, on comprend que la volonté de « rattraper et dépasser » l'Occident ait pu aussi devenir une obsession collective. En tout cas, on n'a jamais parlé autant d'économie que sous le régime censé devoir libérer les hommes de l'économique par l'abondance.

Si les idéocraties du XXe siècle n'avaient pas accablé les peuples et les individus d'horreurs inimaginables par nos ancêtres, le savant se réjouirait que l'histoire lui ait préparé des expérimentations de laboratoire, pour vérifier ses théories. En nous en tenant toujours fermement à l'économique, deux éléments de la théorie défendue sont confirmés sans détour. Le premier est qu'il n'y a pas d'alternative au capitalisme, si l'économie doit gagner des degrés toujours plus élevés d'efficacité. Le capitalisme doit cette exclusivité au fait qu'il repose, à la manière dont le noyau atomique est fait de protons et de neutrons, sur des droits de propriété, des marchés et des entrepreneurs. Le second élément vérifié est que les alternatives à la chrématistique, à cette perversion de l'économique qui résulte de sa transformation par le capitalisme de moyen en fin, ne sont pas politiques, mais éthiques et/ou religieuses, ce qui en fait une affaire personnelle et privée.

IV

LE MARCHÉ GLOBAL

Il n'y a pas d'alternative économique au capitalisme. Si des acteurs se proposent comme objectif désirable le développement économique indéfini, ils n'ont pas d'autres moyens à leur disposition que de garantir des droits de propriété, d'ouvrir des marchés réglés et fluides et d'encourager l'esprit d'entreprise. Or, depuis que le capitalisme est apparu, aucune politie n'a choisi délibérément comme objectif le non-développement, à part, peut-être, le cas marginal du Portugal sous la direction de Salazar. Ce choix est quasiment impossible, pour des raisons politiques. D'un côté, une politie ne peut pas vouloir s'exclure de l'état « normal » de l'humanité. On peut s'y trouver réduit malgré soi — par idéologie, par bêtise, par ignorance, par égoïsme... —, mais on ne veut pas y être réduit.

Les polities sont des groupes, dont les membres peuvent être animés de passions collectives en tant que membres du groupe. Il serait contre nature d'être poussé par une passion collective de l'échec collectif. D'autre part, les gens sont toujours prêts à consommer plus. Quel que soit le niveau de vie réel d'une population, il suffit qu'elle apprenne la possibilité actuelle de l'améliorer, pour que lui apparaisse misérable ce qu'elle a. Même le régime le plus tyrannique ne peut pas indéfiniment faire fi des aspirations des gens. Car un tel régime est contre nature. Les gens savent, au moins d'un savoir spontané et irréfléchi, que le politique a pour fin le bien commun et que la prospérité fait partie du bien commun. Par une multitude de canaux, ils exercent sur les gouvernants des pressions qui vont en ce sens. À la longue, la nature triomphe toujours de la contre nature — quitte à rechuter à nouveau.

En cette fin de XXe siècle, l'humanité entière aspire au développement économique ; du moins, il est permis de prendre cette proposition comme hypothèse de travail. Comme, d'autre part, l'histoire a démontré l'absence d'alternative au capitalisme, on peut compléter l'hypothèse par le corollaire que, sinon tout le monde, du moins les responsables politiques sont ou seront convaincus qu'il n'y a pas d'autre moyen d'y parvenir que par la propriété, le marché et l'entreprise. La question pertinente, dès lors, est d'apprécier la probabilité que l'objectif final et les buts intermédiaires soient atteints. Nous savons déjà que le capitalisme est universalisable en droit[1]. Il reste à peser ses

1. Voir ci-dessus, chap. I, pp. 291 *sqq.*

chances d'être rendu universel en fait. Pour réussir cette pesée, il nous faut repartir des conclusions atteintes à propos de l'invention du capitalisme en Europe. Il nous était apparu que la condition ultime de sa possibilité était politique et qu'elle était double, conformément à la nature et au concept de la politie. Vers l'extérieur, la transpolitie rassemblant les polities doit être disposée de telle sorte que naisse un marché transpolitique incontrôlable par aucun pouvoir politique. Vers l'intérieur, les polities doivent recevoir un régime politique compatible avec les exigences d'un régime capitaliste, exigences que l'on peut ramener à une seule : le respect d'une sphère privée.

Pour conduire notre enquête à son terme, il nous faut encore examiner l'état de la planète à ces deux points de vue politiques. Commençons par le plus important, qui est, sans conteste, le point de vue extérieur, pour retrouver les régimes politiques plus tard[1]. Le rôle, central, décisif, presque exclusif, des échanges internationaux dans le développement économique est si généralement méconnu, voire nié, encore aujourd'hui, qu'il faut prendre les choses à la racine et d'une manière plus systématique que nous ne l'avons fait jusqu'ici[2]. Partons du plus simple, du sens même de l'expression « échanges internationaux ». Par « échanges », il faut entendre des transferts entre échangistes *libres* de quantités *égales* de facteurs de

1. Voir ci-dessous, chap. V, pp. 380 *sqq.*
2. Par exemple dans la IVe partie, chap. I.

production et de produits. Ces échanges deviennent « internationaux » — « transpolitiques » serait plus précis et plus juste — quand les transferts ont lieu entre échangistes relevant de polities différentes. Ces définitions fondent spontanément une polarisation entre deux situations extrêmes. Dans l'une, les échanges transpolitiques sont assimilés intégralement aux échanges intrapolitiques : les biens et les services circulent entre les polities sans la moindre entrave, les partages politiques n'ont aucune incidence. Dans l'autre, les échanges transpolitiques n'ont pas lieu, et chaque politie vit repliée sur elle-même, en autarcie économique.

Une politie doit choisir l'une ou l'autre direction. Il ne sert de rien d'appeler le bon sens et l'histoire à la rescousse et de soutenir que les deux pôles sont des situations idéales, insusceptibles d'être atteintes pleinement. Sans doute, l'autarcie parfaite est impossible — ce qui explique que les utopies soient généralement insulaires —, comme est impossible l'ouverture parfaite, la première, parce que aucune politie ne peut réunir toutes les ressources dont ses régnicoles ont besoin, la seconde, parce que ce ne serait plus unc politie, mais la province d'une politie englobante. Il n'empêche qu'une politie, dès lors qu'elle adopte, comme groupe et acteur, une politique économique, doit l'orienter vers l'un ou l'autre pôle. Dès lors qu'il y a des stratégies, on trouve aussi des opinions pour les justifier, ce que l'on appelle des

« idéologies ». L'idéologie de l'ouverture s'appelle le libre-échangisme, dont l'idéal est la suppression des frontières économiques et la transformation de la planète entière en *un* marché global. L'idéologie de la fermeture est le protectionnisme, dont l'idéal est soit l'autarcie, si la clôture des frontières est établie dans les deux sens, soit la dissuasion des importations. Comme les rétorsions sont inévitables, pratiquement, le protectionnisme condamne à l'autarcie comme à sa fin logique.

La question scientifique est dès lors la suivante : si le développement économique est l'objectif économique poursuivi, quelle doctrine faut-il adopter et quel pôle viser ? Cet impératif hypothétique devient en quelque sorte catégorique, puisque, en fait et malgré qu'on en ait, le développement économique a été imposé comme prioritaire à toutes les polities par la seule réussite du capitalisme en Occident. Il est possible d'apporter à la question des réponses fermes, théoriques et historiques en faveur du libre-échange, idéologiques et politiques au service de la protection.

La théorie économique et l'expérience historique plaident de manière univoque en faveur du libre-échange. Elles permettent de poser en théorème la proposition suivante : plus les échanges planétaires de facteurs et de produits sont libres et intenses, plus la qualité et la quantité des biens et des services produits augmentent pour une proportion croissante de la population mondiale. Pour en administrer la preuve théorique, il n'est peut-être pas indispensable de recourir aux argumentations complexes des spécialistes. Il nous suffit de prendre appui sur la nature de l'économique[1] et sur les vertus du marché[2]. Du moment qu'il y a un marché, il s'opère une disjonction en chaque acteur économique entre le producteur et le consommateur ; et réciproquement : toute disjonction implique l'apparition d'un marché où les producteurs et les consommateurs puissent se rencontrer. Dès lors, le calcul rationnel de chaque acteur, aussi bien comme producteur que comme consommateur, devient évident, non pas pour l'analyste extérieur, mais pour l'acteur lui-même. Comme producteur, il a intérêt à se spécialiser dans le produit pour lequel il est plus efficace que les autres et à échanger ce produit contre les produits d'autres producteurs, plus efficaces chacun pour son compte. Le critère de l'efficacité est le principe d'économie : le plus avec le moins. Le calcul est doublement rationnel. Comme producteur plus efficace, l'acteur produit plus, mieux et moins cher. Il aura donc plus de pratiques et ses revenus seront plus élevés. Comme consommateur, il aura accès à des produits plus abondants, de meilleure qualité et moins chers. Par la spécialisation et l'échange des spécialités, des acteurs plus riches ont accès à des produits moins chers. Aucun raisonnement ne peut aller contre des avantages si marqués. Il est donc certain que si la

1. Voir ci-dessus, Ire partie, chap. III (t. I, pp. 65 *sqq.*).
2. Voir ci-dessus, IVe partie, chap. I, pp. 9 *sqq.*

planète devient un marché unique et si les échanges y sont parfaitement libres, la production et la consommation sont maximisées et poussées vers des sommets successifs, qui sont ultimement fonction du savoir et de l'information injectés dans les productions et les produits. Inversement, toute entrave politique à la liberté des échanges planétaires diminue et la production et la consommation.

On rejettera comme peu sérieuse une objection traditionnelle, remise à la mode récemment par certains économistes. L'objection traditionnelle opposée au raisonnement économique est qu'il ne vaut que dans des conditions « pures et parfaites » et que la réalité n'est jamais pure ni parfaite. Sans doute, mais la remarque n'aurait d'importance théorique et pratique que si la réalité imparfaite *inversait* les conclusions du modèle. Ce n'est pas parce que le vide n'est jamais parfait, que les corps décélèrent leur chute au lieu de l'accélérer. Plus précisément, les « impuretés » de la réalité par rapport au modèle ont des incidences qui ne sont explicables que par référence aux indications du modèle. Quand des économistes font observer que, les polities existant de fait, la planète n'est pas un marché pur et parfait, que cette restriction fait apparaître des angles morts riches en opportunités et que les polities peuvent et ont intérêt à profiter de ces opportunités par des stratégies délibérées, ils ont peut-être ou sans doute raison, mais l'on n'est pas en droit de conclure que toutes les polities deviendraient plus riches en détruisant le marché mondial ! Car il saute aux yeux que ces « angles morts » sont liés à l'existence même de ce marché. De même, il peut se faire qu'une législation soit affectée de lacunes, qui permettent à des acteurs astucieux de tourner légalement à leur profit la justice distributive. Il serait absurde d'en conclure que, en supprimant toute légalité, les parts de chacun et de tous seraient spontanément augmentées !

Pour compléter la théorie, il faut introduire une complication indispensable. Prenons un exemple trivial. Soit deux femmes, dont l'une est plus douée pour les affaires et l'autre pour les tâches ménagères. Selon l'analyse précédente et le bon sens, il est évident que la première doit se lancer dans les affaires et abandonner les tâches ménagères, car elle aura des revenus plus élevés que si elle alterne les affaires et le ménage, pourra engager la seconde pour faire son ménage et aura son ménage mieux fait. La seconde s'en portera mieux aussi, en laissant tomber les affaires, où elle risque de se ruiner, et en se consacrant aux tâches ménagères contre salaire. La complication est la suivante : quel est le calcul rationnel pour l'une et pour l'autre, si la première est plus douée que la seconde *à la fois* pour les affaires et pour le ménage ? La réponse a été trouvée par David Ricardo[1] et porte le nom de « loi des coûts ou des

1. Voir D. Ricardo, *Des principes de l'économie politique et de l'impôt*, Paris, Garnier-Flammarion, 1973 (1re éd. angl. 1817).

avantages comparés ou comparatifs ». Je renvoie à Ricardo, aux manuels d'économie et aux travaux spécialisés[1], pour une analyse détaillée. Nous n'avons besoin que de la réponse générale : chacune a intérêt à se spécialiser dans l'activité pour laquelle elle est *relativement* plus efficace. Si, en affaires, les deux femmes sont comme trois à un et, en tâches ménagères, comme deux à un, la première doit se consacrer aux affaires, où elle est trois fois plus efficace, et abandonner à la seconde les tâches où elle ne lui est que deux fois supérieures.

On peut généraliser la loi à *n* acteurs et à *n* produits. Elle permet de poser que chaque politie a intérêt à se spécialiser dans les productions, pour lesquelles elle est *relativement* plus efficace, et à échanger les produits contre d'autres produits, obtenus plus efficacement ailleurs. Comment découvrir ce en quoi on est relativement plus efficace, d'autant que ce relatif a toutes chances de changer en permanence ? C'est le marché lui-même et le système des prix qui le révèlent à chacune, exactement comme le marché et les prix font émerger à l'intérieur les producteurs les plus efficaces. Si quelqu'un devait ne pas être convaincu par le raisonnement, on peut lui suggérer de procéder par l'absurde et de supputer les résultats atteints par une politie qui refuserait tout

1. Voir par exemple P. A. Samuelson, « Illogisme de la doctrine néo-marxienne de l'échange inégal », *Commentaire*, n° 17, 1982, pp. 52-62.

échange et qui prétendrait tout faire par elle-même, produire des mangues et des oranges sous un climat glacial dans des serres, des ordinateurs avec des mathématiciens et des informaticiens peu compétents, du tourisme sans soleil mais avec des lampes à infrarouge...

Les preuves historiques de la théorie surabondent, elles peuplent les histoires économiques du XIXe et du XXe siècle — et même de tous les siècles, car les échanges transpolitiques existent et sont bénéfiques à toutes les époques. Il serait fastidieux et dépourvu de sens de nous lancer dans une compilation de données locales et régionales. Il sera plus expédient et plus congruent de voir la réalité en la grossissant le plus possible, de manière à en souligner les caractères les plus saillants. Le grossissement le plus grand possible et qui tolère encore une perception limpide révèle, quand il est appliqué au développement capitaliste, trois phases générales distinctes. Ces phases concernent non seulement la zone nucléaire du capitalisme, en Europe et en Occident, mais également sa périphérie, c'est-à-dire les zones gagnées au capitalisme et au développement par emprunt et par imitation. On peut faire aller la première phase de 1848 à 1914 et la considérer comme une période de décollage généralisé en Europe occidentale et centrale et aux États-Unis et de capitalisme incipient ailleurs en Europe, en Asie, en Russie, en Amérique latine. Une deuxième phase court de 1914 à 1945 — ou à 1948-1949, pour tenir compte des remises en ordre et en train —, et elle est marquée par des crises, des arrêts, des reculs économiques. La troisième phase commence en 1949. Elle est beaucoup plus contrastée. D'un côté, les pays de capitalisme ancien, en Europe et aux États-Unis, connaissent un développement économique brillant. D'autres pays, en Asie surtout, rallient le capitalisme et vivent une sorte d'explosion économique, comme l'Occident n'en a pas connu dans sa phase de décollage. D'autres encore s'enfoncent dans le sous-développement ou ne réussissent pas à s'en extraire fermement et définitivement. Un dernier groupe a le malheur d'être happé par l'antidéveloppement et de vivre l'involution économique que l'U.R.S.S. a fait subir à la Russie.

Si l'on soumet ces trois phases au critère des échanges extérieurs et si l'on détermine sous quel fanion dominant elles ont procédé, celui du libre-échange ou du protectionnisme, la réalité historique répond sans ambiguïté. La première phase peut être baptisée « anglaise ». Non seulement la Grande-Bretagne a été le siège des premières expressions du capitalisme industriel, une bonne génération avant le continent, mais elle est aussi la puissance dominante en matière de commerce international, en Europe d'abord et surtout, mais aussi dans le monde, grâce à sa marine et à ses colonies ou ex-colonies. Jusque vers 1880 au moins, l'Angleterre est le guide d'opinion en matière économique, celui qu'il s'agit d'imiter ou contre qui il convient de se poser. Or l'Angleterre est passée au libre-échange en 1846. Dans les décennies qui suivent, elle réussit à imposer une série de traités bilatéraux de commerce avec ses principaux partenaires, qui ont pour conséquence un abaissement général des protections douanières et une ouverture plus grande des économies nationales les unes sur les autres. Il en résulte une multiplication prodigieuse des échanges de marchandises, de capitaux et même d'hommes. Ajoutons que les échanges transpolitiques sont grandement facilités par l'adoption de l'étalon-or par tous les échangistes qui comptent, ce qui dote le marché international d'une monnaie commune de fait, puisque toutes les monnaies sont librement convertibles en or, et lui épargne l'inflation et les distorsions qu'elle induit. Sans doute, à partir des années quatre-vingt du siècle, le protectionnisme redresse la tête, mais il ne l'emporte décidément que pour des produits agricoles. Pour l'essentiel, la phase reste gagnée au libre-échange jusqu'au bout.

La deuxième phase est caractérisée par une disruption complète des échanges extérieurs ou leur interruption pure et simple, du fait des guerres, des révolutions bolchevique, fasciste et nazie et des politiques protectionnistes adoptées par les gouvernements occidentaux, pour sortir de la crise des années trente. Chaque politie se replie frileusement sur elle-même, oublieuse du brillant rétablissement économique réussi de 1921 à 1929 et assis sur la reprise des échanges.

La troisième phase offre au théoricien une authentique expérimentation de laboratoire, pour tester son hypothèse. Le groupe occidental est désormais dominé et guidé par les États-Unis. Or ceux-ci sont en faveur du libre-échange et l'imposent où ils peuvent. Ils le sont, malgré leurs traditions et leurs inclinations, qui penchent plutôt en faveur du repli sur cette île-continent que sont les États-Unis. On résiste mal à la conclusion que la conversion au libre-échange, comme celle de l'Angleterre exactement un siècle plus tôt, doit beaucoup et même tout à la position dominante et au calcul que la dominance rapportera plus dans des échanges libérés. Bel exemple de ruse de l'histoire ! Les exemples asiatiques de capitalisme foudroyant ont au moins un point en commun, et il est décisif. Tous ont choisi une stratégie de développement par les exportations et par la conquête de marchés là où ils se trouvent, en allant affronter la concurrence dans les pays capitalistes eux-mêmes. Autrement dit, il s'agit de stratégies délibérées d'insertion dans le marché mondial et d'exploitation des avantages comparatifs. Ce qui suppose qu'il y ait un marché mondial et des pays capitalistes. Nous verrons plus tard l'importance de cette remarque incidente.

Les catastrophes économiques qui ont pu s'abattre sur d'autres pays, ont des causes variées. Nous avons vu la manière dont le communisme ruine sûrement une économie de l'intérieur. Il parfait la ruine, en coupant la politie du marché mondial et en visant l'autarcie. Le « marché socialiste » qui établissait des liens économiques entre les pays communistes, n'était pas un marché, mais l'application aux polities dans la mouvance soviétique de la planification bureaucratique et arbitraire. Il est difficile de concevoir et même d'imaginer une répartition des tâches plus inefficace que celle imposée par le Gosplan aux différentes républiques de l'U.R.S.S. Quant aux pays sous-développés, leur sous-développement est le mieux mesuré et expliqué par leurs degrés d'ouverture et de fermeture sur le marché mondial. On pourrait prendre pays après pays et, pour un même pays, les successions de périodes d'ouverture et de fermeture, on verrait vérifiées à chaque fois les corrélations prévues par la théorie.

Ainsi, la théorie et l'expérience jouent à qui démontrera le plus sûrement que développement économique et libre-échange sont liés comme l'effet à sa cause, et que le protectionnisme compromet le développement à proportion de son intensité. Logiquement et rationnellement, on s'attendrait, en vertu de la rationalité qui est le propre de l'espèce humaine, que le libre-échange régnât sans partage depuis longtemps, puisque tout le monde s'en porterait mieux. C'est ce qu'une expérience constante dément sans ambiguïté. La pente naturelle des polities et des acteurs économiques favorise unilatéralement le protectionnisme. Les périodes de libre-échange le révèlent toujours très imparfait, transitoire, contesté et explicable par des circonstances particulières, dont la plus notable est celle que nous avons dite : la coïncidence dans une même politie de l'hégémonie politique et économique, coïncidence qui lui fait considérer que le libre-échange l'avantagera. Cette situation est paradoxale et pose un problème. Le paradoxe n'est pas dans l'opposition au libre-échange, car il serait cohérent et rationnel de lui être hostile par opposition au développement économique. C'est, à coup sûr, la voie la plus rapide et la mieux garantie pour ruiner une économie que de la couper des marchés extérieurs. Mais cette position ne peut être que marginale et transitoire, nous l'avons posé en postulat raisonnable. Le problème et le paradoxe naissent avec la conjonction du protectionnisme et de la volonté de développement économique. Comment expliquer que des acteurs rationnels aboutissent rationnellement à des vues et à des actions irrationnelles ? Deux possibilités générales se font jour. Dans la première, une logique idéologique est substituée à la rationalité et en présente toutes les apparences, y compris la conformité au réel. La seconde exploite des rationalités locales réelles et non contradictoires avec les exigences de la rationalité économique, quoiqu'elles conduisent, par agrégation et avec le temps, à des irrationalités.

La logique idéologique a été soutenue par les théories de l'impérialisme. On les trouve développées surtout dans la mouvance marxiste, mais les thèmes en ont souvent été accueillis et parfois même recueillis dans les cercles nationalistes et réactionnaires. Il est permis de distinguer, par commodité et parce qu'elles correspondent à deux périodes successives de la lutte anticapitaliste, deux lignes directrices. La première a abouti à l'opuscule de Lénine, *L'Impérialisme, stade suprême du capitalisme* (1916). L'argument a été thématisé dès 1902 en Angleterre par Hobson, mais c'est Lénine et la IIIe Internationale qui le popularisent jusqu'après la Seconde Guerre mondiale, jusqu'à l'achèvement de la décolonisation, vers 1960. On peut le résumer en trois argumentations simples et enchaînées :

— le capitalisme est condamné à des crises de surproduction de plus en plus profondes, fréquentes et intraitables, qui le conduisent à une paralysie complète et à l'explosion. La raison de cette évolution fatale est double : la baisse tendancielle du taux de profit prive les capitaux d'investissements rentables et la paupérisation absolue d'une fraction croissante de la population enlève à la production ses débouchés ; les deux mouvements ont la même racine : la concurrence entre capitalistes, qui les oblige à remplacer toujours plus de travail humain par des machines ;

— la seule cure permettant de retarder l'échéance fatale est d'exporter aussi bien les capitaux que les produits hors des pays capitalistes ; la cure est encore plus efficace, si l'on réussit à écarter les concurrents ; donc chaque pays capitaliste cherche à se tailler un empire colonial, aussi grand que possible et de préférence fermé à la concurrence. Ainsi s'explique la grande vague d'impérialisme européen dans le monde dans la seconde moitié du XIXe siècle ;

— mais la planète est un ensemble fini, alors que le capitalisme est infini dans son développement et l'acuité de ses problèmes ; donc les pays capitalistes seront immanquablement conduits à se faire la guerre entre eux, pour se partager et repartager le globe. Ainsi s'expliquent les conflits et les guerres entre l'Angleterre, la France, l'Allemagne, le Japon, la Russie — avant 1917 — et les États-Unis, ainsi deviennent compréhensibles surtout les deux guerres mondiales.

Une thèse aussi fragile a été reçue avec confiance, en se rendant plausible par la mobilisation de données du sens commun. Les crises cycliques du capitalisme sont bien réelles, et il demeure très vrai qu'elles se traduisent par des méventes. La réaction spontanée et irréfléchie est qu'il y a « trop de » : biens, services, capitaux, main-d'œuvre... Au demeurant, la raison économique dit la même chose, mais en fondant son diagnostic sur l'accumulation et l'agrégation des erreurs de calcul des acteurs : une crise, pour elle, apure les comptes, elle ne signale pas la faillite. Il faudra attendre Keynes, pour que le sens commun fût encouragé à diverger radicalement de la raison. Il introduisit l'idée que, s'il y a crise, c'est parce qu'il n'y a « pas assez de » pouvoir d'achat, pour absorber la production. Mais le sens commun croit plus à la surproduction qu'à la sous-consommation, pour une raison plus profonde. À chaque période — de l'ordre de la génération — et pour chaque état dans la société, les gens ont une perception spontanée du niveau de vie normal et naturel. Logiquement, le développement capitaliste doit conduire à dépasser ce niveau, ce qui créera des surplus et des invendus. Or il y a des crises, donc... Un raisonnement analogue conclut à la plausibilité de l'explication des guerres par des motivations économiques. Il y a bel et bien des conflits et des guerres à propos des colonies. Les colonialistes avancent de fait des arguments économiques pour justifier leurs entreprises. Qu'ils y croient ou non, ils réveillent des échos mercantilistes, assoupis peut-être mais non dissipés. Et la thèse donne un sens à cette conflagration de 1914-1918, qui a toutes les marques de l'absurdité, si l'on n'attribue pas aux belligérants un intérêt à s'entre-tuer. N'oublions pas non plus qu'un fauteur notoire de guerre, Adolf Hitler, l'a justifiée par avance par la nécessité de doter l'Allemagne de son « espace vital » aux dépens des Slaves. Comme, en matière économique, il a été aussi, par l'entremise de Schacht, le disciple le plus obéissant de Keynes, on subodore dans tout cela des menées que la thèse de l'impérialisme dévoile à l'avance.

Une autre thèse idéologique a été plus en vogue dans les années 1960 et 1970, celle de l'« échange inégal ». Plusieurs thèmes s'y mêlent, dont certains sont tout droit dérivés de la thèse marxienne de l'« accumulation primitive »[1]. Un thème insiste sur l'idée que la richesse des uns est nourrie de la pauvreté des autres : soit par des pillages purs et simples perpétrés dans les colonies, soit par la « dégradation des termes de l'échange » (les prix des matières premières vendues par les pauvres ne cessent de baisser, alors que grimpent ceux des produits finis achetés), soit par l'exploitation directe des salariés en cas d'investissement et par la réexportation des profits. L'autre thème souligne l'idée inverse, que la richesse des uns provoque la pauvreté des autres : ou bien l'efficacité plus grande des pays capitalistes leur permet d'inonder les pays pauvres de produits bon marché, qui ruinent les producteurs indigènes ; ou bien les investisseurs étrangers, en particulier les multinationales, se substituent aux entrepreneurs locaux, parce qu'ils sont plus forts et plus riches ; ou bien les contacts avec les pays riches entraînent des déséquilibres, soit en ruinant les économies traditionnelles et en créant une misère objective, soit en élevant les niveaux d'aspiration et en provoquant une misère subjective.

Ces thèses et sous-thèses ont aussi leur plausibilité. Le développement se traduit effectivement par des bouleversements permanents, des ruines, des inadaptations, du chômage..., et le sous-déve-

1. Voir ci-dessus, IVe partie, chap. II, pp. 33 *sqq.*

loppement suppose un contact avec la modernité[1]. Les productions naissantes sont de fait fragiles, et l'on peut spontanément en conclure qu'elles ne sont jamais capables de résister à la concurrence de producteurs installés. Plus profondément, un schème mental paraît universel, celui du « trésor », l'idée que les affaires humaines sont des jeux à somme nulle. Le sens commun incline à penser que, s'il y a des riches quelque part, il faut qu'il y ait des pauvres ailleurs. Cette conviction a donné lieu, par exemple, à l'établissement de statistiques mondiales, comparant les parts de population et celles des ressources consommées. Il en ressortait que les riches consommaient beaucoup plus par tête que les pauvres. Le raisonnement oubliait un détail : les riches produisent beaucoup plus par tête que les pauvres, ce qui les fait riches !

Toutes ces thèses ne résistent pas à l'examen. Cette fragilité ne les a pas empêchées d'envahir la littérature, ce qui n'est pas grave, et de conduire à des politiques économiques, ce qui est plus sérieux. La « voie socialiste », le développement par « substitutions d'importations », les tendances à l'autarcie..., en sont des expressions.

On peut démontrer la rationalité du protectionnisme par les considérations suivantes. Repartons de la loi de Ricardo sur les avantages comparés. Ricardo avait raisonné sur deux pays, l'Angleterre et le Portugal, et sur deux produits, les draps et le

1. Voir ci-dessus, V^e^ partie, chap. I, pp. 147 *sqq.*, et, ici, chap. II, pp. 313 *sqq.*

vin. Il concluait que Portugais et Anglais avaient intérêt à se consacrer les premiers au vin et les seconds aux draps et à échanger des parts de leurs productions respectives. Si les acteurs économiques veulent être rationnels, en suivant les indications de Ricardo, tous les Anglais doivent devenir tisserands et tous les Portugais vignerons. Adoptons, maintenant, le point de vue de l'acteur individuel. S'il était jusque-là vigneron en Angleterre ou tisserand au Portugal, il doit y renoncer, pour se convertir au tissage ou à la vigne. L'acteur concerné peut y trouver à redire sous deux chefs. Il peut aimer son métier et souffrir à l'idée de le quitter. Il peut aussi et peut-être surtout se livrer à un calcul et à un bilan. D'un côté, il est sûr de perdre son emploi d'antan. De l'autre, la théorie lui promet d'en retrouver un autre, mais : il peut s'écouler du temps, et entre-temps il sera au chômage temporaire ; un progrès technique peut intervenir, qui économise du facteur travail, et il sera au chômage définitif ; il peut y avoir de la main-d'œuvre en réserve, avec laquelle il sera en concurrence, et rien ne lui garantit qu'il l'emportera ; il peut n'avoir aucune des compétences exigées d'un tisserand ou d'un vigneron, et il se retrouvera éjecté du marché du travail. En un mot : la perspective d'une fraction de la main-d'œuvre touchée par les grâces des avantages comparés est le chômage temporaire, permanent ou définitif !

On peut et on doit généraliser cet exemple

ultrasimplifié. La généralisation conduit à la conclusion, double, non contradictoire et complémentaire, que des échanges transpolitiques parfaitement libres garantissent les combinaisons les plus efficaces de facteurs, la production croissante de richesses, la multiplication des emplois, l'augmentation générale et particulière du niveau de vie de tous, le tout *tôt ou tard*, et que, *dans l'immédiat*, toutes les positions économiques sont constamment menacées par les fluctuations des avantages comparés. La conclusion est rendue encore plus nette, si on la transcrit en deux discours opposés, chacun très vrai et très rationnel dans son cadre de références. Les consommateurs tiennent un discours favorable au libre-échange, puisqu'ils auront plus à meilleur compte et de qualité améliorée. Le discours des producteurs est hostile au libre-échange, puisque à tout moment il peut détruire leur raison d'être en tant que producteurs de *ceci*.

Il est possible de démontrer que les producteurs doivent l'emporter irrésistiblement sur les consommateurs. Pour être consommateur, il faut commencer par être producteur, car la rareté est une réalité et les problèmes économiques sont réels. Chacun est l'un et l'autre, ce qui contraint chacun à négocier avec soi-même, pour décider du point de vue et du discours à adopter. La négociation doit se conclure par la victoire du producteur. En effet, les gains des consommateurs sont futurs et indéterminés, alors que les pertes des producteurs sont immédiates, précises et peuvent frapper à tout moment. Pour se protéger, il faut et il suffit aux producteurs de se coaliser en groupes de pression. Ils peuvent le faire aisément, car leurs coûts de coalition sont faibles — ils sont déjà regroupés en entreprises et concentrés dans des conurbations — et leurs espérances de gain très élevées. Au contraire, les consommateurs sont dispersés et atomisés, et leurs espérances de gain putatives. Or les groupes de pression sont très efficaces. Si le régime politique est démocratique, il voit infailliblement naître un « marché politique », où les politiciens échangent des voix et des appuis contre des législations favorables aux intérêts particuliers. En régime autoritaire, des collusions sont irrésistibles entre gouvernants et producteurs, par l'entremise de la corruption et du clientélisme.

Au total, les protectionnistes sont toujours présents et pressants et leur pouvoir de négociation est très grand, alors que les libre-échangistes en sont réduits, sauf conjonctures exceptionnelles, à prêcher dans le désert. Les conjonctures exceptionnelles sont procurées par la conviction de producteurs dominants que leurs espérances de gain seront encore augmentées par leur conversion rusée au libre-échange.

V

LE DÉVELOPPEMENT

Il nous reste une toute dernière étape à parcourir, dont le terme devrait nous permettre de décider si, oui ou non, le capitalisme et le développement économique indéfini gagneront incessamment la planète entière ou si l'humanité est condamnée à un partage radical entre deux mondes — fort mal étiquetés par l'opposition journalistique entre « le Nord » et « le Sud ». Nous savons déjà que le capitalisme est universalisable et que la première condition de l'universalisation est présentement réalisée, tant bien que mal, à savoir un marché mondial versant plutôt du côté du libre-échange que de celui du protectionnisme. Par nature, une condition de possibilité a en elle un élément de contingence. Le système transpolitique pourrait facilement basculer dans le protectionnisme. Il suffirait que les États-Unis, où les lobbies protectionnistes sont permanents, puissants, actifs, décident que tel est leur intérêt et se lancent dans des « guerres » tarifaires et commerciales avec l'Europe et le Japon, pour commencer.

Comme je ne suis pas devin, je me garderai bien d'apprécier les probabilités de cette occurrence. La conséquence serait de confiner la planète dans une sorte de dimorphisme économique. Que ce confinement puisse être définitif, il est permis d'en douter, mais il peut durer longtemps.

La dernière étape doit préciser les conditions politiques internes exigées de toute politie prétendant accéder au capitalisme et à la modernité. Nous n'avons pas à entrer dans une analyse monographique du phénomène des « dragons asiatiques »[1]. Nous devons maintenir notre enquête au niveau d'analyse adopté, parce qu'une théorie doit faire, de bout en bout, la preuve de sa cohérence et de son respect pour le principe d'économie : expliquer le plus de faits avec le moins d'hypothèses possibles et, si possible, le faire avec élégance. La théorie non seulement autorise, mais elle exige même que nous franchissions cette dernière étape, appuyés sur l'hypothèse suivante : de même que l'invention du capitalisme a dépendu de conditions politiques, que le sous-développement est dû à des facteurs politiques et que l'anti-développement doit être rapporté à des perversions antidémocratiques, de même l'adoption du capitalisme doit reposer sur la réunion de conditions politiques déterminées. Plus brièvement, il convient d'explorer les conditions politiques res-

1. La meilleure est, à mon avis, celle de R. Wade : *Governing the Market. Economic Theory and the Role of Government in East Asian Industrialization*, Princeton, Princeton University Press, 1990.

pectives de l'invention et de l'adoption du capitalisme.

L'explication politique de l'invention du capitalisme, développée sur trois parties, peut être résumée ainsi. L'économique est un ordre d'activités humaines, né de l'urgence où se trouve l'espèce humaine d'avoir à réunir les ressources exigées par la poursuite de toutes les fins qui lui sont assignées. Pour résoudre ce problème, les acteurs économiques doivent combiner des facteurs rares. Les combinaisons les plus efficaces sont rencontrées, quand les acteurs échangent, partagent et explorent sur des marchés soustraits à la violence et à la ruse, quand les facteurs sont appropriés privément et quand les initiatives de combiner les facteurs sont libres. Des droits de propriété, des marchés libres et réglés, la liberté d'initiative sont des aspects ou des expressions d'un régime politique déterminé, que l'on peut convenir d'appeler démocratique. Ce régime exige, pour se mettre en place, que soient réunies certaines conditions de possibilité : un système transpolitique oligopolaire, des polities stables, des centres autonomes de décision, des acteurs vertueux ou non vicieux.

Ces conditions ont été réunies par deux fois en Europe, au cours de ce deuxième millénaire, dans les cités médiévales et dans les royaumes modernes. Les premiers phénomènes capitalistes caractérisés apparaissent dans les cités médiévales, mais ils sont éphémères, parce que les cités sont absorbées dans les royaumes ou se transforment elles-mêmes en principautés. L'invention durable du capitalisme a lieu au XVIIe siècle, notamment dans les Province-Unies et en Angleterre. Il bénéficie, d'autre part, de la contribution décisive d'une autre expression de la modernité, à savoir l'invention de la science, qui sera pour lui le foyer d'un dynamisme créateur sans précédents. Le passage à l'âge adulte du capitalisme peut être placé dans la seconde moitié du XIXe siècle, après les révolutions de 1848 et la diffusion généralisée des principes libéraux en Europe.

L'émergence de la modernité économique est strictement parallèle à celle de la modernité politique. Nous avons plaidé que la république des Provinces-Unies et la monarchie constitutionnelle anglaise, loin d'être étrangères à la naissance du capitalisme, en ont été les facteurs centraux. Nous avons également soutenu que les conditions ayant permis la naissance et la perpétuation de régimes libéraux et de droit dans ces deux polities, n'étaient pas leur exclusivité, mais se trouvaient avoir été réunies par des développements millénaires dans toute l'Europe occidentale et centrale — des nuances s'imposent, quand on va vers l'est —, en tant qu'aire culturelle distincte. Mais la modernisation politique s'est échelonnée sur deux bons siècles, entre le XVIIe et le XIXe siècle, selon des calendriers et des rythmes imposés par les contingences des histoires nationales. De même, la modernisation économique, virtuelle partout pour les mêmes raisons, a connu elle aussi des calendriers et des rythmes variables selon les polities. Si, maintenant, on compare à grands traits les deux modernisations selon les pays, on constate à peu près ceci. La France bascule décidément dans l'ère capitaliste sous le Second Empire. L'Allemagne fait de même un peu plus tard, sous le IIe Reich bismarckien. Certaines parties de l'Empire austro-hongrois le suivent, en particulier la Bohême.

Un soupçon commence à naître, qui se trouve fortifié, si l'on porte ses regards au-delà de l'Europe nucléaire et du XIXe siècle. Au XIXe siècle encore, la Russie entame sa modernisation économique aux lendemains de la suppression du servage en 1861, sous le règne du tsar « autocrate » Alexandre II. Le Japon fait de même presque exactement au même moment, à partir de 1868, sous la férule d'une équipe de réformateurs appuyés par et sur l'empereur Mutsu Hito. Dans les Amériques, le Mexique s'ouvre au capitalisme, timidement et incomplètement peut-être, mais avec décision, sous la dictature de Porfirio Diaz (1878-1910). Au XXe siècle, les cas se multiplient de développements économiques sous des régimes politiques manifestement non démocratiques ou qui n'en ont que les apparences. La Chine connaît une phase de développement accéléré — rappelant d'assez près, compte tenu du décalage chronologique, ce qui s'y passe depuis 1979 — jusqu'en 1937 et l'agression japonaise, sous les dictatures successives de Yuan Che Kaï, des Seigneurs de la Guerre et de Tchang Kaï Chek. Entre les deux guerres, la Pologne de Pilsudski et la Turquie de Mustapha Kemal Atatürk se décident à suivre le mouvement. L'Espagne commence à combler son retard économique et à se préparer à rejoindre la famille économique européenne bien avant la mort du général Franco, dès le début des années 1960. Enfin, les « miracles » économiques asiatiques, le Japon en tête dès le début des années cinquante, puis Taiwan, Singapour, la Corée du Sud — Hong Kong est atypique, en tant que placé sous administration britannique —, enfin la Malaisie, la Thaïlande, l'Indonésie et la Chine après la glaciation maoïste, tous ces développements économiques explosifs se sont déroulés ou se déroulent dans le cadre de régimes non ou pseudo-démocratiques, des dictatures militaires, des partis uniques, des partis dominants.

Les faits sont si pressants que le soupçon devient une certitude empirique : les conditions politiques de l'adoption du capitalisme ne sont pas aussi restrictives que celles de son invention. Si l'invention exige la démocratie ou, pour être plus précis, des régimes hiérocratiques à ce point tempérés par leur évolution historique qu'ils en sont devenus démocratisables, l'adoption est sans doute facilitée par les mêmes conditions historiques et politiques et encore mieux par des démocraties en bonne et due forme, comme en témoignent les États-Unis, la Suisse, la Belgique, le Luxembourg, l'Italie du Nord, les pays scandinaves, mais elle est compatible avec des régimes non démocratiques. Or tous les cas signalés de développement économique non démocratique ont en commun de s'être déroulés ou de se dérouler sous un régime bien particulier, le *régime autoritaire.* La dernière étape de notre itinéraire doit consister dans la fondation théorique de la compatibilité du régime autoritaire avec l'adoption du capitalisme, compatibilité dont la vérité empirique est imposée par les données historiques.

Pour réussir cette fondation théorique, il faut enchaîner trois arguments distincts : qu'est-ce qu'un régime autoritaire ? à quelles conditions un tel régime est-il possible ? quels sont les rapports possibles entre régime autoritaire et capitalisme ? Pour saisir le régime autoritaire dans sa réalité conceptuelle, il faut repartir de la typologie des régimes politiques proposée dans la Ire partie[1]. Nous l'avons assise sur le concept de pouvoir et sur le ressort de l'obéissance. Il apparaissait que, l'obéissance pouvant répondre à trois ressorts différents, il fallait retenir trois régimes politiques fondamentaux — et ultimes, au sens où il est impossible de les tenir pour les espèces d'un genre encore plus fondamental :

— dans le *régime A* — appelé « démocratique » par convention —, les citoyens obéissent, en calculant les coûts et les avantages, à des délégués

1. Voir ci-dessus, Ire partie, chap. II (t. I, pp. 51 *sqq.*).

choisis par eux-mêmes, à titre temporaire, circonscrit et réversible ;

— dans le *régime B* — nommé « hiérocratique », également par convention —, les sujets obéissent au vicaire d'un principe transcendant, parce qu'ils respectent la transcendance du principe et reconnaissent le vicariat du prince ;

— dans le *régime C* — étiqueté « autocratique », toujours par convention —, les gens obéissent, parce qu'ils ont peur de la violence que peut leur appliquer un individu ou un groupe, qui se sont emparés du pouvoir par un coup de force.

Chaque régime est un genre rassemblant plusieurs espèces. Le genre autocratique reconnaît quatre espèces — que l'on peut à leur tour subdiviser, jusqu'à cerner les cas historiques dans leur singularité. Ce sont : le despotisme, où un dominant gère la politie comme sa propriété privée ; la tyrannie, où il exerce le pouvoir de manière à satisfaire ses passions personnelles, au mépris du bien commun ; l'idéocratie, où il prétend imposer une utopie, en recourant à la terreur pour briser et mater une réalité rebelle ; le régime autoritaire — très mal nommé, parce qu'il use en un sens péjoratif du mot laudatif « autorité », annexé par les régimes hiérocratiques — est défini par le seul monopole du pouvoir politique au sein d'une politie.

Cette manière de procéder par déduction rejoint les conclusions qu'atteindrait une induction à partir des cas historiques, en soulignant les caractères distinctifs de ce type de régime. Le caractère fondateur est le fait qu'une minorité s'empare du pouvoir à la suite d'un coup de force et le monopolise. Comme, dans une politie où les organes du pouvoir sont différenciés, la force est détenue par l'armée, un régime autoritaire est presque toujours militaire, soit directement soit indirectement, si l'armée juge utile d'exhiber une marionnette civile. L'armée contrôle et élimine toute concurrence politique au-delà de son cercle propre. Dès lors, les luttes politiques sont confinées en son sein et se traduisent par des intrigues, des complots, des limogeages, des révolutions de palais. Un deuxième caractère du régime autoritaire est la modestie de ses ambitions, comparées à celles de l'idéocratie. Les hommes au pouvoir tendent à se contenter de son exercice et des épices qu'il procure, sans prétendre faire coïncider une société et ses membres avec l'idée qu'ils se feraient d'une cité idéale et d'un homme nouveau. En règle générale, les gens sont laissés à peu près libres de faire ce qu'ils veulent, à condition de s'abstenir de toute activité politique et de tout ce qui pourrait conduire à la subversion de l'ordre. Le régime autoritaire incline à accepter la distinction du public et du privé et à s'y tenir, sinon explicitement du moins dans les faits.

Il faut nuancer cette dernière affirmation par la considération d'un troisième et dernier caractère distinctif. Le régime autoritaire a quelque chose de protéiforme, malléabilité et ductilité qui lui viennent de sa différence spécifique. En tant qu'autocratique, il n'est pas séparé des autres espèces du genre par une barrière insurmontable ; au contraire, il peut connaître, au gré des circonstances et des personnalités, des accentuations despotiques, tyranniques et même idéocratiques, pour peu que les dominants se mettent à penser et à absorber les idéologèmes qui passent à leur portée. De ce fait, on rencontre des régimes autoritaires fascisants, socialisants, communisants, islamisants et même libéralisants. Mais, en tant qu'espèce du genre, il ne reste pas prisonnier de ces accentuations, il peut changer à tout moment dans un sens tout différent, alors qu'un despotisme, une tyrannie et une idéocratie ne sont pas réformables : ils périssent en bloc et d'un coup, un jour ou l'autre.

On peut aussi présenter les choses de la manière suivante, peut-être plus parlante. À la question : quels sont les mobiles et les motifs qui peuvent bien pousser des militaires à s'emparer du pouvoir et à le monopoliser ? les réponses sont variées. Ils peuvent être poussés par une « dictature » au sens romain du mot, par le souci d'apporter ordre et efficacité à une politie mal gérée et en péril, à leurs yeux. Ils peuvent être soulevés par des passions nationales ou nationalistes et se sentir investis du devoir de prendre en charge la grandeur de la nation. Le goût pur et simple du pouvoir peut suffire, comme l'ambition peut se combiner avec la cupidité et l'avarice, car le pouvoir permet de s'enrichir par l'accès aux caisses publiques, par les collusions avec les milieux d'affaires ou par la corruption toute nue. Il reste possible qu'ils soient gagnés à une idéologie et disposés à en favoriser la réalisation, mais sans se résoudre aux moyens extrêmes de la terreur. Bien entendu, ces motivations peuvent s'additionner et se mêler en proportions infiniment nuancées.

Les régimes autoritaires n'étaient pas tout à fait inconnus dans le monde prémoderne. Les régimes qui, dans la Grèce archaïque des VIIe et VIe siècles, ont imposé la « modernisation » des cités, en les faisant passer de régimes hiérocratiques, aristocratiques, oligarchiques, à des régimes démocratiques, ces régimes sont connus sous leur nom d'époque comme des « tyrannies ». Ce ne sont pas des régimes tyranniques au sens péjoratif ultérieur, ce sont plutôt des régimes autoritaires, comme celui des Orthagorides de Corinthe[1] ou des Pisistratides d'Athènes, plus connus. Ce sont surtout les coups d'État militaires à répétition dans l'Empire romain qui sont des préfigurations des régimes autoritaires modernes. Car, pour l'essentiel, c'est un phénomène moderne, dont le premier exemple bien conformé pourrait être le régime instauré par Cromwell en Angleterre entre 1648 et 1658. Napoléon Bonaparte en est un exemplaire des plus authentiques.

1. Voir É. Will, *Korinthiaka*, Paris, De Boccard, 1955.

Une hypothèse séduisante se présente aussitôt à l'esprit, dans laquelle le régime autoritaire ne serait pas moderne seulement au sens chronologique et comme par accident, mais en un sens plus profond et plus substantiel, comme un régime de la modernité. À l'échelle de l'histoire politique générale de l'humanité et en retenant notre proposition que le régime A/démocratique est le régime naturel de l'espèce, l'hypothèse poserait que l'alternative prémoderne est entre la démocratie et l'hiérocratie, alors que le choix moderne est entre la démocratie et le régime autoritaire. L'alternative et le choix ne sont pas libres, si la démocratie doit être naturelle. L'hypothèse doit être précisée, dans le sens où l'hiérocratie et le régime autoritaire se mettent en place, quand les conditions de la démocratie ne sont pas réunies.

Si nous retenons cette hypothèse, nous circonscrivons immédiatement les conditions les plus générales de possibilité des régimes autoritaires. Ils exigent d'abord des polities, comme tous les régimes politiques, puisqu'il faut bien que soit donné ce groupe qu'ils régissent. Mais, alors que la démocratie a besoin de polities stables sur le long terme et unifiées en un tout par un ciment indépendant de la force, le régime autoritaire peut se contenter de la politie la plus informe et la plus artificielle, puisqu'il a le monopole de la puissance militaire. Il a aussi besoin d'une sphère publique à peu près différenciée, puisqu'un caractère distinctif en est le respect au moins de fait du public et du privé. Une troisième condition est l'impossibilité, la difficulté ou l'échec du régime normal, c'est-à-dire des développements démocratiques. Il convient aussi que soit disqualifiée toute alternative hiérocratique, puisque l'hiérocratie est en concurrence avec le régime autoritaire, pour se substituer à la démocratie, là où celle-ci échoue à revendiquer son droit d'aînesse. Enfin, il est indispensable qu'une minorité bien organisée soit capable de s'emparer du pouvoir, de le garder et de l'exercer. Cette minorité a toutes chances d'être une armée, organisée et instituée en un groupe capable d'agir comme une unité d'action, et non pas une armée de type homérique, tribal ou féodal, qui est moins un groupe que la juxtaposition changeante de segments armés.

Toutes ces conditions étaient réunies en Europe au XIXe siècle déjà. Dans les polities démocratisables, mais où la démocratisation a achoppé sur des obstacles, en France par exemple, des régimes autoritaires se sont imposés provisoirement, ce sont les deux Empires — Vichy est un cas plus indécis, mélange d'autoritarisme et d'idéocratie — ou auraient pu s'imposer, si, par exemple, le général Boulanger avait gagné ou si le général de Gaulle n'avait pas été aussi civilisé. Les conditions sont tout aussi bien et même mieux réunies à peu près partout dans le monde au XXe siècle hors d'Occident, où, comme nous en avons longuement exploré l'hypothèse dans la IIIe partie, les conditions de possibilité de la démocratie sont absentes, plus ou moins. Partout, des polities sont définies, à l'imitation de l'Occident, là où elles n'existaient pas déjà, ce qui donne ces absurdités que sont les États-nations, là où il n'y a ni État ni nation. Ces polities plus ou moins artificielles sont figées par le droit international, voulu par l'Occident et par les régimes autoritaires, pour éviter les guerres en chaîne ou pour se maintenir en place. Une sphère publique, plus ou moins bien conformée, a été reçue soit des hiérocraties antérieures soit par imitation de l'Occident. Plus précisément, partout existent les organes appropriés à un régime démocratique moderne, même si manque généralement le « sens du public », ce sentiment très subtil d'un bien commun, à la fois concret en tant que bien indispensable à la production de tous les biens particuliers, et abstrait en tant que commun. Les hiérocraties traditionnelles, qui reposent sur des croyances partagées et dérivées des religions, ont été presque partout ruinées par les contacts avec l'Occident et par la modernisation idéologique. Enfin, toutes les polities ont cru bon de se doter d'une armée, sauf le Costa-Rica, et d'une armée sur le modèle hiérarchique mis au point en Europe au long du XVIIIe siècle[1].

Au total, dans la phase actuelle de la modernisation, un régime autoritaire est non seulement tou-

1. Voir M. Howard, *La Guerre dans l'histoire de l'Occident*, Paris, Fayard, 1988 (1re éd. angl. 1976).

jours possible, mais c'est encore le régime normal, quand la démocratie est impossible ou précaire. Au contraire, les régimes idéocratiques sont des aberrations transitoires, liées à des accidents de l'histoire[1].

Pour pousser l'argument à son terme, il reste à démontrer la compatibilité du régime autoritaire avec le capitalisme. Pour ce faire, il faut et il suffit d'isoler les conditions les plus générales et les plus indispensables du développement économique le plus rapide et le plus intense possible et de vérifier, d'une part, leur compatibilité avec un régime autoritaire et, d'autre part, les capacités de celui-ci à les réunir délibérément. Sur le chapitre des conditions, toutes les analyses de ce livre convergent vers un nombre limité et précis d'articles, qui pourraient composer le *Manuel du parfait développementaliste* :

> *Art. 1.* — Il faut définir et distribuer des droits de propriété, de manière que les facteurs de production soient le plus possible appropriés privément. Il le faut, pour que les acteurs économiques trouvent un intérêt personnel à se dépenser dans les efforts les plus soutenus et les plus intenses. Ces droits de propriété doivent être respectés avec le plus grand scrupule possible, sinon le but est manqué. Il faut mettre en place un code légal idoine et cohérent et un appareil judiciaire fiable.

1. Voir J. Baechler, *La Grande Parenthèse (1914-1991). Essai sur un accident de l'histoire*, Paris, Calmann-Lévy, 1993.

Art. 2. — Il convient d'assurer aux marchés intérieurs une fluidité convenable, en se gardant d'alliances trop étroites avec les groupes de pression. Cette condition est secondaire par rapport à la nécessité de s'ouvrir sur les marchés extérieurs, en ayant deux objectifs prioritaires en vue : favoriser les transferts de technologie et les entrées de capitaux et conquérir des marchés dans les pays développés.

Art. 3. — Il ne faut pas reculer devant la concurrence étrangère. Au contraire, il faut l'affronter directement, chez elle et sur ses marchés extérieurs. Mais il ne faut pas le faire de manière inconsidérée. Il faut toujours garder à l'esprit la loi d'or des coûts comparés, en se spécialisant dans les productions pour lesquelles on est relativement plus efficace et en n'hésitant pas à sacrifier des activités peu rentables.

Art. 4. — Il est indispensable, si le développement doit être soutenu et continu, de maîtriser la création monétaire et l'inflation, de manière que les prix reflètent à peu près les réalités économiques et permettent aux acteurs de faire des calculs réalistes. Ne pas s'y résoudre, c'est se condamner à des incohérences, à des gaspillages et à la nécessité de voir alterner des phases de « surchauffe » et de corrections, ce qui, outre les dommages économiques, peut résulter en désagréments politiques, dangereux pour un régime à la légitimité douteuse.

Art. 5. — Il faut ne pas hésiter à se substituer aux acteurs privés, quand ceux-ci font défaut. Les occurrences les plus probables sont à attendre dans le domaine des investissements lourds, coûteux et à amortissement étalé sur des décennies. Les infrastructures routières, ferroviaires, portuaires, aéroportuaires, communicationnelles sont tout particulièrement concernées. La prudence recommande de ne pas assurer ces investissements en faisant de l'État un entrepreneur, mais en les finançant avec de l'argent public — ou garanti publiquement — et en confiant les travaux au marché et aux entrepreneurs par des appels d'offres et des marchés publics.

Art. 6. — Il importe par-dessus tout d'investir massivement dans le capital humain, en poussant l'instruction le plus loin possible pour le plus grand nombre. Il faut le faire, en respectant deux règles prioritaires. La première est de pousser l'instruction des filles autant que celle des garçons : outre que cette égalité permet de développer la moitié du capital humain potentiel, on résout aussi les problèmes démographiques, car la baisse de la fécondité est une fonction directe de l'instruction féminine. La seconde règle est de commencer par le bas, par l'enseignement élémentaire, et de ne pas commettre l'erreur de placer l'accent sur l'enseignement supérieur, parce que les universités sont un luxe coûteux et peu rentable, par l'entremise duquel les élites font instruire, mal, leurs rejetons aux frais des contribuables.

Tous ces articles sont compatibles avec les exigences d'un régime autoritaire, pour la simple raison qu'il n'exerce son monopole que sur le pouvoir politique et que tout ce qui va au-delà de cette exclusivité fondatrice *peut* être abandonné, sans dénaturer le régime. Bien plus, chacune des conditions énoncées par le *Manuel* peut être réunie délibérément par les gouvernants, pour peu que ceux-ci s'assignent comme objectif politique prioritaire le développement économique à outrance. Or, c'est une résolution qui peut leur venir le plus facilement et le plus naturellement. Le sentiment patriotique ou le nationalisme est une motivation très répandue, soit que l'on vise la grandeur par le succès économique — le Japon par exemple —, soit que le succès économique soit un moyen d'échapper à l'insignifiance — ainsi Singapour —, soit que la politie ait une rivalité à soutenir — ce serait le cas de Taiwan et de la Corée du Sud. Le calcul politique peut intervenir, qui persuade qu'un peuple prospère ne fait pas de politique et s'accommode de la perpétuation du monopole politique au bénéfice d'une minorité autodésignée. C'est, au demeurant, un mauvais calcul, mais il est difficile de se résoudre à échouer délibérément et à plonger le peuple dans la misère, pour le seul bénéfice de le faire se tenir tranquille. Un calcul intéressé plus immédiat est plus justifié : les gouvernants et leurs clients s'enrichissent plus et plus facilement dans un pays qui s'enrichit globalement que dans un pays misérable. Enfin, les gouvernants peuvent exciper, sincèrement ou artificieusement, de la fin du politique, qui est aussi de réunir les conditions communes de la prospérité. Ils le font même inévitablement, car il est impossible d'asseoir un pouvoir politique sur la puissance nue.

À quoi il faut ajouter une dernière considération. En cette fin de XXe siècle, le fait radicalement nouveau est l'échec avéré des solutions alternatives au capitalisme, pour atteindre au développement économique. Cet échec était connu depuis longtemps ou depuis toujours par les experts sérieux et prévisible par les penseurs indemnes de l'idéologie. La nouveauté est qu'il est devenu patent aux yeux de tout le monde et des décideurs politiques en particulier. La seule alternative qui reste ouverte est entre la misère et l'insignifiance croissantes, absolument ou relativement, et le développement économique capitaliste. La première branche peut être choisie par des idéologues et des idéocraties contre-modernes, par exemple des fondamentalistes religieux. Mais les idéocraties sont des aberrations transitoires. Elles peuvent imposer à tel ou tel pays une involution pendant des décennies, mais elles n'ont pas l'avenir pour elles. On ne court pas un grand risque, en affirmant que la seconde branche sera saisie. Comme la voie capitaliste est accessible soit par la route démocratique soit par le chemin autoritaire, on peut lancer le pari que le capitalisme gagnera la planète entière dans les décennies à venir, ou, du moins, les polities qui compteront dans le monde au XXIe siècle.

Il ne sera pas inutile de revenir sur la distinction

entre l'invention et l'adoption du capitalisme. On entend d'Asie des propos de plus en plus bruyants et suffisants sur l'aptitude plus grande de l'aire asiatique, c'est-à-dire chinoise et sinisée, à porter le capitalisme et à le pousser vers des sommets de plus en plus glorieux. L'aptitude est rattachée, pour l'essentiel, à une plus grande cohésion sociale, due elle-même à la famille, au confucianisme et au régime autoritaire. Les maux sociaux ne manquent pas en Occident mais le tout est de décider, s'ils sont modernes ou démocratiques. La première hypothèse est de loin la plus probable. Il y a fort à parier que l'Asie connaîtra incessamment les problèmes de divorce, de criminalité et de marginalisation, avec les mêmes variations de pays à pays qu'en Occident. Le confucianisme n'est ni plus ni moins favorable ou défavorable au capitalisme que le calvinisme ou le brahmanisme. Quant aux vertus stabilisatrices des régimes autoritaires, elles sont plaidables dans des sociétés peu ou non démocratisables, où l'alternative est entre anarchie et autoritarisme.

La supercherie commence, lorsqu'on en tire la conclusion que les régimes autoritaires sont plus en sympathie avec le capitalisme que la démocratie. C'est passer à côté de deux faits décisifs. Le premier est historique, que nous avons développé tout au long : le capitalisme a été inventé dans un contexte historique, qui a aussi donné naissance à des expériences démocratiques renouvelées, et, dans le couple démocratie-capitalisme, c'est la première qui conduit la danse. Le second fait est que l'invention est une création et que toute création doit être continuée. Sans l'Occident démocratique, il n'y aurait plus ni capitalisme ni marché mondial, et les « dragons asiatiques » non seulement n'auraient plus eu personne à imiter, mais ils n'auraient pas non plus pu tirer avantage d'un marché préexistant. Pour se convaincre de cette évidence, il suffit d'imaginer quel eût pu être l'avenir du capitalisme en général et du capitalisme asiatique en particulier, si le nazisme et le communisme s'étaient partagé durablement l'Europe et si la démocratie américaine avait péri on ne sait trop comment. En fait, les proclamations des gouvernants asiatiques doivent être interprétées comme des tentatives naïves ou rusées pour encaisser les bénéfices politiques du développement économique, en s'en attribuant *tout* le mérite.

C'est à partir de cette problématique générale qu'il serait possible d'aborder utilement les phénomènes récents de développement économique hors d'Occident. Il faudrait le faire, en conservant toujours une perspective comparatiste, qui permette de repérer dans le passé de chaque politie et aire culturelle les éléments favorables au développement. Si, par exemple, on s'attachait à résoudre les cas les plus spectaculaires, ceux du Japon et de la Chine — en espérant que l'Inde devienne au plus vite un nouveau cas remarquable à examiner —, il faudrait procéder selon les lignes esquissées dans la IIIe partie. On soulignerait le parallélisme étrange entre les évolutions politiques, morphologiques et sociales du Japon et de l'Europe — et, en Europe, de la Prusse et de l'Allemagne. En Chine, il faudrait mettre l'accent sur la prégnance de la civilisation chinoise, qui donne à ce peuple un sens puissant de l'identité. On insisterait aussi sur les capacités très élevées d'auto-organisation, d'auto-contrôle et d'autorégulation de la société chinoise traditionnelle. Ces capacités seraient à mettre en relation avec la légèreté remarquable de l'appareil politique hiérocratique, elle-même en harmonie avec une tradition idéologique, qui souligne les mérites de l'« État minimal », au sens où le confucianisme — mais il ne fait que systématiser des données politiques très anciennes[1] — recommande la coïncidence de l'ordre cosmique et social avec la discrétion impériale. On n'oublierait pas non plus la capacité à former des réseaux plus ou moins intégrés, susceptibles de soutenir et de prolonger les initiatives économiques à travers les solidarités lignagères, les clientélismes et même les sociétés secrètes. En un mot, on ne considérerait pas que le Japon est advenu à l'histoire en 1945 et la Chine en 1979, on leur attribuerait la profondeur historique que nous avons cru devoir retenir pour l'Europe.

1. Voir, notamment, L. Vandermeersch, *Wangdao ou la Voie royale. Recherches sur l'esprit des institutions de la Chine archaïque*, Paris, Publications de l'École française d'Extrême-Orient, vol. CXIII, 1977 et 1980 (2 vol.).

VI

VERS LA MONOTONIE OU LA DIVERSITÉ ?

Supposons exact ce qui précède, sinon point par point, car ce serait une première, du moins en gros, comme il est plausible. On doit en retirer la conviction que la planète entière sera capitaliste d'ici deux ou trois générations, soit d'ici la fin du XXIe siècle. Elle sera capitaliste quant à l'organisation de l'économique, et cette organisation, produisant partout à peu près les mêmes effets, fera connaître à toutes les polities, sauf exceptions locales, des niveaux comparables de développement économique. Une interrogation naît spontanément. À quoi ressemblera le monde alors ? Deux visions contradictoires se proposent sans délai à l'attention, qui sont disponibles depuis le XVIIIe siècle, avec des aménagements variés d'âge en âge. La vision des Lumières, des positivistes, des évolutionnistes... prédit à l'humanité un avenir radieux. La vision de Rousseau, des réactionnaires, des antimodernes, des écologistes... lui annonce un avenir sombre, marqué par des dégradations cumulatives et par un alignement uniforme sur les plus petits communs dénominateurs

Ces deux visions polaires et extrêmes sont des projections psychiques et idéologiques, à partir de constats biaisés dressés sur les réalités d'aujourd'hui. Les extrapolations unilatérales ont d'autant moins de chances de se révéler exactes qu'elles négligent entièrement les rééquilibrages qu'imposent aux affaires humaines la nature humaine et la nature des choses. Peut-on prouver cette conviction, en l'asseyant sur des arguments solides ? Oui, à condition de ne pas chercher à prédire l'avenir, parce qu'il est inconnaissable et qu'il est inutile de perdre son temps à se tromper à coup sûr. On peut mettre en avant une vision plus juste et plus subtile, fondée sur plusieurs arguments liés, qui explicitent en les conduisant à leur terme des thèmes rencontrés en cours de route. L'argumentation et la vision peuvent être distribuées en trois chapitres :

— l'économique est neutre quant à son contenu, il peut produire n'importe quel bien et service, du moment qu'il est compatible avec les contraintes de la rareté, définies dans un état donné des paramètres économiques ; l'économique est un ensemble de procédés et de procédures, indifférents par eux-mêmes à ce à quoi ils s'appliquent ;

— ce à quoi ils s'appliquent, le contenu de l'économique exprimé en biens et en services, est déterminé par les autres activités humaines, et non par l'économique, sauf pour tout ce dont il a besoin, pour assurer son office ;

— le facteur principal qui décide, non pas du contenu même déterminé par chaque ordre d'activités, mais de la gamme des choix offerts aux acteurs, est politique : selon que le régime politique est tel ou tel, la gamme est plus ou moins ouverte ou fermée.

Je laisserai ce troisième chapitre de côté, en me contentant d'énoncer la thèse centrale qu'il s'efforcerait de démontrer : l'ouverture de la gamme est d'autant plus grande que les régimes progressent vers le pôle démocratique, et sa fermeture d'autant plus étroite qu'ils s'avancent vers le pôle autocratique. J'aimerais m'arrêter un dernier instant aux deux premiers points, en conduisant l'analyse de manière à éviter toute anticipation et toute prédiction et à m'appuyer exclusivement sur des réalités, c'est-à-dire sur le passé et les enseignements qu'il professe.

La première réalité à solliciter notre attention est un précédent historique de la mutation capitaliste. La mutation néolithique, commencée il y a une dizaine de millénaires, en est un analogue saisissant dans ses deux aspects essentiels : la transformation radicale des fondements économiques de la condition humaine et l'extension de la transformation à l'ensemble de la planète, sauf exceptions locales insignifiantes. Sans pénétrer dans le dédale d'une analyse hors sujet[1], on peut définir

1. J'ai jadis proposé une théorie cohérente, plausible, et peut-être même exacte, de la mutation néolithique : voir J. Baechler, *Démocraties*, Paris, Calmann-Lévy, 1985, V[e] partie.

la mutation comme un ensemble de phénomènes, dont les premiers symptômes sont perceptibles au Moyen-Orient aux alentours du VIIIe millénaire avant notre ère. Ils expriment une transformation radicale de la condition humaine, que l'on peut caricaturer ainsi. Avant elle, l'humanité vit de la chasse et de la cueillette, en prélevant sur les intérêts d'un capital offert gracieusement par la nature ; elle est organisée en bandes minuscules de quelques dizaines à quelques centaines d'individus, qui nomadisent chacune sur son territoire de quelques milliers de kilomètres carrés et s'ignorent pour l'essentiel les unes les autres. Après elle, les hommes tirent leur nourriture de l'agriculture et de l'élevage ; ils développent l'artisanat du textile, de la poterie, des métaux ; ils pratiquent le commerce à longue distance ; ils sont fixés dans des villages et des villes, et composent des sociétés de milliers, centaines de milliers et même millions d'individus ; ces sociétés organisées en polities se font la guerre de manière à peu près permanente.

Une vision ancienne, rendue classique par Gordon Childe[1], percevait le néolithique comme une « révolution », déclenchée par une percée technique — la domestication des plantes et des animaux —, survenue ponctuellement il y a environ dix mille ans au Moyen-Orient et diffusée dans le monde entier. Cette vision a été ruinée de fond en

1. Voir G. Childe, *De la préhistoire à l'histoire*, Paris, Gallimard, 1963 (1re éd. angl. 1956).

comble par les progrès du terrain, de la chronologie et de la théorie, et par les reculs du marxisme et de l'interprétation des affaires humaines en termes techniques et économiques. Il semble établi qu'il n'ait fallu aucune percée technique, car les techniques de la domestication sont simples, progressives et accessibles aux hommes depuis toujours : ils les ont négligées pendant des dizaines de millénaires, parce qu'ils n'en avaient pas besoin. La mutation n'a pas été ponctuelle, elle a été un procès lent, partiel, multiple, débuté en de nombreux foyers, qui ont diffusé plus ou moins loin, et poursuivi sur des millénaires. Les diverses branches du phénomène sont chronologiquement déconnectées et parfois le sont absolument. Par exemple, au Japon, la poterie précède de plusieurs millénaires l'agriculture. En un mot, il vaut mieux parler d'un procès de néolithisation et abandonner l'image trompeuse de la « révolution néolithique ». Ainsi, la néolithisation de l'Europe, placée dans la dépendance du Proche-Orient, s'est opérée lentement selon trois voies de pénétration, à partir de – 6500 le long des côtes méditerranéennes, à partir de – 5500 le long du Danube et de ses affluents, à partir de – 4500 à travers les systèmes fluviaux du Dniepr, du Dniestr et de la Vistule.

Quelles conséquences a eues la néolithisation, non pas en général ni en détail, mais sur le problème précis qui nous occupe, de la diversité ou de l'uniformité des cultures humaines ? Tous les compartiments de la condition humaine ont été touchés et bouleversés. Entre les situations paléolithique et néolithique, les contrastes sont si frappants que l'évolutionnisme du XIXe siècle en avait tiré la conviction que la néolithisation était une civilisation, au sens actif du mot, d'un procès de transformation de sauvages en civilisés. La situation paléolithique est d'abord marquée par une très grande uniformité des modes d'organisation sociale, de l'outillage technique, des genres de vie, en un mot des aspects matériels et organisationnels de la condition humaine. On ne sait rien ou presque rien des aspects intellectuels et spirituels de cette condition, mais des inférences prudentes à partir des données ethnographiques contemporaines, confrontées avec les données archéologiques, autorisent à souligner un deuxième trait : pour une population donnée, la diversité culturelle est très réduite, jusqu'à l'uniformité. La diversité n'existe que pour nous, pour des Martiens qui prendraient une vue d'ensemble de toutes les cultures paléolithiques. Le troisième caractère est la lenteur extrême des changements, qui se font par dérives imperceptibles, étalées sur des millénaires.

La situation néolithique est très différente. Deux caractères ressortent avec la plus grande acuité. Le premier est l'apparition d'immenses aires culturelles, étalées sur environ 5 millions de kilomètres carrés. Elles sont en nombre très réduit, ce que suffiraient à imposer les surfaces couvertes : l'Europe, la Chine, l'Inde, l'Asie Antérieure, l'Amérique du Nord et celle du Sud, mais ces deux dernières de manière plus floue et plus incipiente. Chaque aire est définie par la saisie véhémente de certains thèmes culturels, qui la définissent, auxquels elle se tient pendant des millénaires et qu'elle soumet à une infinité de variations successives. Le second caractère est le développement sur ces aires de la civilisation au sens du XIXe siècle, marquée par la mise en place de royaumes et d'empires régis par des hiérocraties, par des religions à vocation universelle, par la diversification des productions et la multiplication des liaisons, par l'épanouissement des capacités artistiques, par le luxe, par la connaissance rationnelle empirique et réflexive... Il n'est pas douteux, au vu de la documentation, que la néolithisation s'est traduite par un bond prodigieux de la diversité humaine. Pour se donner les moyens d'introduire les restrictions qui s'imposent, on peut exprimer les choses dans le vocabulaire suivant. La néolithisation a correspondu à la mise en place d'une nouvelle matrice de possibles, nouvelle non pas absolument mais en tant qu'actuellement accessible aux hommes. Mais chaque aire culturelle n'a retenu qu'un nombre limité de possibles, et s'y est tenue. À l'intérieur de chaque aire, l'agriculture, l'artisanat et le commerce, combinés à la concentration du pouvoir politique dans des polities définies et aux guerres qu'elles se livrent, ont résulté en la mise en place d'une stratification sociale. Celle-ci a eu pour conséquence de limiter les bienfaits de la « civilisation » à environ vingt pour cent de n'importe quelle population néolithisée. Les quatre-vingts pour cent composant la majorité n'ont qu'une idée lointaine et limitée de la diversité accessible dans leur environnement. En un mot, on peut affirmer que la néolithisation a signifié une extension immense du champ des possibles, pour l'humanité, pour les cultures et pour les élites sociales.

Ce précédent peut paraître trop lointain et trop exotique, pour qu'on en puisse tirer des conclusions valables pour la mutation moderne et la modernisation. Essayons de fonder le parallèle sur une argumentation tout à fait différente, sur le contenu concret du produit national brut. Que signifie, concrètement, c'est-à-dire en termes de biens et de services, un chiffre donné de P.N.B. par tête, par exemple dix mille dollars par an ? Le chiffre correspond à la valeur sur le marché ou au prix d'un panier que chaque habitant, en moyenne, peut remplir avec les biens et les services proposés, à concurrence de dix mille dollars. Le panier inclut, bien entendu, outre les consommations des ménages, celles des administrations et des entreprises. Supposons, maintenant, que le chiffre passe à vingt mille dollars et que cette augmentation soit réelle et non pas due à l'inflation des prix. Que signifie ce doublement ? Il n'a pas le sens d'une multiplication par deux du contenu du premier panier, mais que la somme des prix des biens et des services du second panier sera le double de la valeur marchande du premier. Les chiffres expriment des valeurs et des prix, mais ne disent rien sur les produits en tant que valeur d'usage[1]. Si, par conséquent, l'on prédit une égalisation tendancielle des revenus moyens par tête à l'échelle de la planète, par une combinaison de stagnation ou de ralentissement de la progression des plus riches et d'une progression plus vive des plus pauvres, la prédiction ne donne pas la plus petite indication sur le contenu futur des paniers.

Si l'on veut apprécier, non pas le contenu des paniers, ce qui est tout à fait impossible, mais leur degré de diversité ou de monotonie, il faut repérer les facteurs qui affectent ces critères. On peut les ramener à trois. Le premier est évidemment l'innovation, soit l'invention pure et simple de produits nouveaux, soit l'initiative de quelqu'un, qui rend vendable quelque chose de nouveau. Le deuxième facteur est la productivité, qui peut accroître la diversité par un biais plus subtil. Pour une productivité donnée, dans un contexte technique donné, et pour des produits donnés, le seul moyen efficace de conquérir des parts de marché et d'augmenter les ventes en chiffres absolus, est de baisser ses prix. Pour pouvoir baisser ses prix, un producteur doit réduire ses coûts, en combi-

1. Bertrand de Jouvenel a jadis insisté sur ces distinctions essentielles et facilement oubliées : voir B. de Jouvenel, *Arcadie. Essais sur le mieux-vivre*, Paris, S.E.D.E.I.S., « Futuribles », 1968.

nant deux stratégies, celle des économies d'échelle, qui lui permet de répartir des frais fixes ou inélastiques sur un plus grand nombre d'exemplaires, et celle de la standardisation, qui permet la mécanisation et la rationalisation. Les deux stratégies conduisent à fabriquer en séries plus longues des produits plus uniformes, selon le mot célèbre de Henry Ford : « Les gens peuvent acheter la voiture de la couleur qu'ils veulent, pourvu qu'elle soit noire ! » Au contraire, l'augmentation de la productivité permet de réduire les séries et de multiplier les variations pour un même produit. Le jour n'est pas loin, où il sera permis à chacun de programmer sur Minitel *sa* voiture !

Le troisième facteur de diversification est procuré par les consommateurs. Leurs besoins changent à mesure que leurs revenus augmentent. La progression universellement constatée fait passer de la satisfaction des besoins élémentaires (alimentation, habillement) à l'achat d'équipements durables (habitat, appareils ménagers, voiture), puis à des services (instruction, santé, loisirs...). Or, à chaque étape, la diversité augmente de manière exponentielle. Le nombre des plats possibles doit être très élevé, mais il l'est moins que celui des voyages possibles. Or les gains de productivité font baisser les prix et affectent surtout les biens primaires et secondaires. Par conséquent, une proportion croissante de revenus croissants est consacrée à des consommations dont le potentiel de diversification est le plus grand. Il suffit de comparer un « panier » d'aujourd'hui aux États-Unis à un panier de l'époque de la guerre de Sécession, pour se convaincre du bond prodigieux de la diversification. Ajoutons que ces mêmes consommateurs ont des goûts qui se raffinent et se diversifient, par satiété, par culture plus élevée, par besoin de se distinguer, par contrainte de faire comme ceux qui occupent le même état, par ambition d'imiter les supérieurs...

Sur deux siècles, la diversification a été évidente, certaine et accélérée dans les pays gagnés au capitalisme. Ce mouvement est assuré de ne pas s'arrêter de sitôt, car l'innovation est loin d'être tarie, la productivité n'a pas encore atteint un palier indépassable et les consommateurs en sont encore, pour le plus grand nombre, aux tout débuts du développement. On ne peut pas connaître les contenus futurs de la consommation, mais on peut garantir qu'ils seront plus divers qu'aujourd'hui. Il est difficile et presque impossible d'en dire plus, car l'imagination humaine s'est vu imposer des limites étroites. Elle est incapable de se détacher du déjà connu, pour évoquer du radicalement nouveau. Elle tend spontanément à imaginer l'avenir comme un ensemble de variations sur des thèmes actuels. On peut aussi faire fonds sur des tendances repérables actuellement et les extrapoler sur un temps indéfini, pour faire émerger des mondes très différents. On pourrait, pour ne prendre que quelques exemples peu audacieux, extrapoler la baisse séculaire des coûts de transaction, jusqu'à les rendre négligeables. Il devient, dès lors, possible d'imaginer une inversion complète de la tendance à l'habitat groupé et de plus en plus groupé, qui est la marque de l'habiter humain depuis le néolithique. On peut imaginer une dispersion complète, compensée par une densité extrême des réseaux de communication. Ou bien l'on peut pousser encore plus loin la « muséomanie » qui s'est emparée de l'Occident depuis la moitié du XIXe siècle environ et qui l'a conduit aujourd'hui à vouloir tout conserver des productions humaines. On peut facilement imaginer un pas supplémentaire et projeter des reconstitutions minutieuses de milieux disparus et des genres de vie qui s'y étaient développés. Au lieu de fréquenter Disneyland, on pourrait passer quinze jours sur l'île des Phéaciens, dans une forêt gauloise ou dans un kraal zoulou !

Tenons-nous-en à deux certitudes. L'une est positive, qui prédit que la condition humaine capitaliste sera très différente de la condition néolithique, qui s'était déjà fort éloignée de la condition paléolithique. Ces deux sauts/mutations dans les fondations matérielles de l'espèce sont à interpréter comme la mise en place de champs de possibles nouveaux et prodigieusement étendus. Une certitude négative est l'impossibilité de circonscrire le champ et encore plus de décrire les possibles. C'est aujourd'hui, quand la matrice néolithique est en voie d'obsolescence, qu'il commence à être possible de la considérer comme un objet de science.

Les considérations qui précèdent sont peut-être justes, mais elles sont très certainement insuffisantes et insatisfaisantes, parce qu'elles semblent tenir pour acquis qu'un trait majeur de la modernité depuis le XIXe siècle est définitif, à savoir cette obsession économique généralisée que nous avons nommée la chrématistique. Peut-on raisonnablement admettre que l'humanité soit condamnée à vouloir toujours plus, même si ce plus se compose de biens et de services toujours plus diversifiés ? L'admettre reviendrait à recevoir comme juste une perception de l'espèce et de ses représentants comme dominés par la passion de la cupidité. L'affirmation en est si choquante que l'on ne peut pas éviter de se demander ce qu'il en est dans les faits. Transformer l'interrogation en question et répondre à celle-ci exige plusieurs analyses distinctes. La première porterait sur la nature humaine. Toute enquête portant sur une aventure humaine, qu'elle soit historienne, sociologique ou philosophique, repose, presque toujours implicitement, sur une interprétation de la nature humaine. On peut douter qu'il soit judicieux de l'identifier aux passions en général et à celle de l'avoir en particulier et de faire de celles-ci le foyer de tout l'humain. Cette analyse déborderait par trop notre propos. Nous avons déjà considéré si le « toujours plus » était objectivement possible. Nous avons répondu par la négative et plaidé que le développement capitaliste conduisait irrésistiblement à l'état stationnaire, coïncidant avec l'achèvement des sciences[1]. Notre sujet exige un bref aperçu sur deux autres analyses indispensables à qui prétendrait répondre à la question. Quel est le statut de l'économique dans le dispositif général des activités humaines ? Quels rapports entretiennent l'économique et les civilisations ?

Toute notre enquête a reposé implicitement, et explicitement en maints passages, sur une conception très précise et très articulée du dispositif humain des fins. Un démontage circonstancié du dispositif trouvera sa place dans un travail approprié. Ses contours les plus généraux assignent à l'économique une place bien précise. On peut partir d'une interrogation triviale : « qu'est-ce qui fait courir les hommes ? », et répondre que ce sont des « fins ». Les fins sont des objectifs, qui, d'une part, mobilisent de l'énergie physique, psychique, intellectuelle, spirituelle, traduite en connaissances, en créations et en actions, et qui, d'autre part, donnent un sens à ces mobilisations, en répondant à la question « pourquoi ? » par « en vue de ». Si, maintenant, on interroge les diverses activités humaines, en les sommant de répondre à la question « pourquoi ? » et de révéler par là leur sens, elles se rangent spontanément en classes distinguées par le statut de leurs fins. Certaines fins sont ultimes ou dernières, parce qu'il est devenu impossible de les soumettre à un questionnement ultérieur. Pour le croyant, par

1. Voir ci-dessus, V^e partie, chap. I, pp. 161 *sqq.*

exemple, il n'y a pas de fin au-delà de la béatitude, si l'on définit celle-ci comme la résolution de la contingence qui frappe tout existant. Que cette résolution soit conçue en termes chrétiens, musulmans, bouddhistes ou taoïstes, elle résout tout. C'est pourquoi les fins religieuses ne peuvent pas ne pas occuper la place suprême dans la hiérarchie des fins. Il n'y a que les fins éthiques à pouvoir la leur contester — à moins que les deux ne fassent affaire —, si on définit ces fins comme la poursuite du bonheur, en dépit de toutes les disgrâces qui frappent la nature et la condition humaines. Quelle que soit la définition retenue du bonheur — qui peut s'identifier à la béatitude —, il est une fin qui, si l'on demande pourquoi il faut la poursuivre, peut se contenter de répondre : « parce que ».

D'autres fins peuvent être qualifiées de service, parce qu'elles n'ont de sens que mises au service d'objectifs plus ultimes qu'elles. Ainsi les fins de la pédagogie, dans ses deux branches de l'éducation et de l'instruction, sont de produire des acteurs capables de poursuivre les fins de l'homme dans un contexte culturel et social donné. La pédagogie a cette fin en tant qu'ordre distinct d'activités, mais sa fin n'est pas dernière : il serait dépourvu de sens d'affirmer que l'on éduque pour éduquer et instruit pour instruire, parce que ce serait esquiver le problème crucial de savoir en vue de quoi éduquer et instruire. Ne pas résoudre le problème, c'est se condamner à substituer des moyens à des fins, ce qui est aussi absurde que l'attitude du docteur Knock, qui transforme la santé en fin, alors qu'elle ne saurait être qu'une fin intermédiaire et un moyen de la bonne vie. On peut prendre aussi un cas encore plus patent de fin de service, celle que poursuit la sodalité, en fondant, en organisant et en instituant des groupes humains. Comme un groupe est par nature et par définition un acteur collectif et qu'un acteur ne l'est qu'en tant qu'il vise une fin, il est évident qu'un groupe ne peut pas être sa propre fin : il est fondé au service d'une fin. Bien entendu, un individu peut vouloir se fondre dans un groupe. Dans ce cas, le groupe devient le moyen d'une fin que l'on peut qualifier d'éthique, puisque l'individu en question croit y trouver son bonheur.

Une troisième et dernière classe de fins les qualifie d'intermédiaires, parce que ce sont des objectifs qui doivent être plus ou moins atteints, pour que les autres fins, qu'elles soient dernières ou de service, puissent être atteintes. Elles ne sont pas dernières, parce qu'il est possible de leur lancer le « pourquoi ? » et que la réponse va au-delà d'elles-mêmes. En ce sens, elles sont des fins au service des autres. Mais leur position et leur rôle sont si stratégiques que leur importance ne permet pas d'en faire de simples servantes. Ce sont les fins politiques et économiques. La fin du politique est d'organiser les relations entre hommes vivant en société, de telle manière que la paix et la justice soient réalisées, aussi bien entre sociétés qu'entre membres d'une société. Ces fins sont intermédiaires au sens indiqué, parce que, si règnent la lutte à mort et l'injustice absolue, aucune fin, quelle qu'elle soit, ne peut être atteinte. Aussi bien, la condition humaine est-elle d'abord politique, non pas au sens où la politique est une fin dernière — un individu peut, *par ailleurs*, en faire *son* bonheur —, mais au sens où la paix et la justice sont les conditions de possibilité principale de toutes les autres fins[1]. Quant à la fin de l'économique, nous l'avons dénommée la prospérité et défini celle-ci comme l'état — idéal, comme toutes les fins, qui ne sont jamais atteintes parfaitement —, où toutes les fins sont pourvues des ressources nécessaires à la poursuite de leur carrière. Même si toutes les fins ont besoin de l'économique, comme elles ont besoin du politique, ni l'économique ni le politique ne poursuivent des fins dernières. Nous avons subordonné l'économique au politique. Il apparaît clairement pourquoi. Sans la paix ni la justice, la prospérité est tout à fait impossible, alors que la réciproque doit être qualifiée. S'il est bien vrai qu'une pénurie extrême compromet gravement la paix et la justice, sans les abolir nécessairement, celles-ci sont compatibles avec une infinité de degrés différents d'efficacité économique. Seule une illusion

1. Pour une analyse plus poussée de cette problématique, je me permets de renvoyer à J. Baechler, *Précis de la démocratie*, Paris, Calmann-Lévy, 1994.

idéologique conduit à affirmer que plus la prospérité est intense plus la paix et la justice sont garanties, et inversement. De fait, les progressistes et les évolutionnistes percevaient les prédateurs paléolithiques comme des sauvages se livrant une « guerre du feu » perpétuelle, et anticipaient le bonheur ultime promis par la science, la technique et le progrès économique.

La conclusion à tirer de cette esquisse de démontage du système des fins est double pour le problème qui nous occupe. L'économique est en charge de procurer aux fins leurs ressources : il n'a *rien* à dire sur les fins et se retrouve complètement neutre par rapport à son contenu en biens et en services. Or le capitalisme est, ni plus ni moins, un régime particulièrement efficace de l'économique. Donc, lui non plus n'a *rien* à dire sur les fins ni sur la définition des ressources demandées et offertes. Il est impossible de tirer quelque prédiction que ce soit sur les demandes qu'adresseront les fins à l'économique, de l'affirmation très plausible que le capitalisme gagnera prochainement la planète entière.

On parvient à la même conclusion, si l'on aborde le problème par un dernier biais. Appuyons-nous sur certains enseignements du précédent néolithique. Il n'est pas niable que les ressources supplémentaires dégagées par l'augmentation du nombre des hommes et de la productivité du travail humain ont permis la construction de temples et de palais, qui étaient tout à fait inaccessibles et même inconcevables aux prédateurs paléolithiques. Ceux-ci ne nous ont laissé d'autres monuments que les cavernes peintes et les rochers décorés, parce que ces ouvrages consommaient peu de ressources. Il est encore moins niable que l'agriculture et l'élevage ne réclamaient d'eux-mêmes ni palais ni temples. Les deux phénomènes sont hétérogènes et ne sont reliés par aucune nécessité. Le lien est celui que nous avons dit : des développements politiques et religieux ont adressé à l'économie des demandes en ressources spécifiques, et l'économie a répondu. Le même rapport entre l'économique et le non-économique est révélé par un autre développement néolithique de première importance. L'augmentation des ressources et de la productivité a permis l'accentuation de la répartition des tâches et l'émergence d'une population de clercs, de lettrés, d'intellectuels, d'artistes, de gens qui ont le loisir d'explorer en spécialistes les champs de possibles religieux, esthétiques, cognitifs, éthiques et, d'une manière plus générale, tout ce qui relève du connaître et du faire. La réciproque n'est pas vraie. Ni l'agriculture, ni l'élevage ni l'artisanat ne réclamaient quoi que ce soit, et restaient sans rapports directs avec les productions culturelles.

Tous les exemples conduiraient à la même conclusion. Le propre de l'économique est de rendre possible ou impossible en fonction de son efficacité, mais il ne détermine rien. Comme le capitalisme est un régime particulièrement efficace, on peut postuler avec confiance qu'il recule les bornes du possible ou de l'impossible, mais qu'il ne détermine pas plus ce qui émerge en deçà des bornes. Le capitalisme n'est pas une matrice de possibles culturels, il est le commutateur qui permet à une matrice de passer de la virtualité abstraite à la virtualité concrète, actualisable dès maintenant par les individus et les groupes.

Mais le capitalisme, par rapport au régime néolithique de l'économique, a rendu possible une nouveauté inouïe et l'a même imposée. En dictant sa logique, qui veut que la planète — et, pourquoi pas, les espaces au-delà de la planète — devienne un marché unifié et unique où poursuivre sa carrière, et en réduisant les coûts de transaction au point de transformer tendanciellement la planète en un gros canton, le capitalisme a rendu possibles et produit deux inédits de l'aventure humaine. Le premier n'est pas encore tout à fait acquis, mais il s'en faut de peu. La pente paraît irrésistible, qui conduit à faire de l'humanité elle-même l'acteur de l'histoire humaine. Jusqu'ici, l'humanité n'a jamais existé qu'en soi et pour nous, ou bien d'une manière purement idéelle et vague pour les religions à vocation universelle ou pour certaines doctrines comme le stoïcisme. Cette humanité était partagée en aires culturelles à ce point exclusives qu'elles confinaient à ériger l'humanité en un genre et elles-mêmes en autant d'espèces. Chacune de ces quasi-espèces a vécu pour elle-même sa propre histoire, naturelle dans la phase paléolithique et culturelle dans la phase néolithique. Ces histoires ne se rencontraient que de manière contingente et périphérique. Pour la première fois, l'histoire humaine est devenue une. Elle a franchi un seuil qu'elle ne retraversera plus jamais.

Le second inédit est une conséquence du premier. L'unification de la planète a pour conséquence inévitable la convergence de toutes les civilisations. Jusqu'ici, elles ont vécu à part les unes des autres, ne sont entrées en contact que sur leurs marges et n'ont tiré de ces contacts que des occasions d'étendre et d'approfondir leurs génies respectifs. Il n'y a aucune chance ni risque que cette convergence se traduise par une simple juxtaposition. Le risque est nul que les civilisations se battent, parce que les civilisations ne sont pas des acteurs. Seules les polities peuvent se faire la guerre, ce qui laisse ouverte la possibilité qu'elles se battent *au nom des* civilisations, comme elles l'ont fait naguère *au nom des* religions. L'issue la plus probable est que les grandes civilisations se résolvent en leurs éléments constitutifs, et que ces éléments soient combinés avec des nouveautés absolues dans une ou des civilisations nouvelles. La civilisation unifiée de l'humanité unifiée reste à inventer. Mais unification ne signifie pas uniformisation au sens d'appauvrissement. C'est l'issue la moins probable. Le certain est que cette civilisation ne ressemblera pas aux civilisations néolithiques. Le plus probable est qu'elle sera beaucoup plus diversifiée et beaucoup moins monotone que celles qui l'auront précédée.

CONCLUSION

Il est possible d'interpréter la problématique développée dans cet essai comme une tentative de « localisation du présent », au sens où il a cherché à répondre à la question que tout le monde se pose aujourd'hui ou devrait se poser : « où en sommes-nous, nous l'humanité ? » La réponse proposée a constamment mêlé deux points de vue distincts, l'un rattaché à la chronologie de l'histoire et l'autre accroché à sa structure. Il ne sera peut-être pas inutile de les démêler et de résumer chacun d'eux en quelques propositions résumant l'argumentation développée.

Le point de vue chronologique est le plus simple et le plus difficilement contestable, à mes yeux. Si l'on part de la perspective la plus large accessible à l'historien, celle de l'Histoire universelle, c'est-à-dire l'histoire de l'espèce en tant que telle, on peut hésiter entre deux visions, l'une binaire et l'autre ternaire. La vision binaire partage l'histoire humaine entre un avant et un après, séparés par la mutation néolithique. L'avant, c'est le paléolithique, qui a vu l'espèce *Homo sapiens sapiens* naître et vivre paisiblement son histoire naturelle pendant une centaine de millénaires. L'après, c'est le néolithique, qui dure depuis une dizaine de millénaires et qui est marqué par la guerre, des histoires divergentes et parallèles, des développements morphologiques, politiques, religieux, cognitifs, par des transformations économiques profondes... À l'histoire naturelle ont succédé des histoires culturelles, pourrait-on dire, si le naturel paléolithique n'était lui aussi culturel. La vision ternaire retient ces deux étapes et leur en ajoute une troisième, la modernité, émergée à partir du XVIIe siècle en Europe. Nous avons défendu ici la vision ternaire, en la justifiant par la conviction que la modernité consiste dans la mutation de la matrice des possibles actuellement accessibles à l'espèce et encore plus dans l'unification de son histoire. Personnellement, je considère que cette unification est devenue réelle et active dans les années 1970. Le recul est évidemment insuffisant, pour que l'on puisse argumenter documents en mains. Donnons-nous rendez-vous dans quelques millénaires, pour vérifier ce qu'il en aura été.

Dans ce cadre temporel général, on peut introduire des partages chronologiques plus restreints et plus fins. Nous avons assigné à la modernité plusieurs phases. Une phase de préparation peut être conduite du XIVe au XVIe siècle. Une phase initiale, purement européenne et même réduite à l'Europe occidentale, peut être placée au XVIIe et au XVIIIe siècle. Le XIXe et le XXe siècle sont une phase d'épanouissement, mais il reste confiné, pour l'essentiel, dans l'aire occidentale. Depuis les années 1970, nous sommes entrés dans la phase de planétarisation. Dans ce tableau chronologique, il faut réserver une place à part au XXe siècle et lui imposer une chronologie encore plus fine. La première décennie du siècle peut, rétrospectivement, être perçue comme le sommet de l'épanouissement occidental et le début de la planétarisation. À ce moment, une catastrophe s'abat sur l'Europe et sur le monde, en raison de la place occupée alors dans le monde par l'Europe, une catastrophe qui a complètement dévié le cours de la modernisation pendant trois quarts de siècle et qui aurait pu l'abolir pour beaucoup plus longtemps, si les États-Unis n'avaient pas tenu le flambeau d'une main ferme. Cette parenthèse tragique et déshonorante pour l'espèce s'est refermée en 1989/1991, et l'histoire a repris son cours dramatique, chaotique, sanglant, insensé, exaltant..., bref le normal a remplacé l'aberrant.

Le point de vue structurel est plus complexe. On le rendra peut-être plus accessible, en distinguant deux perspectives. L'une s'applique à repérer les causes et les effets, les facteurs, les conditions de possibilité et leur réunion, le virtuel et l'actuel, bref elle cherche à démonter et à remonter les concaténations qui composent la matière historique. Nous avons plaidé tout au long deux thèses. La première est que la modernité est un mot, choisi pour désigner un ensemble de phénomènes qui peuvent être rapportés à un même principe fondateur. Ce principe est transcrit politiquement dans des régimes démocratiques ; économiquement dans le capitalisme ; religieusement dans la sécularisation et l'épuration du religieux jusqu'à le faire tendanciellement coïncider avec sa logique intrinsèque ; etc. Quant au principe lui-même, j'inclinerais à le trouver dans la définition même de la nature humaine comme celle d'une espèce libre, rationnelle, finalisée et faillible. La modernité serait née et se déroulerait, parce que ont été et sont encore réunies les conditions qui rendent possible la progression de l'humanité vers les expressions de sa nature, et elle serait composée de l'ensemble des phénomènes qui jaillissent des transcriptions de cette progression dans les matières historiques.

La seconde thèse soutenue dans ce livre est, d'une part, que les phénomènes décisifs, pour comprendre et expliquer les phases de la modernité soulignées ci-dessus, ont été et sont politiques et économiques, et, d'autre part, que, dans le couple que forment le politique et l'économique, c'est le politique qui est décisif. Le cœur même de notre théorie soutient que la démocratie est la mère du capitalisme et non pas le capitalisme le père de la démocratie. La thèse a au moins deux mérites, d'être en accord avec le bon sens et de rendre possible une explication simple, cohérente et plausible des origines du capitalisme. Nous avons poursuivi cette explication dans l'histoire européenne et dans ce qui la distingue d'autres histoires néolithiques. Pour mieux épouser la réalité, la thèse a dû être flanquée d'un corollaire, qui porte que, si l'invention du capitalisme doit être rapportée à la démocratisation et si un régime démocratique bien conformé et stable est toujours plus efficace en économie, l'adoption et l'imitation du capitalisme sont accessibles à des régimes autoritaires, à condition que les démocraties inventrices du capitalisme le maintiennent en état de marche convenable, en particulier grâce à un marché transpolitique à peu près fluide. Ce corollaire, appuyé sur la disqualification de l'anticapitalisme socialiste, nous a permis de prédire que le capitalisme gagnera au XXIe siècle la planète entière.

La seconde perspective s'attache à ce que j'appellerais les niveaux de réalité des phénomènes. Nous avons posé au départ une alternative entre deux niveaux de réalité seulement, celui de l'humain en général et celui de la civilisation. Nous n'avons fait que toucher occasionnellement à des niveaux plus étroits et plus précis, par exemple dans des allusions aux développements politiques et économiques en Hollande et en Angleterre au XVIIe siècle. Nous avons retenu ces deux niveaux seulement, parce qu'ils permettent de poser une question cruciale. La modernité est-elle une expression culturelle de l'aire européenne ou bien est-elle un universel qui concerne l'espèce elle-même ? A-t-elle le statut de l'arithmétique ou celui d'un style ? Nous sommes parvenus à une conclusion exempte d'ambiguïté : la modernité est un universel. Comme toujours, l'universel se fait jour à travers le culturel et le contingent. La modernité a validité pour tous les hommes, mais c'est en Europe qu'elle a été peu à peu mise en place, et tout indique qu'elle ne pouvait l'être qu'en Europe. Celle-ci doit cette exclusivité à ses particularités politiques et même à sa particularité la plus éclatante : l'Europe n'a jamais été unifiée en un empire. Sans cette pluralité des polities européennes, la modernité n'aurait pas été inventée, du moins en ces siècles récents. Il est loisible de supputer que, dans un millénaire futur, quelque part une aire culturelle aurait rencontré des conditions favorables, pour réussir l'invention. Mais ce sont des spéculations qui relèvent de l'histoire-fiction.

L'universalité de la modernité, si elle est exacte, apporte trois enseignements distincts. Le plus évident est qu'elle gagnera tôt ou tard l'humanité entière, à la manière dont le néolithique a tout recouvert, mais avec cette différence que le procès de modernisation se compte en siècles, alors que celui de néolithisation a pris des millénaires. Le deuxième enseignement est que, de même que la modernisation a achevé la décomposition de la civilisation européenne, de même elle imposera la décomposition des autres civilisations et cultures héritées de la phase néolithique. Les aires culturelles extra-occidentales ne sont pas au bout de leurs épreuves et de leurs crises, elles ont à peine commencé à les évoquer. Le troisième et dernier enseignement, le plus important, est que la modernité n'est pas une civilisation, mais une matrice de civilisations virtuelles. La nouveauté inouïe est que les acteurs chargés de les actualiser ne seront plus distribués en aires culturelles séparées et à peu près étanches, mais l'humanité elle-même, devenue pour la première fois le sujet réel d'histoires unifiées. La nouveauté est si inouïe qu'il faut renoncer à toute prédiction sur les contenus de ces histoires et de ces civilisations.

BIBLIOGRAPHIE

AGULHON, M., *Le Cercle dans la France bourgeoise (1810-1848). Étude d'une mutation de sociabilité*, Paris, Armand Colin, 1977.

ARISTOTE, *Politica*, éd. sir David Ross, Oxford Classical Texts, 1957 (trad. fr., *Politique*, Paris, Les Belles Lettres, 3 vol.).

ARON, R., *Dix-Huit Leçons sur la société industrielle*, Paris, Gallimard, 1962.

— *La Lutte de classes*, Paris, Gallimard, 1964.

— *Démocratie et Totalitarisme*, Paris, Gallimard, 1965.

BAECHLER, J., *Le Pouvoir pur*, Paris, Calmann-Lévy, 1978.

— *Démocraties*, Paris, Calmann-Lévy, 1985.

— « Mercato e democrazia », *Mondoperaio*, 38, n° 12, déc. 1985, pp. 64-73 ; 39, n° 1, janv. 1986, pp. 82-90 ; 39, n° 2, févr. 1986, pp. 86-94.

— *La Solution indienne. Essai sur les origines du régime des castes*, Paris, Presses universitaires de France, 1988.

— « Le concept de morphologie », *La Revue du M.A.U.S.S.*, n° 7, nouv. série, 1990, pp. 34-59.

— *La Grande Parenthèse (1914-1991). Essai sur un accident de l'histoire*, Paris, Calmann-Lévy, 1993.

— *Précis de la démocratie*, Paris, Calmann-Lévy, 1994.

— *Contrepoints et Commentaires*, Paris, Calmann-Lévy, 1995.

BALAZS, E., *La Bureaucratie céleste*, Paris, Gallimard, 1968.

BASCOM, W., « Urbanization among the Yoruba », in S. et P. OTTENBERG (éd.), *Cultures and Societies of Africa*, New York, Random House, 1960, pp. 255-267 (texte de 1955).

BEADLE, G., « L'origine du maïs », *Pour la science*, n° 29, mars 1980, pp. 59-71.

BERMAN, H.J., *Law and Revolution. The Formation of the Western Legal Tradition*, Cambridge (Mass.), Harvard University Press, 1983.
BIRABEN, J.-N., *Les Hommes et la peste en France et dans les pays européens et méditerranéens*, Paris-La Haye, Mouton, 1975 et 1976, 2 vol.
BLUCHE, F., *Le Despotisme éclairé*, Paris, Fayard, 1969.
BLUM, J., « The rise of serfdom in Eastern Europe », *The American Historical Review*, LXII, n° 4, juillet 1957, pp. 807-836.
— *Lord and Peasant in Russia From the Ninth to the Nineteenth Century*, Princeton University Press, 1961.
— *The End of the Old Order in Rural Europe*, Princeton University Press, 1978.
BOUDON, R., *L'Inégalité des chances. La Mobilité sociale dans les sociétés industrielles*, Paris, Armand Colin, 1973.
BRAUDEL, F., *La Méditerranée et le Monde méditerranéen à l'époque de Philippe II*, Paris, Armand Colin, 1990 (1re éd. 1949).
— *Capitalisme et Vie matérielle*, Paris, Armand Colin, 1968.
— *Civilisation matérielle, économie et capitalisme*, Paris, Armand Colin, 1993 (1re éd. 1979).
CHESNAIS, J.-Cl., *Histoire de la violence*, Paris, Robert Laffont, 1981 (rééd. Paris, Hachette-Pluriel, 1982).
CHEVALIER, L., *Classes laborieuses et classes dangereuses à Paris, dans la première moitié du XIXe siècle*, Paris, Plon, 1958 (rééd. Paris, Hachette-Pluriel, 1978).
CHILDE, G., *De la préhistoire à l'histoire*, Paris, Gallimard, 1963 (1re éd. angl. 1956).
CHRISTALLER, W., *Die zentralen Orte in Süddeutschland*, Darmstadt, Wissenschaftliche Buchgesellschaft, 1968 (1re éd. 1933).
CLAVELIN, M., *La Philosophie naturelle de Galilée. Essai sur les origines et la formation de la mécanique classique*, Paris, Armand Colin, 1968.
COGNET, L., *Introduction aux mystiques rhéno-flamands*, Paris, Desclée, 1968.
DISSELKAMP, A., *L'Éthique protestante de Max Weber*, Paris, Presses universitaires de France, 1994.
DURKHEIM, É., *De la division du travail social*, Paris, Presses universitaires de France, 8e éd. 1967 (1re éd. 1893).
ELIAS, N., *La Société de cour*, Paris, Calmann-Lévy, 1974 (1re éd. all. 1969).
ELLUL, J., *Le Système technicien*, Paris, Calmann-Lévy, 1977.
ELVIN, M., « The last thousand years of chinese history. Changing

patterns in land tenure », *Modern Asian Studies*, IV, 2, 1970, pp. 97-114.

— « Mandarini e macchine », in L. LANCIOTTI, *Sviluppi scientifici, prospettive religiose, movimenti rivoluzionari in Cina*, Florence, Olschki, 1975, pp. 55-68.

FOURASTIÉ, J., *Machinisme et bien-être. Niveau de vie et genre de vie en France de 1700 à nos jours*, Paris, Éd. de Minuit, 1962.

FOX, E.W., *History in Geographic Perspective. The Other France*, New York, W.W. Norton and Co, 1971.

FRIEDBERG, E., « Organisation », in R. BOUDON (éd.), *Traité de sociologie*, Paris, Presses universitaires de France, 1992, chap. IX.

FRIEDMANN, G., *Le Travail en miettes*, Paris, Gallimard, 1964.

GARELLI, P., *Les Assyriens en Cappadoce*, Paris, 1963.

— « Commerce et industrie dans une économie prémonétaire : le cas de la Mésopotamie ancienne », *Revue historique*, 528, oct-déc. 1978, pp. 281-287.

GILLE, B. (éd.), *Histoire des techniques*, Paris, Gallimard, « Encyclopédie de la Pléiade », 1978.

GIMBUTAS, M., « Cultural change in Europe at the start of the Second Millenium B.C. A contribution to the Indoeuropean problem », in *Selected Papers of the Fifth Int. Congr. of Anthrop. and Ethn. Sciences*, Philadelphia, 1956.

— « The first wave of Eurasian steppe pastoralists into Copperage Europe », *Journal of Indo-European Studies*, 5, 1977, n° 4, pp. 277-338.

— « The Kurgan wave n° 2 (c. 3400-3200) into Europe and the following transformation of culture », *Journal of Indo-European Studies*, 8, 1980, n° 3-4, pp. 273-315.

GRUNDMANN, H., *Religiöse Bewegungen im Mittelalter*, Berlin, Verlag Dr. Emil Ebering, 1935.

GUTTON, J.-P., *La Sociabilité villageoise dans l'ancienne France*, Paris, Hachette, 1979.

HARTWELL, R., « A revolution in the iron and coal industries during the Northern Sung », *The Journal of Asian Studies*, 21, 2, 1962, pp. 153-162.

— « Markets, technology, and the structure of enterprise in the development of the Eleventh-Century Chinese iron and steel industry », *The Journal of Economic History*, 26, 1, 1966, pp. 29-58.

— « A cycle of economic change in Imperial China : coal and iron in Northeast China, 750-1350 », *Journal of the Economic and Social History of the Orient*, 10, 1967, pp. 102-159.

HOWARD, M., *La Guerre dans l'histoire de l'Occident*, Paris, Fayard, 1988 (1re éd. angl. 1976).

JOUVENEL, B. de, *Arcadie. Essais sur le mieux-vivre*, Paris, S.E.D.E.I.S., « Futuribles », 1968.

LAUM, B., *Heiliges Geld. Eine historische Untersuchung über den sakralen Ursprung des Geldes*, Tübingen, J. C. B. Mohr (P. Siebeck), 1926.

LOMBARD, D., *Le Carrefour javanais. Essai d'histoire globale*, Paris, Éd. de l'École des hautes études en sciences sociales, 1990, 3 vol.

LOMBARD, M., *L'Islam dans sa première grandeur (VIIIe-XIe siècle)*, Paris, Flammarion, 1971.

— *Espaces et réseaux du haut Moyen Âge*, Paris, Mouton, 1972.

MACHIAVEL, N., *Œuvres complètes*, Paris, Gallimard, « Bibl. de la Pléiade », 1952.

MAIER, A., *Studien zur Naturphilosophie der Spätscholastik*, Rome, Edizioni di Storia e Letteratura : I, *Die Vorläufer Galileis im 14. Jahrhundert*, 1949 ; II, *Zwei Grundprobleme der scholastischen Naturphilosophie. Das Problem der intensiven Grösse. Die Impetustheorie*, 2e éd. 1951 ; III, *An der Grenze von Scholastik und Naturwissenschaft. Die Struktur der materiellen Substanz. Das Problem der Gravitation. Die Mathematik der Formlatituden*, 2e éd. 1952 ; IV, *Metaphysische Hintergründe der Spätscholastischen Naturphilosophie*, 1955 ; V, *Zwischen Philosophie und Mechanik*, 1958.

MARX, K., *Le Capital*, in *Œuvres*, Paris, Gallimard, « Bibl. de la Pléiade », t. I, 1963, t. II, 1968.

MASPERO, H., *La Chine antique*, Paris, Presses universitaires de France, 1965 (1re éd. 1927).

MERTON, R.K., *Science, Technology and Society in Seventeenth Century England*, New York, H. Fertig, 1970 (1re éd. 1938).

MIYAZAKI, I., « Les villes en Chine à l'époque des Han », *T'oung pao*, 48, 1960, pp. 376-392.

MONTESQUIEU, *De l'esprit des lois*, in *Œuvres complètes*, Paris, Gallimard, « Bibl. de la Pléiade », t. II, 1951.

NEEDHAM, J., *Science and Civilization in China*, Cambridge, Cambridge University Press, t. I-VI 2, 1954-1987.

PIRENNE, H., *Mahomet et Charlemagne*, Paris, Presses universitaires de France, 1970 (1re éd. 1937).

RAYCHAUDHURI, T., et IRFAN, H. (éd.), *The Cambridge Economic History of India*, vol. I, C. 1200-c. 1750, Cambridge, Cambridge University Press, 1982.

RENAN, E., « Qu'est-ce qu'une nation ? » (conférence faite en Sorbonne, le 11 mars 1882), in *Œuvres complètes*, Paris, Calmann-Lévy, 1947, t. I, pp. 887-906.

RENFREW, C., *Archaeology and Language. The Puzzle of Indo-European Origins*, New York, Cambridge University Press, 1988.

— « Les origines des langues indo-européennes », *Pour la science*, n° 146, déc. 1989, pp. 74-85.

RICARDO, D., *Des principes de l'économie politique et de l'impôt*, Paris, Garnier-Flammarion, 1973 (1re éd. angl. 1817).

SAMUELSON, P.A., « Illogisme de la doctrine néo-marxienne de l'échange inégal », *Commentaire*, n° 17, 1982, pp. 52-62.

SAY, J.-B., *Traité d'économie politique ou Simple Exposition de la manière dont se forment, se distribuent et se consomment les richesses*, in *Œuvres*, vol. I, Osnabrück, O. Zeller, 1966 (réimpr. de l'éd. de 1841, Paris, Chez Guillaumin ; 1re éd. 1807).

SCHAMA, S., *L'Embarras de richesses. La Culture hollandaise au Siècle d'or*, Paris, Gallimard, 1991 (1re éd. amér. 1987).

SCHUMPETER, J. A., *Capitalisme, socialisme et démocratie*, Paris, Payot, 1972 (1re éd. amér. 1942).

SIMONDON, G., *Du mode d'existence des objets techniques*, Paris, Aubier/Montaigne, 1958.

SKINNER G.W., « Marketing and social structure in rural China », *The Journal of Asian Studies*, XXIV, 1, 1964, pp. 3-43 ; XXIV, 2, 1965, pp. 195-228 ; XXIV, 3, 1965, pp. 366-399.

SMITH, Th.C., *The Agrarian Origins of Modern Japan*, Stanford University Press, 1959.

TOCQUEVILLE, A. de, *De la démocratie en Amérique*, Paris, Gallimard, 1951, 2 vol.

TWITCHETT, D.C., « Monastic estates in T'ang China », *Asia Major*, 5, 2, 1956, pp. 123-146.

— « Lands under state cultivation under the T'ang », *Journal of the Economic and Social History of the Orient*, 2, 1959, pp. 162-203.

— « Some remarks on irrigation under the T'ang », *T'oung pao*, 48, 1960, pp. 175-194.

— *Financial Administration Under the T'ang Dynasty*, Cambridge, Cambridge University Press, 2e éd. 1970 (1re éd. 1963).

ULLMO, J., *Le Profit*, Paris, Dunod, 1970.

VANDERMEERSCH, L., *Wangdao ou la Voie royale. Recherches sur l'esprit des institutions de la Chine archaïque*, t. I, *Structures culturelles et Structures familiales*, t. II, *Structures politiques. Les Rites*, Paris, Publications de l'École française d'Extrême-Orient, vol. CXIII, 1977 et 1980.

VERNANT, J.-P., *Mythe et pensée chez les Grecs*, Paris, François Maspero, 1965.

VEYNE, P., *Le Pain et le Cirque. Sociologie historique d'un pluralisme politique*, Paris, Éd. du Seuil, 1976.

VOGEL, H. U., « Le sel de Chine », *Pour la science*, août 1993, nº 190. pp. 84-89.

WADE, R., *Governing the Market. Economic Theory and the Role of Government in East Asian Industrialization*, Princeton, Princeton University Press, 1990.

WEBER, M., *Gesammelte Aufsätze zur Religionssoziologie*, Tübingen, J.C.B. Mohr (Paul Siebeck), 5e éd. 1963, 3 vol. (1re éd. 1920).

— *L'Éthique protestante et l'Esprit du capitalisme*, Paris, Plon, 1964 (in t. I des *Aufsätze*).

— *Die Wirtschaftsethik der Weltreligionen*, in t. I des *Aufsätze*, pp. 237-275 et 536-573 : *Einleitung* (paru en revue en 1915) ; *Zwischenbetrachtung*: *Theorie der Stufen und Richtungen religiöser Weltablehnung*.

— *Konfuzianismus und Taoismus*, in t. I des *Aufsätze* pp. 276-536.

— *Hinduismus und Buddhismus*, in t. II des *Aufsätze*.

— *Le Judaïsme antique*, Paris, Plon, 1970, in t. III des *Aufsätze*.

— « Parenthèse théorique : le refus du monde, ses orientations et ses degrés », trad. de la *Zwischenbetrachtung* par Ph. Fritsch, *Archives de sciences sociales des religions*, 1986, nº 61/1, pp. 7-34.

— *Économie et Société*, Paris, Plon, t. I, 1971, (*Wirtschaft und Gesellschaft*, 1re éd. 1922).

WILL, É., *Korinthiaka*, Paris, De Boccard, 1955.

INDEX[1]

1. Établi par Catherine Joubaud.

Quatrième partie

LES CONDITIONS ÉCONOMIQUES DU CAPITALISME

Cinquième partie

LES EXPRESSIONS DU CAPITALISME

DU MÊME AUTEUR

POLITIQUE DE TROTSKY, Paris, Armand Colin, 1968 (épuisé).

LES PHÉNOMÈNES RÉVOLUTIONNAIRES, Paris, Presses universitaires de France, 1970 (épuisé).

LES ORIGINES DU CAPITALISME, Paris, Gallimard, 1971.

LES SUICIDES, Paris, Calmann-Lévy, 1975 et 1981 (épuisé).

QU'EST-CE QUE L'IDÉOLOGIE ?, Paris, Gallimard, 1976.

LE POUVOIR PUR, Paris, Calmann-Lévy, 1978.

DÉMOCRATIES, Paris, Calmann-Lévy, 1985.

LA SOLUTION INDIENNE. ESSAI SUR LES ORIGINES DU RÉGIME DES CASTES, Paris, Presses universitaires de France, 1988.

LA GRANDE PARENTHÈSE. ESSAI SUR UN ACCIDENT DE L'HISTOIRE (1914-1991), Paris, Calmann-Lévy, 1993.

PRÉCIS DE LA DÉMOCRATIE, Paris, Calmann-Lévy, 1994.

CONTREPOINTS ET COMMENTAIRES, Paris, Calmann-Lévy, 1995.

DANS LA COLLECTION FOLIO/HISTOIRE

21 Philippe Erlanger : *Henri III.*
22 Mona Ozouf : *La fête révolutionnaire (1789-1799).*
23 Zoé Oldenbourg : *Le bûcher de Montségur (16 mars 1244).*
24 Jacques Godechot : *La prise de la Bastille (14 juillet 1789).*
25 Le Débat : *Les idées en France, 1945-1988 (Une chronologie).*
26 Robert Folz : *Le couronnement impérial de Charlemagne (25 décembre 800).*
27 Marc Bloch : *L'étrange défaite.*
28 Michel Vovelle : *Mourir autrefois.*
29 Marc Ferro : *La Grande Guerre (1914-1918).*
30 Georges Corm : *Le Proche-Orient éclaté (1956-1991).*
31 Jacques Le Goff : *La naissance du Purgatoire.*
32 Hannah Arendt : *Eichmann à Jérusalem.*
33 Jean Heffer : *La Grande Dépression (Les États-Unis en crise 1929-1933).*
34 Yves-Marie Bercé : *Croquants et nu-pieds (Les soulèvements paysans en France du XVIe au XIXe siècle).*
35 Arnaldo Momigliano : *Sagesses barbares.*
36 Robert Muchembled : *La sorcière au village.*
37 Gérard Gayot : *La franc-maçonnerie française.*
38 Raul Hilberg : *La destruction des Juifs d'Europe,* I.
39 Raul Hilberg : *La destruction des Juifs d'Europe,* II.
40 Ian Kershaw : *Qu'est-ce que le nazisme ?*
41 Jean Maitron : *Ravachol et les anarchistes.*
42 Maurice Agulhon : *Les Quarante-huitards.*
43 Arlette Farge : *Vivre dans la rue à Paris au XVIIIe siècle.*

44 Norman Cohn : *Histoire d'un mythe (La « conspiration » juive et les protocoles des sages de Sion).*
45 Roland Mousnier : *L'assassinat d'Henri IV.*
46 Michael Pollack : *Vienne 1900 (Une identité blessée).*
47 Nathan Wachtel : *La vision des vaincus (Les Indiens du Pérou devant la Conquête espagnole 1530-1570).*
48 Michel Vovelle : *Idéologies et mentalités.*
49 Jean Bottéro : *Naissance de Dieu (La Bible et l'historien).*
50 Jacques Ozouf : *Nous les maîtres d'école (Autobiographies d'instituteurs de la Belle Époque).*
51 Léon Blum : *Souvenirs sur l'Affaire.*
52 Georges Duby : *L'An Mil.*
53 Jean-Louis Flandrin : *Les amours paysannes (XVIe-XIXe siècle).*
54 Bernard Lewis : *Le retour de l'Islam.*
55 Marc Ferro : *Cinéma et Histoire.*
56 Colette Beaune : *Naissance de la nation France.*
57 Présenté par Michel Foucault : *Moi, Pierre Rivière, ayant égorgé ma mère, ma sœur et mon frère…*
58 Zeev Sternhell, Mario Sznajder, Maia Ashéri : *Naissance de l'idéologie fasciste.*
59 José Cabanis : *Le Sacre de Napoléon.*

DANS LA COLLECTION FOLIO/ESSAIS

191 Friedrich Nietzsche : *Considérations inactuelles I et II.*
192 Jean-Paul Sartre : *Un théâtre de situations.*
193 Primo Levi : *Le métier des autres (Notes pour une redéfinition de la culture).*
194 André Breton : *Point du jour.*
195 Paul Valéry : *Introduction à la méthode de Léonard de Vinci.*
196 Mircea Eliade : *Initiation, rites, sociétés secrètes. Naissances mystiques. Essai sur quelques types d'initiation.*
197 Alain Finkielkraut : *La mémoire vaine (Du crime contre l'humanité).*
198 Jorge Luis Borges : *Enquêtes* suivi de Georges Charbonnier, *Entretiens avec Jorge Luis Borges.*
199 Michel Serres : *Le Tiers-Instruit.*
200 Michel Leiris : *Zébrage.*
201 Sigmund Freud : *Le mot d'esprit et sa relation à l'inconscient.*
202 Sainte-Beuve : *Pour la critique.*
203 Yves Bonnefoy : *L'improbable* et autres essais.
204 Hubert Dreyfus et Paul Rabinow : *Michel Foucault (Un parcours philosophique).*
205 Michel Foucault : *Raymond Roussel.*
206 Friedrich Nietzsche : *Considérations inactuelles III et IV.*
207 Claude Roy : *L'art à la source I (Arts premiers, arts sauvages).*
208 Claude Roy : *L'art à la source II (Arts baroques, arts classiques, arts fantastiques).*
209 Julien Benda : *Discours à la nation européenne.*
210 Alain Gheerbrant : *Orénoque-Amazone (1948-1950).*
211 Eugène Ionesco : *Journal en miettes.*
212 J.M.G. Le Clézio : *L'extase matérielle.*
213 François Gros : *Regard sur la biologie contemporaine.*

214 Paul Claudel : *Réflexions sur la poésie.*
215 Marcelin Pleynet : *Henri Matisse.*
216 Jeanne Hersch : *L'étonnement philosophique (Une histoire de la philosophie).*
217 Jean Starobinski : *Montaigne en mouvement.*
218 Sous la direction de Raymond Klibansky et David Pears : *La philosophie en Europe.*
219 Sigmund Freud : *L'homme Moïse et la religion monothéiste.*
220 Clément Rosset : *Le réel et son double.*
221 Guillaume Apollinaire : *Chroniques d'art 1902-1918.*
222 Jeanne Favret-Saada et Josée Contreras : *Corps pour corps.*
223 Jean-Paul Sartre : *Critiques littéraires (Situations, I).*
224 George Steiner : *La mort de la tragédie.*
225 Georges Banu : *L'acteur qui ne revient pas.*
226 Annie Le Brun : *Soudain un bloc d'abîme, Sade.*
227 Geneviève Rodis-Lewis : *Épicure et son école.*
228 Platon : *La République.*
229 Carlos Castaneda : *Histoires de pouvoir.*
230 Albert Memmi : *La dépendance.*
231 Charles Fourier : *Vers la liberté en amour.*
232 Charles Péguy : *Notre jeunesse.*
233 Jean-Jacques Rousseau : *Du contrat social* précédé de *Discours sur l'économie politique, Du contrat social (première version)* et suivi de *Fragments politiques.*
234 Henri Meschonnic : *Modernité Modernité.*
235 Spinoza : *L'Éthique.*
236 Marcel Proust : *Essais et articles.*
237 Jean Giraudoux : *Littérature.*
238 Michel de Certeau, Luce Girard, Pierre Mayol : *L'invention du quotidien 2. Habiter, cuisiner.*
239 Collectif : *Écrire la « parole de nuit » (La nouvelle littérature antillaise).*
240 Spinoza : *Traité de l'autorité politique.*
241 Aristote : *Histoire des animaux.*
242 Spinoza : *Traité des autorités théologique et politique.*
243 Henri Mendras : *La Seconde Révolution française 1965-1984.*

244 Karl Marx : *Philosophie.*
245 Maurice Blanchot : *De Kafka à Kafka.*
246 Mircea Eliade : *Techniques du Yoga.*
247 Raymond Queneau : *Bâtons, chiffres et lettres.*
248 Sade : *Journal inédit.*
249 Ernst Jünger : *Le mur du Temps.*
250 René Guénon : *La crise du monde moderne.*
251 Jean Toussaint Desanti : *Introduction à la phénoménologie.*
252 Jean-Marie Donegani et Marc Sadoun : *La démocratie imparfaite.*
253 Pierre Cabanne : *André Derain.*
254 Antoni Tàpies : *La pratique de l'art.*
255 George Steiner : *Réelles présences.*
256 Roland Omnès : *Philosophie de la science contemporaine.*
257 Marc Dachy : *Dada et les dadaïsmes.*
258 Michel Tournier : *Le vol du vampire.*
259 Benedetto Croce : *Histoire de l'Europe au* XIXe *siècle.*
260 Malebranche : *Conversations chrétiennes.*
261 Régis Debray : *Vie et mort de l'image.*
262 Alain : *Mars ou La guerre jugée.*
263 Alice Becker-Ho : *Les Princes du Jargon.*
264 Hegel : *Morceaux choisis.*
265 Spinoza : *Traité de la réforme de l'entendement.*
266 Gaëtan Picon : *Lecture de Proust.*

Composition Euronumérique
Impression B.C.I.
à Saint-Amand (Cher), le 15 mars 1995.
Dépôt légal : mars 1995.
Numéro d'imprimeur : 1/736.

ISBN 2-07-032881-3./Imprimé en France.

71108